城市轨道交通路网运营安全保障理论与应用

Theory and Application of Operation Safety Assurance of Urban Rail Transit Network

秦 勇 梁 平 战明辉 刘 靖 编著

科 学 出 版 社

北 京

内 容 简 介

本书旨在为城市轨道交通路网运营安全保障和应急处置提供科学化、体系化、精细化的理论、方法及技术支撑手段。全书从城市轨道交通路网数据中心构建关键技术、城市轨道交通运营安全评估与预警关键技术、城市轨道交通路网突发事件应急处置关键技术三方面详细研究城市轨道交通路网运营安全保障理论与应用，主要内容包括城市轨道交通信息集成与融合方法、数据标准与架构方法、客流检测视频分析方法、路网运营安全评价方法、关键设备服役状态分析与维修决策支持技术、事故致因分析和风险预测方法、应急预案管理方法、路网突发大客流传播及诱导方法、路网运营安全保障系统等。

本书可供城市轨道交通应急管理与安全保障行业人员及高等院校相关专业的师生参考。

图书在版编目(CIP)数据

城市轨道交通路网运营安全保障理论与应用 = Theory and Application of Operation Safety Assurance of Urban Rail Transit Network / 秦勇等编著. —北京：科学出版社，2019.3

ISBN 978-7-03-060660-0

Ⅰ. ①城… Ⅱ. ①秦… Ⅲ. ① 城市铁路-铁路运输管理-安全管理-研究 Ⅳ. ①U239. 5

中国版本图书馆CIP数据核字(2019)第037556号

责任编辑：耿建业 王楠楠 / 责任校对：王萌萌
责任印制：师艳茹 / 封面设计：无极书装

科 学 出 版 社 出版
北京东黄城根北街 16 号
邮政编码: 100717
http://www.sciencep.com
天津文林印务有限公司 印刷
科学出版社发行 各地新华书店经销
*
2019 年 3 月第 一 版 开本：720 × 1000 1/16
2019 年 3 月第一次印刷 印张：15 3/4
字数：317 000

定价：98.00 元

(如有印装质量问题，我社负责调换)

“城轨交通路网运营安全保障关键技术与系统研制”课题技术组

课题/技术负责人：

梁　平　　北京轨道交通路网管理有限公司
秦　勇　　北京交通大学
战明辉　　北京市轨道交通指挥中心
刘　靖　　广州地铁集团有限公司

课题责任专家：

贾利民　　北京交通大学

主要成员：

王艳辉　　北京交通大学
郭建媛　　北京交通大学
王子洋　　北京交通大学
谢征宇　　北京交通大学
孙　方　　北京轨道交通路网管理有限公司
汪　波　　北京轨道交通路网管理有限公司
丁建隆　　广州地铁集团有限公司
蔡昌俊　　广州地铁集团有限公司
程晓卿　　北京交通大学
徐　杰　　北京交通大学
赵　鹏　　北京交通大学
刘　瑜　　北京轨道交通路网管理有限公司
张月坤　　北京轨道交通路网管理有限公司
冯昕辉　　北京轨道交通路网管理有限公司
李　健　　北京轨道交通路网管理有限公司
李　军　　广州地铁集团有限公司
袁敏正　　广州地铁集团有限公司
李　曼　　北京交通大学
祝凌曦　　北京交通大学
刘利忠　　北京轨道交通路网管理有限公司
唐　堃　　北京宏德信智源信息技术有限公司
彭怀军　　北京宏德信智源信息技术有限公司
贾献博　　北京宏德信智源信息技术有限公司

前言

城市轨道交通作为缓解城市交通拥堵、引导城镇群空间合理布局拓展、支撑城市可持续发展的核心基础设施近年来得到了快速发展，特别是以北京、上海、广州为代表的特大城市，其城市轨道交通已进入网络化运营阶段。目前我国城市轨道交通路网存在着地铁里程快速增加、客流量迅速攀升、线路之间高度关联、设备设施复杂性显著增加、不确定性风险因素影响显著等特点，特别是在高强度的运营负荷、多变的外界自然环境以及复杂的公共安全环境影响下，路网的安全运营面临着严峻的挑战，因此在网络化运营条件下保障城市轨道交通路网的安全可靠运行已成为城市轨道交通发展的迫切需求和需要解决的关键问题。

针对该关键问题，北京交通大学、北京轨道交通路网管理有限公司与广州地铁集团有限公司等单位共同成立了课题联合技术组，并承担实施了国家科技支撑计划课题“城轨交通路网运营安全保障关键技术与系统研制（2011BAG01B02）”。研究目标是突破复杂路网运营条件下城市轨道交通运行安全风险的获取、辨识、分析、预测以及应急处置等关键技术，研制相关的核心装备和系统，提高成网条件下的运营安全信息共享、主动安全预防与科学应急处置的水平，同时对打破国外技术垄断、形成我国自主知识产权的城市轨道交通安全保障技术与系统起到技术支撑作用。

为实现以上研究目标，项目组研究了城市轨道交通路网数据中心构建、城市轨道交通运营安全评估与预警、城市轨道交通路网突发事件应急处置等关键技术；研制了具有自主知识产权的多元运营安全信息互操作网关设备、客流状态实时检测分析设备，实现了客流状态实时监控与预警；开发了城市轨道交通路网运营安全综合监控与预警系统和突发事件应急处置系统，为网络化运营应急处置和客流调控提供技术支持；搭建了城市轨道交通路网数据中心测试模拟平台，形成了一批技术系统、技术装备及知识产权；并分别依托北京轨道交通路网运营指挥中心、广州地铁 5 号线及路网安监应急中心完成工程化应用部署，建立了北京、广州两个运营安全保障系统示范工程，实现客流、列车、基础设施设备等多元运营安全信息的安全接入和共享，通过示范工程的运行系统地验证了课题各项研究成果。

本书主要依托课题研究成果和课题研究报告及主编者团队近期相关研究成果编写完成，全书共 5 章，内容依次为绪论、城市轨道交通路网数据中心构建关键技术研究、城市轨道交通运营安全评估与预警关键技术研究、城市轨道交通路网突发事件应急处置关键技术研究、城市轨道交通路网运营安全保障系统。

本书得到了北京交通大学轨道交通控制与安全国家重点实验室、北京轨道交通路网管理有限公司、广州地铁集团有限公司、北京京港地铁有限公司、北京地铁运营有限公司、北京宏德信智源信息技术有限公司等单位部门与企业专家的大力支持和帮助，在此表示诚挚的感谢。在此也对曾经参与本课题研究的所有单位的课题组成员，以及参与本书编写工作的研究生刘源、王雅观、郑云霄等表示衷心的感谢。

由于时间、现场等客观条件的限制，本书取得的科研成果还有很大的进步和改进空间，诚恳希望读者提出宝贵的意见和建议；同时限于作者水平，书中难免存在不足之处，恳请读者和同行批评指正。

作　者

2018 年 8 月 20 日于北京

目　　录

第一章 绪　论

第一节 研究背景与意义

交通是城市发展的基础。城市轨道交通是缓解城市交通拥堵、引导城镇群空间布局合理拓展、促进城市人口合理迁移的大运量骨干交通工具。过去十几年里，我国城市轨道交通事业取得了巨大成就，实现了跨越式发展，基本形成了涵盖城市轨道交通规划设计、工程建设、运营管理、技术装备等各领域的产业链，已经成为世界瞩目的城市轨道交通大国。截至 2017 年年底，34 个城市开通城市轨道交通运营线路 5033km，其中 31 个地铁城市运营总里程为 3883km，客运量达 180 多亿人次，地铁城市之多、线路之长和客运量之大高居世界前列，上海、北京已是全球最大的两个地铁城市；62 个城市获批城市轨道交通线网规划，规划线路 7424km；56 个城市在建，在建规模为 6246km。随着我国城市轨道交通建设的快速发展和成网运营，乘客乘坐城市轨道交通出行的便捷性增加，轨道交通所承担的客流比例不断提升，路网客运量持续攀升。目前广州、上海轨道交通路网日客流量已达 900 万人次，北京轨道交通路网已进入日客流量 1000 万人次的新时代，预计到 2020 年，北京市路网规模将会达到 1000km，届时，路网日客运量将达到 2000 多万人次。

城市轨道交通列车是城市轨道运输的载体，随着城市轨道交通运营里程的迅速增加、运送客流规模的急剧增大，如何在快速运行条件下保障城市轨道交通列车的运营安全已经成为各城市共同面临的越来越严峻的考验。随着城市轨道交通运营里程的延长、线路的增多、路网结构的复杂化，地铁运营必然会遇到一系列管理和技术难题，迫切需要提前展开研究。

以北京、上海、广州为代表的特大城市，地铁里程快速增加，客流量迅速攀升，各种新情况、新任务、新问题层出不穷。轨道交通线路纵横交错、规模庞大，客流与车流交互影响，线路之间高度关联，这个复杂巨系统的安全、可靠、高效运行成为地铁运营面临的最大考验，对此类特大城市轨道交通网络化运营难题进行研究具有十分重要的意义和现实价值。

1) 网络化调度指挥需要以强有力的检测、状态评估系统为基础依托

网络化运营环境下的安全保障最突出的要求是主动预防，需要对列车、车站设备设施和客流状态进行准确、快速的实时检测，但目前高密度客流分布、不同

层级关键设备设施和环境联合作用下安全状态评判的相关研究仍存在空白点。

2）网络化条件下应急预案管理需要更加智能化的决策系统支持

网络化条件下突发事件的形式千变万化，单项文本应急预案体系与内容已难以适应，根据突发事件的特征对预案进行智能化匹配，生成各层级处置要点，并进行数字化管理是网络化应急预案管理的趋势和要求。

3）突发事件条件下客流疏导和组织需要更加科学化与准确化

路网突发事件频发，从路网协调调度管理者角度看，以客流安全疏导为目标，为了合理调配运能、实施有效的客运组织措施，需要更加快速和准确地掌握突发事件的波及范围、影响程度等量化数据。

4）网络化客运要求下的实时乘客出行服务和诱导信息需要更加有针对性

乘客出行路径受列车开行、车站组织、突发事件等各种条件影响，从乘客出行角度看，需要接收更加有针对性的路径可达信息。实时路径可达性的计算和相应的乘客信息发布是网络化服务的优势，更是挑战。

综上所述，城市轨道交通路网运营安全保障系统与设备的研制具有迫切的现实需求和重要意义，城市轨道交通安全监控和突发事件应急处置是急需解决的重大科学技术问题。

第二节　研究现状

一、城市轨道交通路网数据中心构建关键技术研究现状

北京市轨道交通信息化经过多年的发展，建立了许多业务应用系统，这些系统为行业信息化建设奠定了基础。但轨道交通各部门在以往信息系统建设中主要以满足项目业务需求为出发点，缺乏统一的规范和数据标准，使信息沟通有障碍，数据资源通常只能在单个业务平台中发挥局部作用，呈现孤岛状态，难以发挥其整体的效应；各个系统的数据、接口等标准也大相径庭，没有形成规范的元数据标准，给数据的采集、存储、转换、加工处理、发布等都造成了很大的困难，难以构建统一、规范的城市轨道交通路网数据中心。

城市轨道交通路网在每天运营过程中产生的数据包括全路网运营监管、突发事件处置、票务清分清算、运营数据等，也包括轨道交通指挥中心（traffic control center，TCC）系统、自动售检票（automatic fare collection，AFC）系统清算管理中心（AFC clearing center，ACC）系统两大核心业务数据。然而目前 ACC 和 TCC 两大系统作为应用平台，存储容量和存储时间均有限，各类专业信息不能有效整合；

此外，ACC、TCC 系统主要功能为收集线路各类专业信息，并进行简单的统计分析，但对信息深度挖掘、仿真、综合分析的能力不足，不能满足政府主管部门、运营企业等相关单位，以及路网网络化运营管理的需要。因此，依托对海量数据的存储、管理和挖掘，为全路网提供一个集中、规范的网络化城市轨道交通路网数据中心迫在眉睫。

本书通过对国内外城市轨道交通网络化运营的技术支撑条件和手段的研究，初步针对城市轨道交通路网产生的各类源系统数据、基础数据、应用数据进行分析整理，并在此基础上运用现代信息技术、数量经济学和管理科学，对城市轨道交通线网数据进行采集、加工、存储、分析和传递，为最终构建城市轨道交通路网数据中心提供规范及技术支撑。

二、城市轨道交通运营安全评估与预警关键技术研究现状

1. 城市轨道交通高密度客流检测视频分析方法

在城市轨道交通客流检测的需求中，需要准确地知道有多少人上车和下车，因此在检测到乘客之后，需要对其进行跟踪，以确定其是否已经离开了目标区域，从而进行计数。因此，目标跟踪算法的开发是本技术的一个重点研究内容，目前，目标跟踪算法有核跟踪算法和粒子滤波跟踪算法。

(1) 核跟踪算法[1]。核跟踪的目标通常用原始的目标区域来表达，跟踪由计算目标运动来实现，目标运动用参数形式的运动(如平移、仿射等)或计算得到的连续帧的密度流区域描述。这些算法在外观表达的运动、跟踪的目标数目、运动估计使用的方法等方面有所差异。核跟踪算法的优点是简单、速度较快，缺点是要求目标的运动比较平滑，难以应付目标突然变化的情形。

(2) 粒子滤波跟踪算法[2]。它的思想基于蒙特卡罗方法，利用粒子集来表示概率，可以用在任何形式的状态空间模型上，核心思想是通过从后验概率中抽取的随机粒子来表达其分布。它的优点是可以应付目标的多模态情形和非平滑运动，主要缺点是计算量比较大。

鉴于实际的监控或者客流统计的环境中往往在同一个场景中有多个目标同时进行运动，所以，对于多目标的检测，本书将分类器的输出结合时间上的信息进行整合；而对于多目标的跟踪，本书采用数据关联(data association)[3]与核跟踪的结合方法。该方法有效地解决了多目标的同时检测与跟踪问题，对目标间的交互遮挡具有一定的鲁棒性。

2. 城市轨道交通路网运营安全评价方法

我国在城市轨道交通路网运营安全评估与预警方面还处在初级阶段，各地铁运营单位的安全运营评估方法存在差异，而路网运营安全的影响因素众多，运营风险大，所以需要结合城市轨道交通路网运营安全综合评价指标体系的特点来进行综合评价。目前对于城市轨道交通路网运营安全评估的研究主要包括以下几个方面。

(1)评价指标的构建。对于评价指标的构建，目前主要依据一些评价标准和评价原则，未能综合考虑土建、机电、城市轨道交通客流量、车站设施、车站封闭性等多种因素对运营的影响。

(2)评价方法的研究。城市轨道交通安全评价方法有变权和相对差异函数法[4]、模糊层次分析法[5]、多级可拓评价法[6]、基于元胞自动机的评价方法[7]等，这些方法有一定的优点，也得到了一些应用。

以上研究多以单层指标为主，静态性强，表征线路运营安全状态时考虑的因素不够完整，评价时未体现动态实时性。本书通过对国内典型大城市轨道交通进行深入的调研分析，总结影响运营安全的主要因素，对运营安全要素进行提取、凝练，构建城市轨道交通路网运营安全“微观—中观—宏观”评估指标体系，采用增益型加权综合法[8]作为指标的评价算法，实现对“车站—线路—路网”不同空间粒度的运营安全综合评估，在此基础上，研制开发综合安全评估与预警系统，为城市轨道交通路网运营安全状态评估与预警提供理论依据、技术支撑和应用支持。

3. 城市轨道交通关键设备服役状态分析与维修决策支持技术

随着城市轨道交通的快速发展，运营单位对城市轨道交通关键设备服役状态与维修决策分析的需求越来越大，目前，国内的设备服役状态分析[9]主要集中于对变电设备、汽车设备、锅炉设备、电气设备的分析。然而，城市轨道交通路网关键设备设施状态的获取，多数是基于安全域估计的评估方法[10]对轨道车辆等服役状态进行分析的，对于其他一些与客流相关的设备的研究较少。

通过对车站中故障率较高的空调系统和自动扶梯系统进行评价，可采用基于统计数据的可靠性模型[11]和比例风险模型[12]两种可靠性分析模型研究车站关键设备的服役状态。通过模型拟合建立关键设备服役状态的评价模型，通过模型的参数计算得到关键设备的服役状态和维修决策，可为车站管理和维修部门提供技术支持。

4. 城市轨道交通事故致因分析和风险预测方法

现代城市地铁安全系统是在空间和时间上的动态系统，具有规模巨大、结构复杂、联系广泛的特点，这就决定了地铁安全管理工作的复杂性和多样性[13]。影响地铁安全的因素众多，要实现对事故长期有效的预防，就必须科学准确地统计和分析各种事故因素，找出故障发生的主要原因及变化规律，对事故风险进行评价。目前关于事故致因分析的方法包括以下几种。

(1) 贝叶斯网络分析法[14]。该方法以危险因素、事故、事故后果等作为层次分界来构建网络拓扑模型，阐述网络模型各层次的构成以及层次间的因果关系，找出薄弱环节和事故隐患，控制系统的风险。

(2) 事故树分析法[15]。该方法是一种定性和定量相结合的分析方法，从需要分析的特定事故(顶上事件)开始，层层分析其发生的原因，直到找出事故的基本原因(底事件)，并根据所调查的情况和资料，确定所有事件的发生概率，并标在事故树上，根据这些基本数据，求出顶上事件发生的概率。

(3) 两类危险源理论分析法[16]。该方法认为危险源的存在是事故发生的根本原因，防止事故就是消除、控制系统中的危险源。危险源为可能导致人员伤害或财物损失的潜在的不安全因素。根据危险源在事故发生、发展中的作用，把危险源划分为两大类，即第一类危险源和第二类危险源，并可通过对危险源的辨识，控制事故的发生。

以上方法均以危险元素和事故的表态特征为研究对象，多数是针对事故发生后的研究，而对于定量化研究事故的预防很少涉及。在贝叶斯网络理论的基础上，为了更好地分析事故致因，本书充分考虑影响因素间的关联性，将城市轨道交通路网中影响列车运营的事故抽象为由若干节点、有向边构成的网络模型，并通过模糊概率算法和路径选择机制对事故演化路径进行分析，最后，基于多因素时间序列预测模型对事故风险进行预测，输出预测值。

5. 城市轨道交通客流状态实时检测分析设备

本书在高密度客流检测视频分析方法[17]研究的基础上，通过视频采集、视频分析、数据接入处理、信息发布等计算机技术，设计和研制一套视频采集、视频接入与分析检测、数据应用三层结构的客流视频检测分析设备，可实现城市轨道交通站厅、站台等环境下高密度客流的检测，并且三层结构的设备设计有利于系统在实际工程中部署。

6. 城市轨道交通路网运营安全综合监控与预警系统建立

本书从路网运营安全角度出发，通过对系统目标客户、系统项目目标和系统业务范围进行分析，设计具备对客流数量、密度等实时状态进行显示及对拥挤、入侵、逆行等异常行为信息进行实时报警；对城市轨道交通路网运营列车监察数据、路网客流数据进行可视化综合展现；对路网运营安全状态不同层次(微观、中观、宏观)进行综合评估；对重要事故进行致因分析和风险预测分析；根据路网安全评估结果出具路网运营日报等功能的综合监控与预警系统。

三、城市轨道交通路网突发事件应急处置关键技术研究现状

城市轨道交通路网突发事件应急处置关键技术主要包括路网多级应急预案数字化建模、突发大客流传播机理研究，以及客流诱导与信息发布三个方面。其相关前期研究基础如下。

1. 城市轨道交通应急预案管理方法研究现状

应急预案的应用较为广泛，几乎涉及各个行业部门，目前我国已经初步建立了“一案三制”的应急管理体系，并进入应急管理的法制阶段，从研究现状来看，针对应急预案管理方法的研究有以下几方面。

1)应急预案数字化模型方面

(1)基于本体的应急预案数字化方法[18]：将基础本体作为上层本体，在此基础上扩展表示应急预案的词汇，形成应急预案本体，并结合本体五元组的相关概念和OWL(web ontology language)本体的相关定理，挖掘词汇之间的映射关系，从而构建应急预案的本体模型。

(2)基于语义的应急预案数字化方法[19]：对现有应急预案的结构与内容进行分析并建模，进而挖掘应急情景与应急预案之间的语义映射关系，最终实现情景应对模式下的数字化预案语义模型的构建。

2)应急处置流程化建模方法方面

(1)基于情景的突发事件案例推理应急决策方法[20, 21]：计算当前接警情景与现有数据库中的实例间的相似度，将相似度最高的案例的处置方案作为目标，在此基础上进行调整并用于当前事件的处置。相似度计算方法一般有最近相邻检索算法[19]、引入结构相似度计算[19]和基于云模型的启发式权重获取算法[22]等。

(2)模糊多目标应急决策方法[23]：针对应急环境的不确定性，引进灰色关联度计算被选方案与理想方案和负理想方案的关联距离，考虑方案之间的关联程度，然后采用三角模糊数处理决策信息的模糊性和不确定性，突出各决策方案之间的关联影响。

国外对城市轨道交通的应急能力的评价研究较多，但对地铁突发事件应急预案的评价研究还比较匮乏，目前主要通过演练的方式进行应急预案的评估[24-26]。通过演练虽然在一定程度上可以检验应急预案的应急能力，但是演练的成本大，可行性不高。国内的学者对地铁突发事件应急预案的评价也进行了一定的研究，但总体来说研究得比较少，研究的内容不够全面，地铁应急预案的针对性不强，建立的指标体系大多是地铁应急能力评价指标体系，还没有相对完善的地铁应急预案的评价指标体系。我国应该按照地铁突发事件应急预案的具体内容及建立地铁突发事件应急预案指标的特点、功能、原则，建立适合我国地铁应急预案评价的指标体系，并运用合适的评价方法对应急预案进行客观、全面、准确的评价。

就当前的研究成果来看，应急预案数字化建模研究较多集中在单个应急预案的数字化方面，没有考虑多层级应急处置工作中存在的交互，不能全面适应网络化运营条件下，多层级应急处置工作相互关联、频繁交互的业务特点。本书将根据路网应急处置工作中车站、线路、路网之间的相互影响关系，建立多层级的应急预案数字化和流程化建模技术。

2. 城市轨道交通突发大客流传播机理研究现状

城市轨道交通路网系统作为城市公共交通的主要承担者，一旦发生区间中断等突发事件，将造成客流大面积聚集，对乘客运输安全和服务水平产生较大影响。根据历史同期的客流 *OD*(origin and destination)对数据，根据突发事件的特征信息在路网上对客流进行分配，可以得到突发大客流在路网的分布范围和影响强度。目前，针对城市轨道交通路网客流分布方法和突发事件影响分析方法有以下研究。

1)城市轨道交通路网客流分布方法

城市轨道交通路网客流分配领域是伴随着近年来主要城市的轨道交通网络建设的快速发展才逐渐引起研究者注意的，属于一个全新的领域，其理论和应用模型并不完善。目前为数不多的研究主要集中在借助交通分配理论在道路交通中的研究成果，对轨道交通对象进行研究[27]。目前国内外对轨道交通客流分配的研究主要分为客流均衡分配和客流非均衡分配两种方法。大致思想是通过定义各路段的阻抗函数，利用路径搜索算法寻找有效路径，并利用Logit模型或者基于Wardrop原理的客流均衡分配模型对客流进行推演和分布计算。

在客流均衡分配模型和算法方面，黄一华[28]将 Fisk 随机用户均衡分配模型应用在城市轨道交通网络中，并给出了求解算法；孔繁钰[29]分析了考虑系统最优的弹性需求下的城市轨道交通客流分配算法，证明了客流需求并非总是固定不变的；吴祥云和刘灿齐[30]提出了城市轨道交通用户均衡分配模型，并改进了F-W(Floyd-Wolfe)求解算法，但是并没有考虑留乘问题；文献[31]和文献[32]利用遗传算法对客流均衡分配模型进行求解，提高了预测的准确性。

在客流非均衡分配模型和算法方面，Trahan[33]对该模型的算法进行了改进，提高了算法的效率；Daganzo 和 Sheffi[34]提出了多路径概率分配模型，然而由于计算量太大，其并不适用于大规模路网，文献[35]改进了该多路径概率分配模型；Dial[36]最早提出了利用 Logit 模型对道路交通网络进行非均衡分配；四兵锋等[35]和刘剑锋等[37]将该模型用于城市轨道交通客流分配建模，并利用数据进行了验证，与之相似的研究还有文献[38]～文献[42]，区别在于有效路径的定义和搜索算法。

2）路网突发事件影响分析方法

国内外对于突发事件影响分析方法的研究主要有两种：其一是研究地铁车站人群的疏散模式，利用计算机仿真分析人群行为及突发事件情况下的疏散过程[43, 44]；其二是利用复杂网络理论研究路网的连通性和鲁棒性，从复杂网络传播动力学角度利用 SIR（susceptibles infectives recovered）流行病传播模型，从传播阈值、微观传播机制和免疫策略等方面研究突发事件下轨道交通网络的客流量的演变[45-47]。

3. 城市轨道交通路网客流诱导方法研究现状

随着城市现代化发展进程的加快，产生了巨大的交通需求以及随之而来持续增长的道路交通发展建设，很多学者对于交通领域的可达性进行了广泛研究。可达性最根本的含义是反映交通成本的基本指标，可达性定义为克服空间阻隔的难易程度。可达性是交通系统中的出行问题及服务水平研究的重要基础理论。道路交通中可达性的具体定义为出行者利用给定的交通系统从出发点到达活动地点的便利程度。道路交通的学者从不同的角度建立了定义可达性的模型（空间阻隔模型、累积机会模型、空间相互作用模型、效用模型以及时空约束模型），这些研究为轨道交通的可达性研究提供了良好的理论基础。然而针对轨道交通可达性的研究比较匮乏，有少量学者对轨道交通换乘设备设施产生的空间可达性进行了研究[48]，另有学者对运行计划约束下的末班车开行引起的路网动态可达性进行了研究[49, 50]。城市轨道交通可达性的研究存在两方面的问题：一是理论研究比较分散，没有形成较为完善的理论成果；二是没有将可达性成果充分应用于实际运营中。因此，本书对城市轨道交通可达性进行系统的理论研究，并将其应用于实际的乘客出行诱导系统中，旨在提高乘客出行质量和路网整体服务水平。

城市轨道交通系统是一种大运量、快速、准时、舒适的客运交通系统。随着城市轨道交通的快速发展，城市轨道交通的路网结构变得更加复杂，路网中的客流控制、计划调整、突发事件等会产生更大范围和更加复杂的影响，对这类信息的及时和恰当的发布会明显降低乘客出行的不便，提高乘客的出行质量。

城市轨道交通信息发布系统在承担乘客导引、运营状态展现以及各种广告宣传等任务的同时，还具备无线接收和插播控制中心的报警信息的功能，这是城市轨道交通人性化服务的重要组成部分，目前北京、上海、广州、深圳、天津等城市都在积极构建地铁车站内的信息发布系统，随着信息技术的发展，车站乘客信息系统(passenger information system，PIS)、网站、移动终端都逐渐开始应用到城市轨道交通 PIS 中。硬件设备的支持和信息发布系统的进步使得车站内信息发布的形式、内容、终端都可以更加多样化，能满足不同类型乘客的需求并加强信息发布引导乘客的效果。

然而，目前我国各城市在城市轨道交通日常工作中，普遍存在针对不同终端的发布内容形式单一、信息发布不及时、信息审核程序复杂、各终端操控权限分离等问题，严重影响了信息发布的准确性和实效性。同时，虽然基于有线网络，通过站厅、站台的大屏幕及站内广播等设施可向乘客公布各类信息，但其信息量及信息的传达率已无法满足乘客的需求，更无法达到乘客个性化查询的要求，乘客无法根据个人情况获得最需要的信息，基于网站的信息发布能够有效解决这个问题。因此，应建立支持车站 PIS 设备和网络平台、广播、移动终端等多种方式的信息发布系统。鉴于此，本书进行面向路网的多终端信息发布技术研究，旨在提高发布信息的便捷性、规范性和多样性，使乘客能够及时、准确地接收城市轨道交通路网事件信息。

第三节　研究目标与内容

一、研究目标

1. 城市轨道交通路网数据中心构建关键技术研究

本书研究路网设施设备、客流与列车运行状态实时获取，路网多元信息集成与融合，路网数据中心元数据标准与架构，运营安全信息互操作等城市轨道交通路网数据中心构建的关键技术；研制具有自主知识产权的多元运营安全信息互操作网关设备，搭建城市轨道交通路网数据中心测试模拟平台，形成《城轨交通路网数据中心元数据标准》，为路网运营数据中心示范工程构建奠定技术基础。

2. 城市轨道交通运营安全评估与预警关键技术研究

本书研究高密度客流检测视频分析方法、面向轨道交通路网运营安全的评价指标与评估方法、基于安全和可靠性分析的关键设备服役状态分析与维修决策支持技术；研制客流状态实时检测分析设备，实现客流状态实时监控与预警；开发城市轨道交通路网运营安全综合监控与预警系统，满足不同需求、不同粒度的路网运营安全统计分析、事故致因分析和风险预测要求。

3. 城市轨道交通路网突发事件应急处置关键技术研究

本书研究面向路网的应急预案的多级数字化、流程化建模方法，突发大客流影响分析方法、路网乘客诱导信息发布规则与内容，应急信息发布多制式通信技术，并开发城市轨道交通路网突发事件应急处置系统。

二、研究内容

1. 城市轨道交通路网数据中心构建关键技术研究

第二章重点对目前城市轨道交通路网的各类业务、基础、应用等数据进行研究，分析不同城市轨道交通业务应用系统之间的数据、应用交互方式，形成统一规范的《城轨交通路网数据中心元数据标准》，最终构建能够为各类城市轨道交通业务提供全面数据支撑的城市轨道交通路网数据中心，方案如图 1-1 所示。

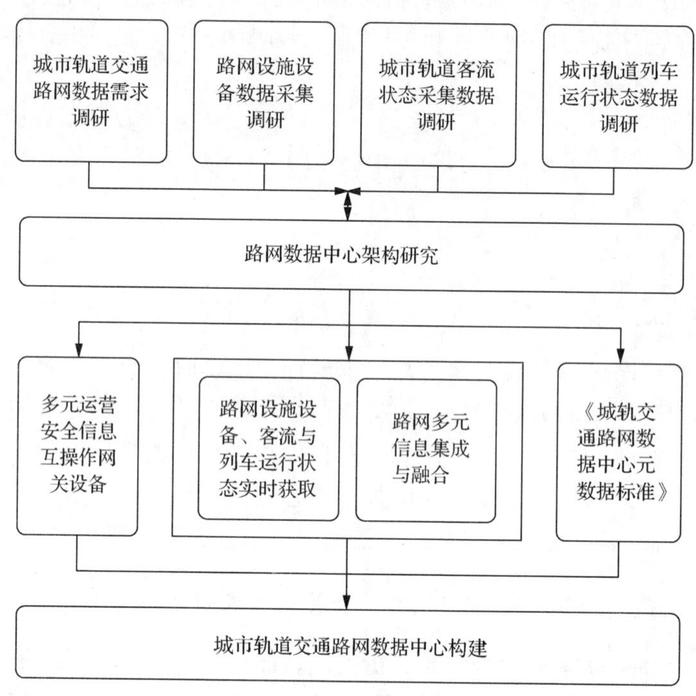

图 1-1　数据中心构建方案图

首先，通过对目前城市轨道交通路网的各类数据进行调研，为形成城市轨道交通路网数据标准建立基础，并对目前城市轨道交通路网的路网设施设备、客流、列车运行状态数据进行重点调研，为后期的实时状态数据获取提供数据基础。通过对各类城市轨道交通数据进行分析，完成对路网数据中心整体架构的研究。

其次，重点研究路网设施设备、客流与列车运行状态实时获取，路网多元信息集成与融合等关键技术，实现在路网数据中心的基础上进行各种不同类型数据的处理与融合等过程；通过制定的《城轨交通路网数据中心元数据标准》，以统一规范的形式对实时数据进行接入，实现对城市轨道交通路网数据的深度加工，形成符合城市轨道交通路网需要的成品数据；通过多元运营安全信息互操作网关设备对不同系统、应用进行数据及应用的互操作，形成统一规范的城市轨道交通路网数据中心。

最后，通过对城市轨道交通路网各类不同数据的调研，完成路网数据中心各类关键技术的研究，并且通过互操作网关设备以及路网中心元数据标准，构建符合城市轨道运营需求的城市轨道交通路网数据中心。

2. 城市轨道交通运营安全评估与预警关键技术研究

第三章在城市轨道交通路网运营列车监察数据、路网客流数据、路网设备设施监察数据基础上获取城市轨道交通列车运行安全评价指标体系，实现城市轨道交通列车运营状态的综合监控和统计分析，并在综合评估算法的支撑下，对车站、线路和路网不同层次的运营安全状态进行综合评估，建立城市轨道交通运营综合安全评估与预警系统，如图 1-2 所示。

在聚类分析、列车故障数据及故障分类的基础上，第三章通过列车事故分类、数据处理、数据聚类分析等技术，建立列车事故致因模型；分析列车故障成因推演路径，建立多因素时间序列分析风险预测模型，有效地实现城市轨道列车多变量风险因素影响下事故风险值的输出，最终实现事故要素致因分析和风险预测；通过对城市轨道运营风险因素的分析及运营状态的实时化获取，建立覆盖车站、线路和路网多维度风险因素的城市轨道路网运营安全指标体系与评估方法，并能满足不同需求、不同粒度的路网运营安全统计分析，从而建立基于动态信息实时获取的城市轨道交通的综合安全评价指标体系。

3. 城市轨道交通路网突发事件应急处置关键技术研究

第四章主要包括路网多级应急预案的数字化模型及流程化建模方法、突发大客流对路网运营及协同疏导的影响，以及路网客流诱导信息发布规则与内容的研究，在技术调研和需求分析的基础上确定研究方法，展开各部分相关研究，从而得出研究成果。

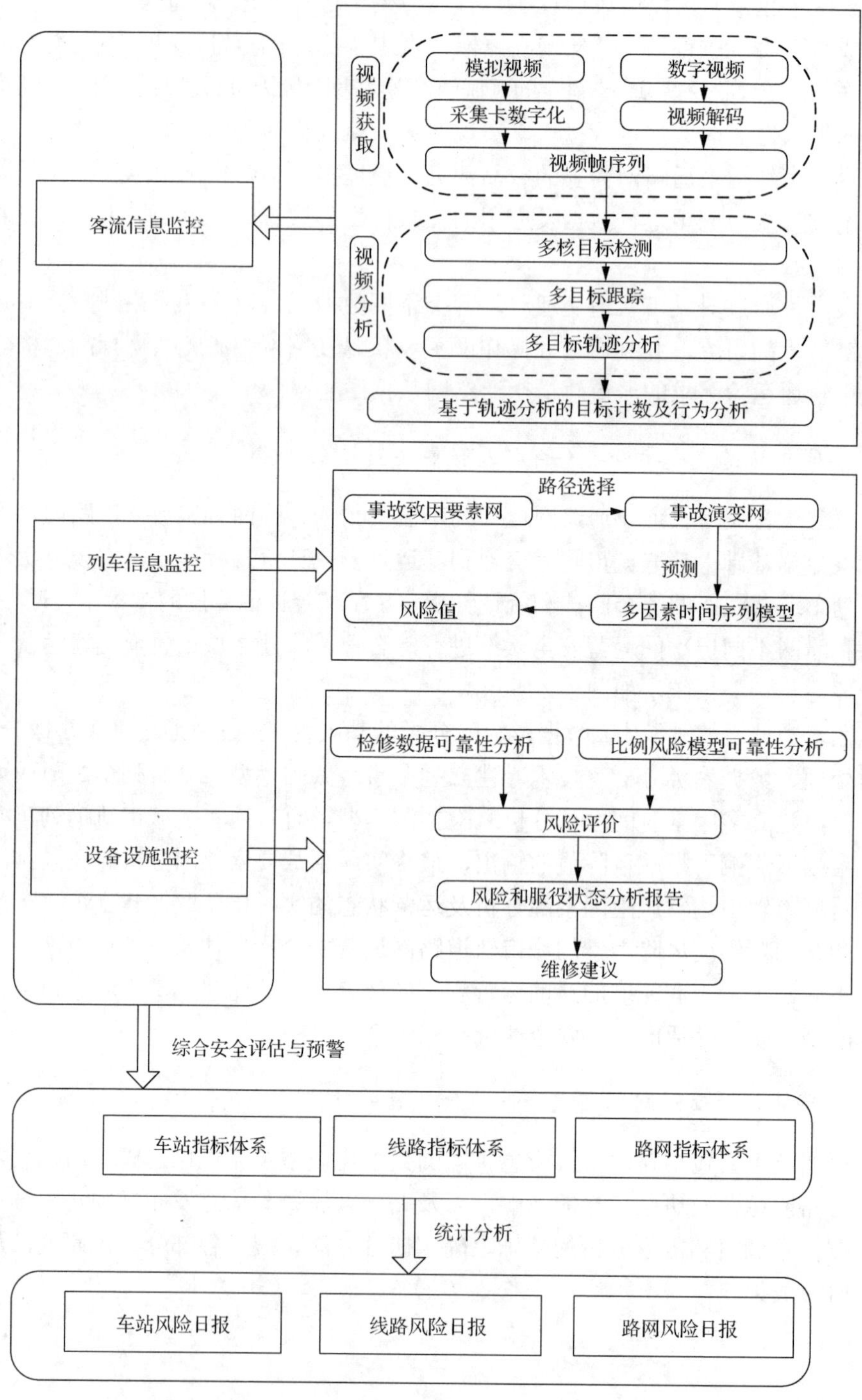

图 1-2　城市轨道交通运营综合安全评估与预警系统

1) 路网多级应急预案的数字化模型及流程化建模方法

这部分重点对文本预案的数字化及应急处置方案自动生成过程进行研究，首先，对城市轨道文本应急预案进行分析并梳理出最小执行单元——处置要点，并对其按照事件、时间、地点、环境、执行主体和信息属性进行多维度分解，构建城市轨道数字化处置要点库；其次，在突发事件发生后，将接警信息与应急处置要点库中的处置要点按照相似度算法进行匹配；然后，对筛选出的处置要点进行评估并按照拼接规则排序，最终生成处置方案；最后，对文本预案编制、评审、修改、公布、备案等生命周期的管理过程进行详细介绍。

2) 突发大客流影响分析研究方法

为了研究城市轨道交通成网状态下，路网部分线路区间发生中断运营时对路网的影响范围和影响程度，需要建立突发大客流影响分析的理论模型和算法。首先，分析城市轨道交通网络化运营的特点，从而得到成网条件下，日常客流的时空分布规律以及安全管理现状。然后，引入路网部分线路区间发生中断运营的情况下路网中的客流状态，对受影响的客流进行分类，并分析各种类型客流的路径选择和客流传播特征，进而建立北京市城市轨道交通路网模型，对路网中的路径阻抗以及有效路径进行定义，建立路径搜索算法获得各个 *OD* 对之间的有效路径，并利用效用理论通过阻抗计算出 *OD* 对之间多路径选择的概率，从而对日常情况下的客流进行加载。为了计算区间中断事件对路网的影响范围和影响程度，建立突发事件影响范围预测模型，利用事故信息和路网结构计算出突发事件的影响范围，并利用更新过的路径分配比例对受影响客流进行重新加载，最终计算出以下结果：①中断区间的滞留人数及其随时间的变化情况，为地面公交摆渡的需求提供数据支持；②动态计算出影响范围内各个车站去往不同目的站的客流人数和比例，为路网故障情况下对客流的疏导提供数据辅助支撑；③受影响范围内各个车站的进出站量、换乘站的换乘量以及区间的断面客流量及其随时间的变化情况，为车站工作人员的限流措施实施以及调度人员的运力调配提供辅助支持。最后，通过实际的案例对模型的参数进行修正，得到成熟的客流影响分析算法，进而开发出城市轨道交通应急处置系统中突发大客流影响分析子系统。

3) 客流诱导信息发布规则与内容

在突发事件应急处置的信息输入条件下，客流诱导通过操作终端处理、事件分析、模板匹配、发布管理和数据管理模块共同作用完成对事件发展相关信息的动态发布；同时可达性计算模块根据应急处置信息的变化，计算路网可达站点、可达性相关成本，生成可达路径集和推荐路径集；事件发展信息和可达性信息共同形成客流诱导信息，在 PIS、站外大屏、网站和手机客户端向乘客发送多样式的信息。

综上所述，研究方案如图 1-3 所示。

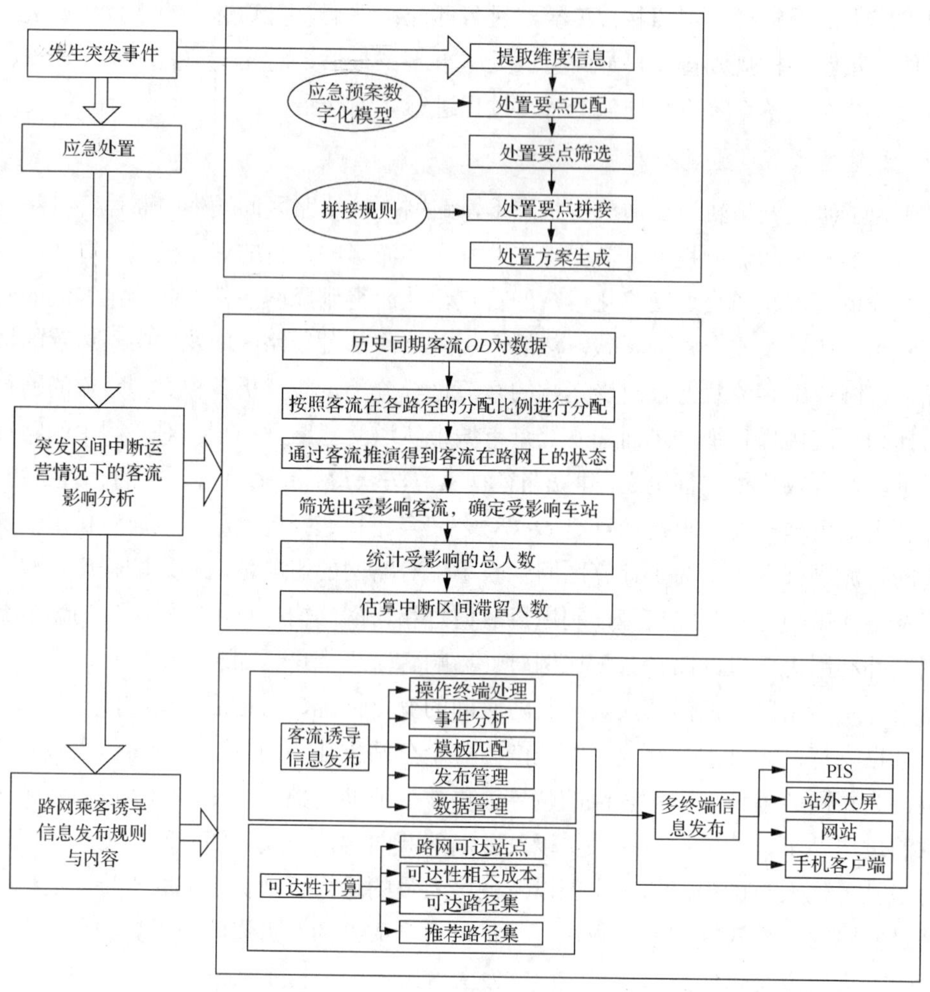

图 1-3　研究方案图

4. 城市轨道交通路网运营安全保障系统研究

第五章介绍城市轨道交通路网运营安全保障系统的调研、方案设计、实施及部署。本书在北京、广州的城市轨道交通路网中各选取一个典型换乘站部署客流状态实时检测分析设备，实现客流、列车、基础设施设备等多元运营安全信息的安全接入和共享，在轨道交通指挥中心部署路网运营安全综合监控与预警系统、路网运营突发事件应急处置系统，建设城市轨道交通路网运营安全保障系统，为轨道交通指挥中心业务功能的实现提供信息系统支持。

第四节 技术路线

本书围绕我国特大城市网络化轨道交通运营安全管理迫切需要解决的实际问题，以实际需求为导向，研制开发关键技术装备及系统，建立适合我国国情的具有自主知识产权的网络化城市轨道交通运营安全保障体系，为我国网络化城市轨道交通运营安全保障提供集成创新平台。

本书在分析国内外技术现状的基础上开展需求分析，完成关键技术和标准规范研究，同时开展关键设备及系统研制，经过一系列模拟试验和测试后，最终进行示范工程应用验证；通过关键技术与业务需求分析，掌握现有城市轨道交通路网运营数据、业务功能及性能需求，确定需要重点突破的关键技术，明确需要制定的标准规范，研制客流状态实时检测分析设备、多元运营安全信息互操作网关设备；通过对高密度客流检测视频分析方法、实时交换数据互操作方法等关键技术的研究，建立关键模型算法，开发软件模块，运用嵌入式硬件平台研发高可靠性的专用设备，开发路网运营安全综合监控与预警系统和路网运营突发事件应急处置系统。

本书通过对路网运营安全综合评估关键技术的研究，结合先进的可视化软件技术，开发满足用户需求的路网运营安全综合监控与预警系统；通过对城市轨道多级应急预案数字化建模方法、突发事件路网运营影响分析方法、多种运营条件下乘客路网可达性分析方法等关键技术的研究，开发满足用户需求的路网运营突发事件应急处置系统，并结合网站、乘客信息终端和广播等形式实时发布路网乘客诱导信息；通过模拟试验平台分别测试以上设备和系统的可用性以及功能性能指标，并进行室内联调联试。本书基于以上开发的两种设备、两个系统，遵循提出的标准规范，分别依托北京市轨道交通指挥中心二期工程、广州选定线路配套工程建设，在选定的示范区域内部署以上设备和系统，通过示范运行验证研究成果的有效性。本书的总体技术方案如图 1-4 所示。

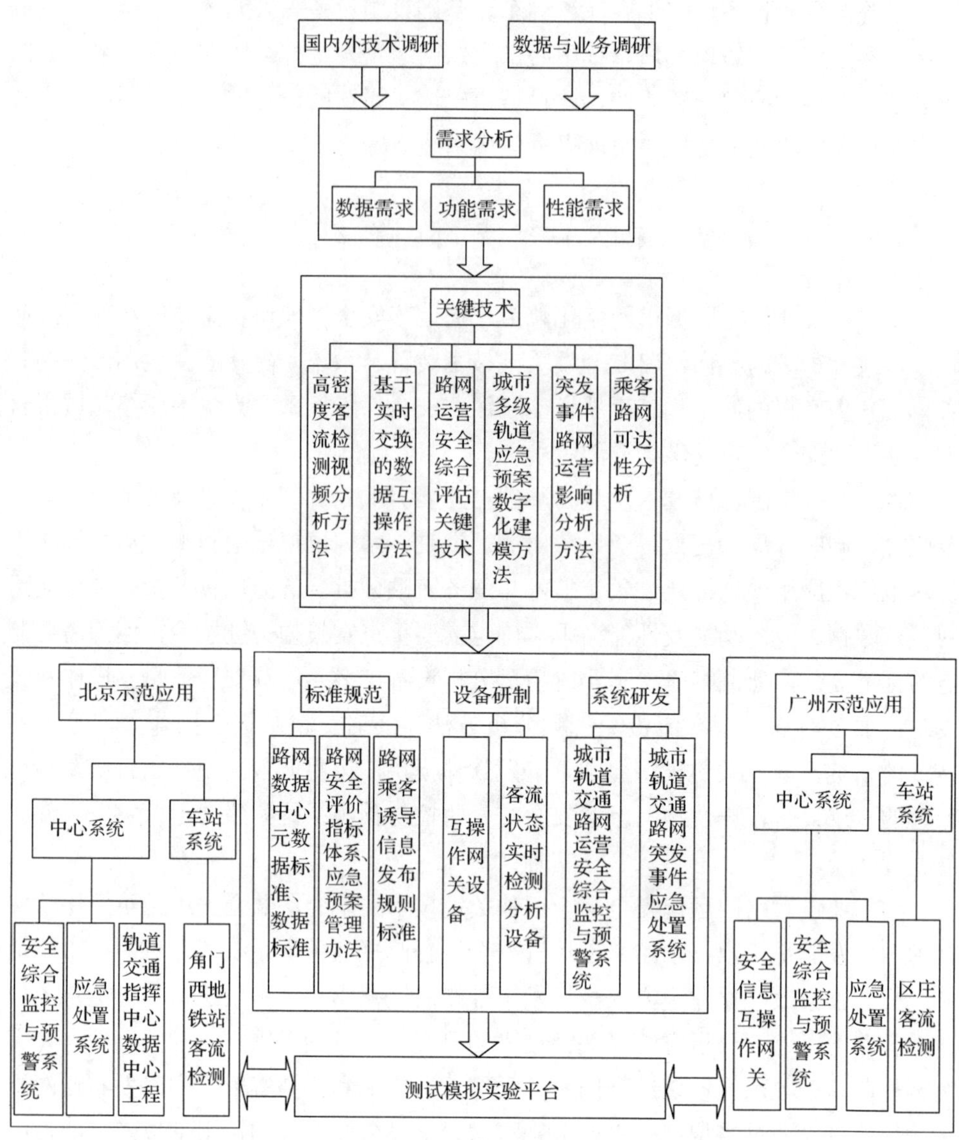

图 1-4　城市轨道交通路网运营安全保障关键技术与系统研制技术路线

第二章　城市轨道交通路网数据中心构建关键技术研究

城市轨道交通路网数据中心要求针对分布式环境种类繁多的海量数据进行整合，是地铁企业运营监视、应急指挥和信息化管理的基础平台，主要完成对各类多元异构数据、各专业监控系统、运营系统等不同平台数据源的获取与共享，以及实现信息查询、交互等功能。

第一节　城市轨道交通路网运营状态实时获取方法

在路网设施设备实时状态获取技术、安全状态识别技术和统一接入规范的基础上，本书综合分析路网设施设备、客流与列车运行状态业务数据格式，构建安全、高效的数据接入及交换协议，形成统一规范的数据共享与交换体系。

通过建立统一规范的数据共享与交换体系，利用多元异构数据多频并发采集技术，基于消息队列的高可靠数据传输管理技术，可形成全面高效的客流状态检测数据实时获取方法及系统，为城市轨道交通路网运营与安全保障提供客流实时状态检测数据和技术支持。

通过MQ(message queue)服务器、接口服务器将不同类型的数据进行接入及处理，可实现路网设施设备、客流与列车运行状态的实时获取，具体结构如图2-1所示。

一、城市轨道交通路网数据采集方法

本书主要进行多元异构数据多频并发采集，多元异构数据多频并发采集是能够针对城市轨道交通路网中大量不同结构、不同类型业务数据进行实时采集与获取的技术，而且能够支持海量采集请求并发处理。多元异构数据多频并发采集主要有主动采集、被动采集、轮询采集等方式；采用的核心技术有分布式计算及处理技术、业务对象事务监控技术、异步及同步消息队列技术。

城市轨道交通路网状态信息的获取是通过与数据源定义数据采集格式、采集频率，实现由状态信息获取主动对数据进行采集的方式；通过与数据源定义统一的数据内容，实现数据源在数据发生改变等情况下需要更新状态信息获取中的数据时，状态信息获取被动地接收数据源上传数据的采集方式；在城市轨道交通路网业务需要的情况下状态信息获取通过定时、主动地对数据源进行轮询采集，发现并接入需要上传的城市轨道交通路网数据，实现对业务数据进行轮询采集的方式。

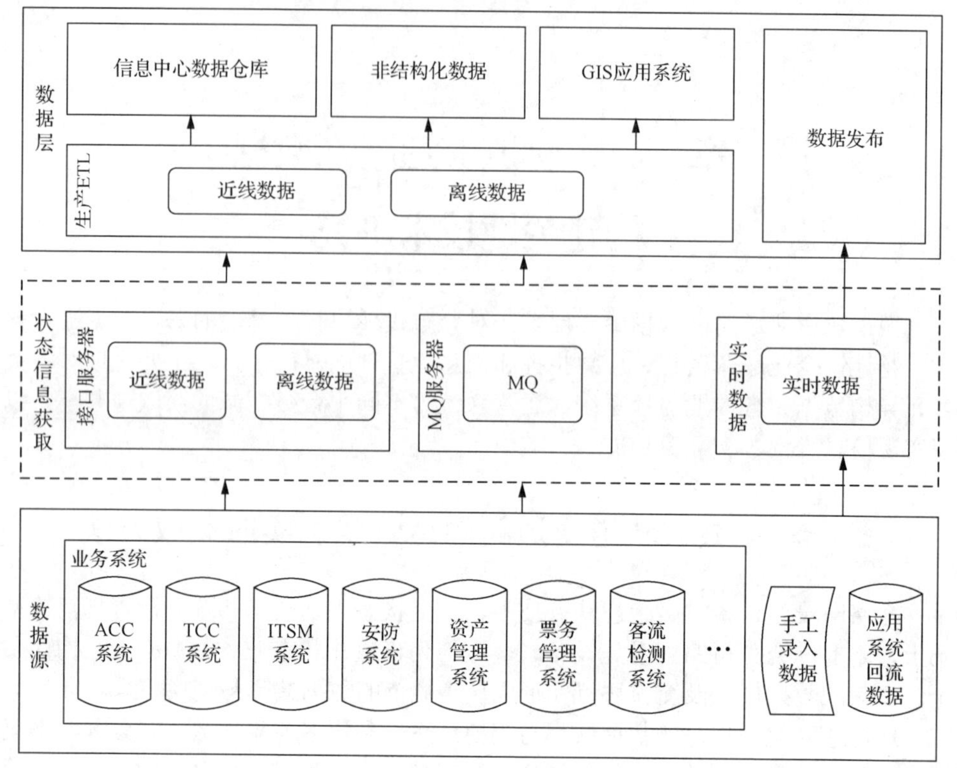

图 2-1　数据接入结构图

GIS 为地理信息系统（geographic information system）；ETL 为抽取-交互转换-加载（extract-transform-load）；ITSM 为信息技术基础设施库（IT service management）

城市轨道交通路网在进行大量业务数据采集的过程中，通过分布式计算及处理、业务对象事务监控、异步及同步消息队列技术实现采集过程中多频并发的处理。

通过分布式计算及处理可完成对需要采集的城市轨道交通路网业务数据进行同步处理的工作，并使用业务对象事务监控在主动采集、被动采集、轮询采集的过程中对业务数据的状态进行监控，最后通过异步及同步消息队列技术实现多频并发的处理，从而实现对于城市轨道交通路网数据采集的技术实现及处理。

二、城市轨道交通路网数据传输方法

本书采用基于消息队列的高可靠数据传输，该过程主要实现城市轨道交通路网数据中心与各个城市轨道交通业务应用系统之间的业务、数据交互。

消息队列技术是分布式应用间交换信息的一种技术[51]。消息队列可驻留在内存或磁盘上，队列存储消息直到它们被应用程序读走。通过消息队列，应用程序可独立地执行——它们不需要知道彼此的位置，或在继续执行前不需要等待接收程序接收此消息。

在分布式计算环境中，为了集成分布式应用，开发者需要为异构网络环境下的分布式应用提供有效的通信手段。为了管理需要共享的信息，对应用提供公共的信息交换机制是重要的。

设计分布式应用的方法主要有：远程过程调用(remote procedure call，RPC)——分布式计算环境(distributed computing environment，DCE)的基础标准成分之一[52, 53]；对象事务监控(object transaction monitor，OTM)——基于CORBA(common object request broker architecture)的面向对象工业标准与事务处理(transaction processing，TP)监控技术的组合[54]；消息队列——构造分布式应用的松耦合方法[55]。

城市轨道交通路网状态获取消息队列是一种独立的系统软件或服务程序，分布式应用系统借助它在不同的技术之间共享资源、管理计算资源和网络通信。它在城市轨道交通路网中是一个关键软件，实现应用的互联和互操作性，能保证系统安全、可靠、高效地运行。状态获取消息队列位于城市轨道交通路网数据中心和路网各类业务应用软件之间，它为应用提供了公用的通信手段，并且独立于网络和操作系统。状态获取消息队列为城市轨道交通业务提供了公用于所有环境的应用程序接口，当应用程序中嵌入其函数调用时，它便可利用其运行的特定操作系统和网络环境的功能，为应用执行通信功能。

基于消息队列的高可靠数据传输过程主要实现城市轨道交通路网数据中心与各个城市轨道交通业务应用系统之间的业务、数据交互，主要步骤如下。

1)数据接口规范处理过程

针对城市轨道交通路网不同业务应用系统中的数据类型，整理并规范现有数据类型，形成针对不同业务应用的数据接口规范，以及接口处理流程，重点实现以下城市轨道交通路网数据接口规范。

(1)ACC系统数据。

(2)TCC系统数据。

(3)人工数据(车站属性等)。

(4)票务管理系统数据。

(5)综合运维系统数据。

(6)安防中心数据。

(7)资产管理系统等数据。

在城市轨道交通路网数据接口规范的基础上，建立规范、统一的数据接口处理流程，可为城市轨道交通路网数据中心与其他业务应用系统之间安全、稳定的数据交互和共享提供保障。

2)多元数据动态封装过程

城市轨道交通路网数据中心与大量城市轨道交通业务应用系统存在数据的交

互，需要针对交互的数据内容、格式对数据进行解析、封装，以满足数据中心对于接入数据的要求。

数据中心依据固定规则对各业务应用系统的原始数据进行抽取，并根据不同数据类型的接口规范进行数据封装，将各城市轨道交通业务应用系统中的原始数据封装成数据中心需要的数据内容，形成满足接口规范的数据文件。

3)数据文件自动传输过程

通过数据接口规范生成的数据文件，依据城市轨道交通路网数据接口规范，将按照数据接口规范的要求，抽取数据文件传输到数据交换服务器指定的数据存储区。文件接收区将负责存储接口文件，接口文件将在文件接收区保留一段时间，超过规定时间将备份到相关介质中。

第二节　城市轨道交通安全互操作方法

本书通过面向系统和信息异构的路网数据中心数据接入与提供的方法、规则和机制，形成面向数据分布存储和应用需求的数据访问、信息变换、负载动态分配的方法与实现技术，形成路网数据中心数据互操作技术体系。

在上述互操作技术的基础上，本书通过面向数据互操作的接入对象(应用、设备、人员等)的身份识别、访问控制和恶意发现的互操作安全机制与实现技术，形成城市轨道交通路网数据中心安全互操作装置，为路网数据中心数据接入与提供、数据发布与应用提供安全保障。

本书通过数据分布存储和分块存储条件下的统一访问服务的互操作实现技术[56]，形成实用化的分布式存储数据方案关键技术。

本书通过分析路网数据中心数据安全接入、外部系统安全接入、基于路网数据中心数据的运营仿真等应用系统对数据的安全访问等需求，在上述安全互操作技术的基础上，研制数据安全接入、外部系统安全接入、数据中心数据安全访问的系统和装置，分别形成面向数据安全接入、外部系统安全接入、数据中心数据安全访问的专用装置，可为路网数据中心构建提供与其他系统互联的安全保障和互操作能力支持。

基于信息流的城市轨道交通安全互操作实现过程主要是指针对已建成的AFC、设备状态监控、客流采集与监控、ACC 系统和 TCC 系统等一批运营管理与安全保障系统，实现不同类型、不同结构城市轨道交通业务数据的互操作过程。

一、城市轨道交通信息安全保障方法

城市轨道交通路网分布式信息系统互操作的信息安全保障机制主要通过信息系统互操作信任评价指标体系、不同信任域之间互操作的推荐信任度算法、不同信任域之间互操作的信任动态综合评价算法、不同信任域之间互操作的访问控制

算法等方式来实现。其中互操作信任评价指标体系如图 2-2 所示。

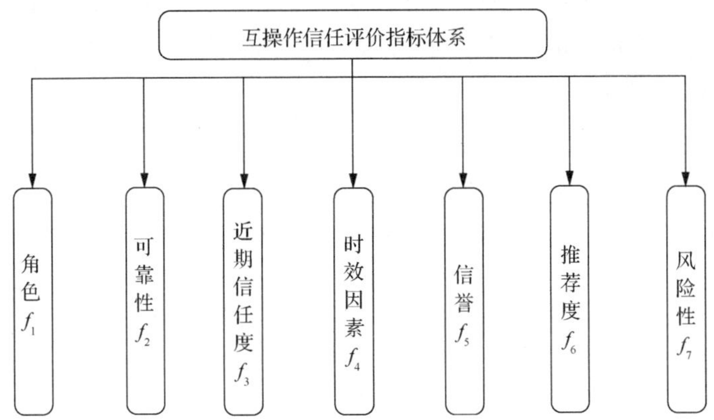

图 2-2　互操作信任评价指标体系

1) 角色

等级关系是组织最为重要和普遍的关系之一。参与互操作的实体扮演着不同的角色，角色的层次性将影响个体之间的信任。根据角色的映射和继承性将角色等级分为三类$\{<,=,>\}$，分别表示下级对上级、同一级别和上级对下级三种等级关系。

2) 可靠性

可靠性指资源提供者对请求者完成某项任务的能力评估，定义为

$$f - \frac{\mathrm{sucs}(s)}{\mathrm{sucs}(s)+\mathrm{fair}(s)} \tag{2-1}$$

式中，$\mathrm{sucs}(s)$ 为互操作成功的次数；$\mathrm{fair}(s)$ 为互操作失败的次数。

3) 近期信任度

近期信任度越高，失信的可能性越小。

4) 时效因素

上次互操作时间距本次互操作的时间越长，评价值对信任度的影响越小，称为时间衰减效应。

5) 信誉

一次互操作结束后，资源提供者和请求者对双方的互操作行为进行主观信誉评价，采用打分制，分值定义为{–1，0，1}，分别代表{差评，中评，好评}，实行累计加分的原则。

6) 推荐度

资源提供者对请求者的信任是根据直接的互操作行为来判断的，中间推荐个体可对直接信任关系的可靠程度进行描述。推荐个体所推荐的信任值对资源提供者的最终决策有不可忽视的影响。

7) 风险性

互操作本身具有一定的利益性，根据风险评估原理，互操作的请求等级越高，利益越大，但是潜在的风险越大，信任越低。这里的风险等级引入模糊语言{极高，高，中，一般，低}。近期信任度越高，失信的可能性越小。

通过城市轨道交通路网常权和变权下的互操作综合信任度的对比分析，形成的对比图如图 2-3 所示。

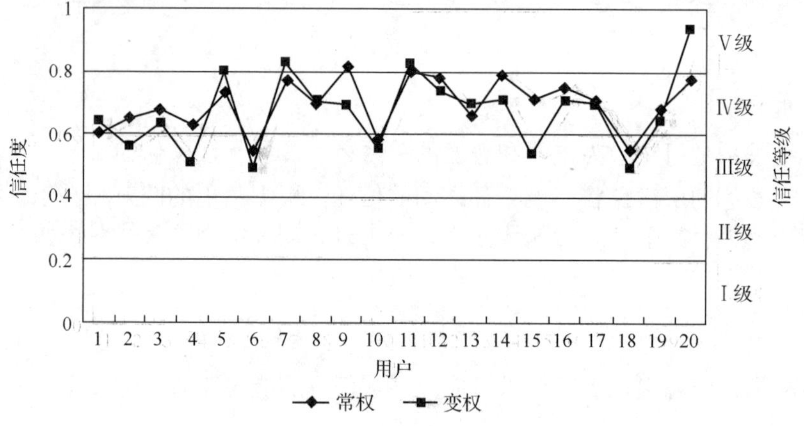

图 2-3　互操作综合信任度对比图

根据距离综合评价方法[57]，推荐系统（平台）距离系统越远，则推荐能力越强。用 ω_i 表示每个推荐系统（平台）在推荐路径上的权重，定义在信任路径 $P = P(s \to i \to \cdots \to j \to t)$ 上，系统 s 对系统 t 的推荐信任度为

$$v_s t = f(s,t) = \prod_{i=s}^{t-1} v_{i,i+1}^{\omega_{i+1}} \tag{2-2}$$

式中，$\omega_i = \dfrac{D_{si}}{\sum\limits_{i=s+1}^{t} D_{si}}, i = s+1, s+2, \cdots, t$，其中 D_{si} 为推荐系统（平台）到系统（平台）的距离，$D_{si} = i - s$。

二、系统间互操作运行和协同机制

城市轨道交通路网中各系统之间及其内部子系统之间的互操作运行和协同机制包括不同层次、异构系统之间信息的动态获取、交换与语义解释技术；统一异构平台的不同层次信息互操作运行协同技术；统一信息的动态存储、表示与交换、查询、索引与信息语义支持机制以及面向信息共享和操作服务运行协同机制，如多信息节点的互操作方案和面向具体应用的协同服务。

1）基于 Multi-Agent 的动态协作任务求解的动态组织模型

任务动态分配：一旦环境发生变化，就应对任务进行重新调整和分配。

发现新的协作：当某个 Agent 接收新的任务后，发现新的协作潜能时，协作任务求解过程开始。Agent 发现协作潜力通常是指 Agent 具有一个自己无法实现的目标，或通过其他 Agent 的帮助可高效地实现该目标。

新团体生成：在该阶段，Agent 开始向其他 Agent 请求帮助，如果成功，该阶段结束时，一个 Agent 团体形成，产生一个完成集体行动的联合承诺。

构建新计划：在该阶段，Agent 相互协商形成一个它们相信能完成所需目标的联合行动计划。

新团体行动：在该阶段，Agent 按照上一阶段形成的联合行动计划执行相应的行动，在执行期间新团体中的成员都遵循一个相应的社会约定。

2）基于智能 Agent 的信息整合总体实现方案

基于智能 Agent 的信息整合总体实现方案包括全局数据模型和局部数据模型两种交互过程。

全局数据模型重点通过任务解析来实现组织关系创建 Agent、职能创建 Agent、相互作用关系 Agent、资源分配方案创建 Agent 等，从而实现城市轨道交通安全互操作全局数据模型生成过程中各 Agent 的交互。

局部数据模型重点通过协商 Agent 实现局部整合方案创建 Agent 组 1、局部整合方案创建 Agent 组 2、局部整合方案创建 Agent 组 n 等，从而实现城市轨道交通安全互操作局部数据模型生成过程中各 Agent 的交互。

三、面向分布式信息系统的集成应用和互操作应用构建

在已有研究成果的基础上，形成了适合分布式信息系统的信息互操作关键技术，包括基于信任度的动态信任管理技术、多源信息智能融合技术以及多层次智能搜索算法实现等关键技术，实现了与配置服务相适应的集成应用技术和互操作平台构建技术。基于信息流的城市轨道交通安全互操作功能模块交互过程如图 2-4 所示。

基于信息流的城市轨道交通安全互操作逻辑架构如图 2-5 所示。

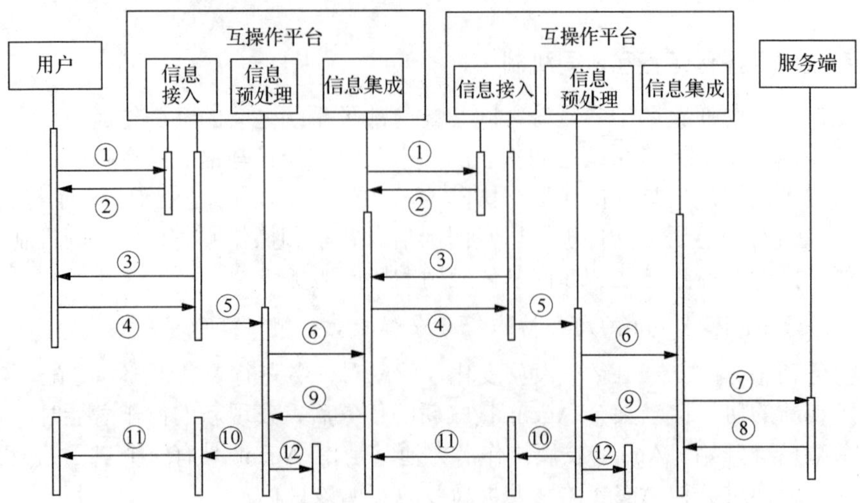

图 2-4　基于信息流的城市轨道交通安全互操作功能模块交互过程

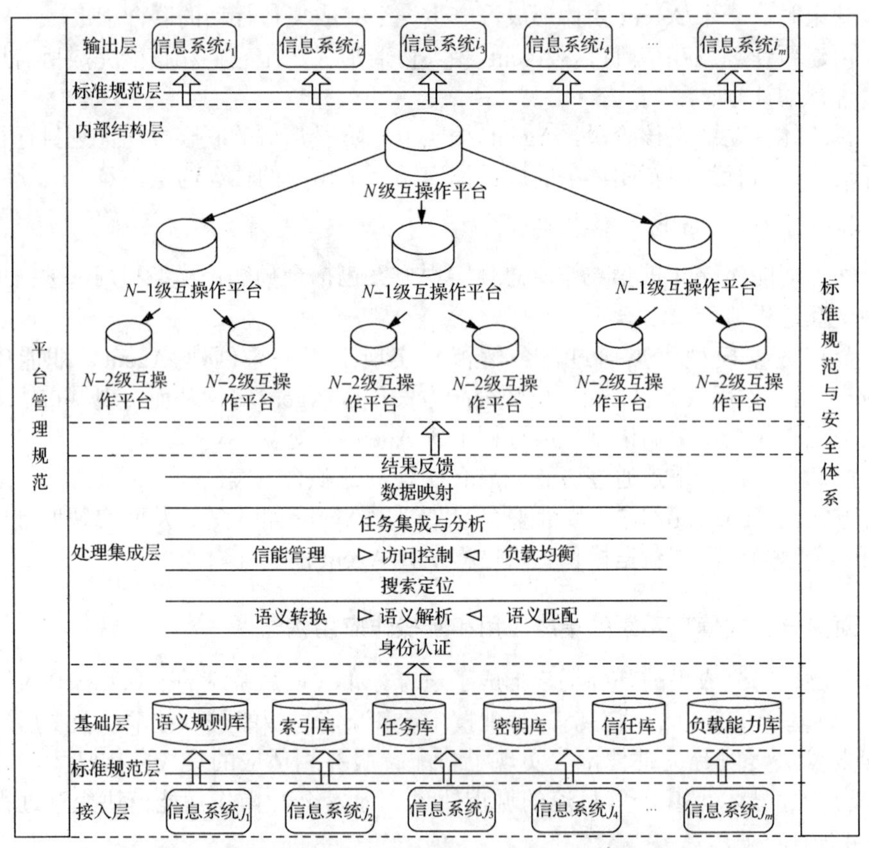

图 2-5　基于信息流的城市轨道交通安全互操作逻辑架构

通过对城市轨道交通安全互操作的功能模块交互、逻辑框架的研究实现，可完成面向分布式信息系统的集成应用和互操作应用的构建。

第三节　城市轨道交通信息集成与融合方法

本节实现网络化条件下的多元信息的数据配准、数据预处理、数据关联、特征提取、主题分类、缺陷发现、量度匹配等方法和技术，形成路网多元信息的融合与集成技术，为城市轨道交通网络化运营、安全保障等业务提供全面可靠的数据和技术支持。

通过制定运营状态数据采集物理接口，系统数据提取、加载、转换与发布规范和标准，形成面向信息管理系统和运营状态采集系统的数据获取相关标准及规范，规范和统一路网数据中心的接入与集成。利用城市轨道交通路网数据的主题构建方法、适用性检验方法、路网运行状态潜在规律发现技术、快速多维反演与展示技术、路网状态数据时空关联规则等，为数据中心路网数据仓库构建、路网规划和交通能力配置优化提供技术支撑。

目前城市轨道交通信息集成与融合主要应用方向有路网多级应急预案的数字化模型及流程化模型、突发大客流等突发事件对路网运营及协同疏导的影响分析、路网乘客诱导信息发布、应急信息发布以及多制式通信技术。

一、多元信息集成与融合技术算法

城市轨道交通路网多元信息数据是杂乱的，有些数据是不完整的(如属性值的缺失等)，有些数据在人工采集和处理时出现了含噪声项(如错误或孤立点)，有些数据存在不一致性(如在编码和命名上存在一定的差异性)，因此，需要对数据进行预处理。城市轨道交通路网多元信息集成与融合技术主要采用模糊聚类分析的方法[58]，聚类分析是将事物根据一定的特征，并按某种特定要求或规律分类的方法。由于聚类分析的对象必定是尚未分类的群体，而且现实的分类问题往往带有模糊性，需要对带有模糊特征的事物进行聚类分析，分类过程中不是仅考虑事物之间有无关系，而是考虑事物之间关系的深浅程度，显然用模糊数学的方法处理更为自然。具体的集成与融合步骤如下。

1) 数据标准化

设论域 $U=\{x_1,x_2,\cdots,x_n\}$ 为被分类对象，每个对象有 m 个指标表示其性状，即 $x_i=\{x_{i1},x_{i2},\cdots,x_{im}\},i=1,2,\cdots,n$，于是，得到的原始数据矩阵为

$$\begin{pmatrix} x_{11} & x_{12} & \cdots & x_{1m} \\ x_{21} & x_{22} & \cdots & x_{2m} \\ \vdots & \vdots & & \vdots \\ x_{n1} & x_{n2} & \cdots & x_{nm} \end{pmatrix}$$

式中，x_{nm} 为第 n 个分类对象的第 m 个指标的原始数据。

在实际问题中，不同的数据一般有不同的量纲，为了使不同的量纲也能进行比较，通常需要对数据进行适当的变换。但是，即使这样，得到的数据也不一定在[0,1]区间内。因此，这里说的数据标准化，就是要根据模糊矩阵的要求，将数据压缩到[0,1]区间内。

2) 建立模糊相似矩阵

设论域 $U=\{x_1,x_2,\cdots,x_n\}$，$x_i=\{x_{i1},x_{i2},\cdots,x_{im}\}$，依照传统聚类方法确定相似系数，建立模糊相似矩阵，x_i 与 x_j 的相似程度 $r_{ij}=R(x_i,x_j)$。确定 $r_{ij}=R(x_i,x_j)$ 的方法主要是借用传统聚类的相似系数法、距离法等。

3) 求动态聚类图

利用直接聚类法，在建立模糊相似矩阵之后，不求传递闭包 $t(R)$，也不用布尔矩阵法，而是直接从模糊相似矩阵出发求得聚类图。

4) 最佳阈值的确定

在模糊聚类分析中对于各个不同的 $\lambda\in[0,1]$，可得到不同的分类，许多实际问题需要选择某个阈值 λ，确定样本的一个具体分类，这就提出了如何确定阈值 λ 的问题。

二、多元信息集成与融合技术原型建模和接口规范

通过对城市轨道交通运营基础信息数据的集成融合，建立城市轨道交通运营安全保障模型体系，可以有效促进城市轨道交通的合理长效发展，建立城市轨道交通无事故、可调控、可检测、可预警的管理模型和运营体系。根据城市轨道交通信息调研数据，分析角度依从宏观和微观两方面，融合事件发生时间和事件产生机理等动态数据与静态数据，收集城市轨道运营基础设置等数据信息，按照城市轨道站间和站内等横向相结合的方式进行合理的集成。

根据城市轨道交通路网不同的业务应用需要，多元信息集成与融合技术所要发现的目标，即模式，采用的数据挖掘方法主要细分为六种[59]。

(1) 分类模式：分类函数（分类器），能够把数据集中的数据项映射到某个给定的类上。

(2) 回归模式：与分类模式相似，但预测值是连续的。

(3) 时间序列模式：根据数据随时间变化的一系列值预测将来的值。

(4) 聚类模式：把数据划分到不同组中，组间差别尽量大，组内差别尽量小。聚类前不知道要划分成几个组和什么样的组，也不知道根据哪些数据项来定义组。

(5) 关联模式：数据项之间的关联规则，即如下形式的一种规则，即找到支持度和置信度超过阈值的所有规则。

(6) 序列模式：与关联模式相仿，但把数据之间的关联性与时间联系起来。

针对城市轨道交通安全信息的复杂性，以及信息数据的不规范性，需要对城市轨道交通安全信息服务系统的信息接入进行规范，对于不同类型的交通安全信息进行整理，形成交通安全信息服务系统的接入规范，其中主要包括互联网接入规范、移动终端接入规范、互联规范。

1) 互联网接入规范

接入方式。多元信息集成与融合通过 Web Service 的方式对外部城市轨道交通路网信息进行接入，提供不同类型的多元信息集成与融合服务 Web Service 接口，充分利用已有的城市轨道交通路网信息，通过提供不同的接口，对符合接入规范的城市轨道交通路网信息进行接入。

接入内容。对不同的城市轨道交通路网信息定义不同的信息规范，使接入的外部城市轨道交通路网信息能够进行自动的识别操作；对城市轨道交通路网信息的要素制定标准规范，如信息的时间、地点、类型等，以使城市轨道交通路网信息服务能够通过各个要素进行重新组合，生成用户需要的信息内容格式。

2) 移动终端接入规范

接入方式。多元信息集成与融合通过 Socket 的方式对移动终端发送的城市轨道交通路网信息进行接入。对于实时性要求较高的城市轨道交通路网信息，通过 Socket 接口的方式能够实现实时的城市轨道交通路网信息接入。

接入内容。移动终端接入规范中的城市轨道交通路网信息规范与互联网接入规范保持一致，使多元信息集成与融合服务能够对不同的城市轨道交通路网信息接入方式保持相同的处理模式。

3) 互联规范

多元信息集成与融合服务和其他系统在互联时需要遵循共同的规范，以确保相关的业务功能能够正常运行，制定的规范包括接口方式、数据格式、服务功能等。

接口方式。目前多元信息集成与融合服务采用 Web Service 的方式与其他系统进行互联，通过 Web Service 接口与其他系统进行交互，完成数据、功能、服务的互操作。

数据格式。多元信息集成与融合服务通过和其他系统制定标准的互联规范来规范互联的数据格式，使得多元信息集成与融合服务和需要互联的系统都能够自动识别交互来的城市轨道交通路网信息内容数据。

服务功能。通过互联规范定义多元信息集成与融合服务和其他系统进行互联时需要操作的功能或服务，确保双方调用的命令在各自的系统中都能够被正常地识别与处理。

三、多元信息集成与融合技术体系

在城市轨道交通路网应用中，轨道交通信息具备多重分段和时态特点，如设备故障、承载客流量。为了有效地处理这些信息，应该发展时空动态分段模型，有效利用面向对象方法以及现有数据库管理系统对面向对象方法的支持，融合时空数据模型与动态分段模型，进而分析时空事件；利用时间版本、时间表达、代数操作等技术，研究关系数据库环境下时空动态分段的建模方法。由于目前商用大型数据库管理系统对时空数据的时态信息管理还不够成熟，时空动态分段多停留在理论研究阶段，侧重于概念模型研究和面向对象的逻辑模型研究[60]。

在动态分段存在实体支持的前提下，多级动态分段技术也是实现轨道交通信息集成与融合的关键方法之一。多级动态分段技术是指构造嵌套的线性定位参照体系，形成逻辑目标与逻辑目标之间的多级映射关系，易于减少数据冗余，使各个模式网络自成一体。数据模型拓扑相互独立，易于城市轨道交通信息数据的集成与融合。数据集成与融合技术应用的主要组成关系及部署结构如图 2-6 所示。

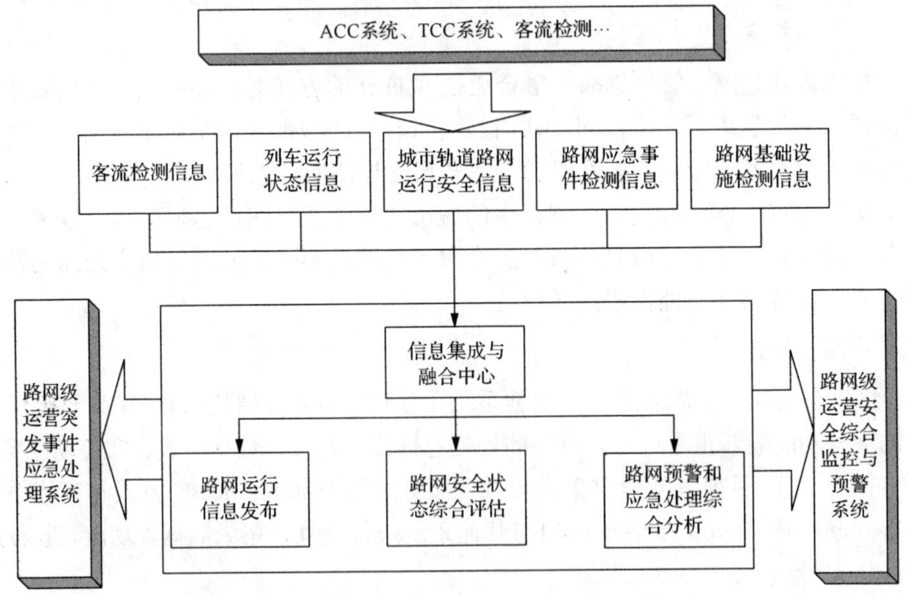

图 2-6　数据集成与融合技术应用的体系图

通过建立城市轨道交通信息和城市轨道交通安全信息集成与融合原型体系，进而确定城市轨道交通安全状态评价评估基础数据源，可建立城市轨道交通路网评价体系和信息发布平台、城市轨道交通运行应急预警系统、城市轨道交通运行检测调控系统。

城市轨道交通路网多元信息集成与融合技术的研究成果还包括建立城市轨道交通路网安全状态评价指标，这是评价区域城市轨道交通安全状态的一个核心环节。指标选取得是否合理、全面，体系层次结构是否清晰、合理，直接关系到安全信息评估结果的可信度和准确度。

第四节　城市轨道交通数据标准与架构方法

本节分析城市轨道交通网络化运营的规范与统一信息管理、共享交换和为运营组织与应急处置提供全面、及时、准确的信息支撑等需求，制定包含基础数据、运营数据、检测与监控数据和基本分析统计数据的路网数据中心的元数据标准，形成城市轨道交通路网数据中心元数据集。在元数据标准基础上，构建包含概念、属性、语法和功能等结构的城市轨道交通路网数据中心元数据架构，可为城市轨道交通路网信息资源的集中接入与交换、融合与应用提供标准保障。

目前，数据中心的建设依托北京市轨道交通 TCC 系统、ACC 系统业务平台系统及其他业务系统，其结合网络化运营安全保障的需要，对轨道交通全路网的客流、票务、清算、行车、设备、AFC 等数据进行了一体化整合，形成了统一的数据标准，满足不同系统间的信息资源共享、信息交互分析的需求。

元数据作为数据的描述性信息，能够说明数据内容、质量、状况和其他有关特征的背景信息。其目的是促进数据集的高效利用，并为计算机辅助软件工程服务。元数据的意义在于帮助数据生产单位有效地维护和管理数据；提供有关数据生产单位的各种有关信息供用户查询；帮助用户了解数据；提供相关信息，以便用户处理和转换有用的数据；便于数据共享。为了能够对城市轨道交通路网数据中心的核心元数据进行统一标准的说明和描述，便于城市轨道交通路网信息资源的编目、建库、发布及共享有关的数据交换和网络查询服务等，数据中心编制完成了《城轨交通路网数据中心元数据标准》。

一、城市轨道交通核心元数据标准

为了规范数据中心系统建设过程中的数据分类和处理，并保证数据中心系统建设完成后对数据进行科学的使用、管理和控制，数据中心特制定《城轨交通路网数据中心元数据标准》。本标准涵盖的业务范围包括数据中心的各项业务，包括但不限于统计分析业务、运营评估业务及突发事件辅助决策业务等。本标准将信息中心数据分为三层，包括源系统数据层、基础数据层、应用数据层，同时制定了数据中心数据接口规范、数据处理规范和数据发布规范，用于规范数据中心数据处理的流程。《城轨交通路网数据中心元数据标准》结构如图 2-7 所示。

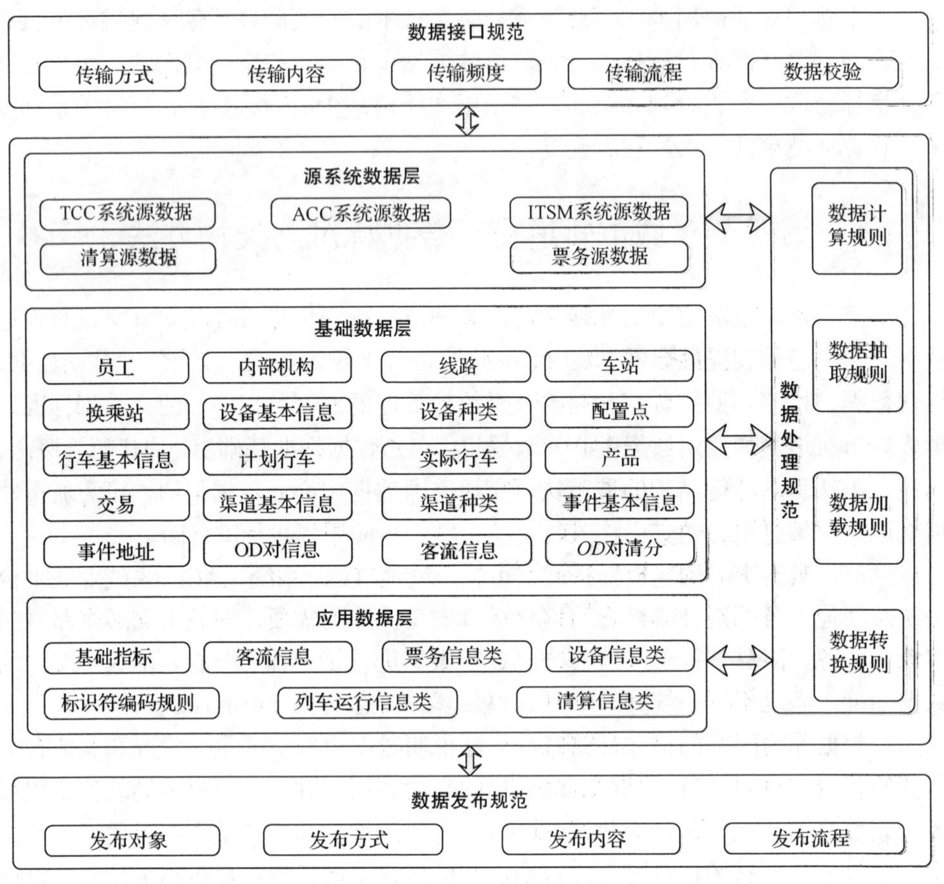

图 2-7　《城轨交通路网数据中心元数据标准》结构图

《城轨交通路网数据中心元数据标准》重点针对源系统数据、基础数据、应用数据、数据接口、数据处理、数据发布进行统一规范。

二、城市轨道交通核心元数据架构

1. 元数据标准前期需求分析

1) 元数据的概念和内涵

在学术界，元数据定义为关于数据的数据(date about date)。在路网数据中心元数据标准与框架技术的研究中，元数据是一组能够唯一描述和标识一个具体的路网数据信息实体，并能够帮助用户发现和获取相关信息资源对象的数据。

2）元数据的著录

元数据的著录是指著录者（可以是信息的提供者和组织者）根据元数据标准中的元数据元素对具体的信息实体进行描述并记录相关描述信息的过程。元数据著录系统用于组织和管理元数据，提供关于某一计划或组织中所有数据元素的描述。它组织数据元素的信息，提供获取信息的入口，实现标准化、授权复用和数据共享。

3）元数据的作用

城市轨道交通路网数据中心的核心元数据的作用如下。

（1）解决了信息难以管理的问题。因为有了元数据的描述，信息都被贴上了标签，所以信息的可管理性明显提高。

（2）解决了信息难以发现的问题。因为可以通过对元数据著录信息检索实际的信息实体，所以信息的发现变得有据可查。

（3）解决了信息难以获取的问题。因为元数据中包含信息的位置、类型等信息，所以信息的获取变得容易，提高了信息的利用率。

（4）解决了信息资源难以共享和整合的问题。由于经过著录的信息都采用统一或相互兼容的元数据来描述，信息的共享和在更高层次上的整合问题可以迎刃而解。

2.《城轨交通路网数据中心元数据标准》的制定

制定《城轨交通路网数据中心元数据标准》的目的是为城市轨道交通路网信息资源提供通用的描述元素和规范，从而在不同层面上为城市轨道交通路网信息资源的检索、整合、交换及其他应用提供支持。城市轨道交通路网数据中心元数据共有 40 个元数据元素（含元数据实体），每个元素（包括元数据实体和元数据元素）都用 9 个属性来描述，如表 2-1 所示。

3. 核心元数据标准扩展原则的制定

《城轨交通路网数据中心元数据标准》是一个开放式的标准，用户可以按照扩展原则根据自身的特殊需求对标准进行扩展，制定满足特定需求的元数据扩展标准或应用方案。

《城轨交通路网数据中心元数据标准》的扩展原则如下。

表 2-1　元素属性

属性名称	说明
中文名称	元数据元素或元数据实体的中文名称
定义	对元数据实体或元数据元素的基本内容和基本本质的描述
英文名称	元数据实体或元数据元素的英文名称
数据类型	描述元数据元素的数据类型，对元数据元素的有效值域及允许的有效操作进行规定，如数值型、布尔型、字符型、日期型、时间型和日期时间型等
值域	说明元数据元素可以取值的范围
短名	元数据元素的英文缩写名称
注解	对元数据元素含义的补充说明
约束	说明元数据实体或元数据元素是否必须选取(包括必选、可选)
最大出现次数	说明元数据实体或元数据元素的最大著录次数。只出现一次的用“1”表示，多次重复出现的用“*N*”表示

(1)新建的元数据不应与本标准定义的元数据中的现有的元数据实体、元数据元素、代码表的名称、定义冲突。

(2)如果本标准现有的元数据实体无法满足新增元数据的需求，则可以新建元数据实体。

(3)允许用代码表替代值域作为自由文本的现有元数据元素的值域。

(4)允许对现有的元数据元素的值域进行缩小。

(5)允许对现有的元数据的可选性和最大出现次数施以更严格的限制。

第五节　城市轨道交通运营安全信息互操作设备

本节在分析国内外技术现状的基础上开展需求分析，完成关键技术和标准规范研究，同时开展关键设备及系统研制，形成多元运营安全信息互操作网关设备[61]，具体研制过程如下。

1)构建互操作标准体系结构

该体系结构是由一系列的具有内在联系、相互制约、相互作用、相互依赖和相互补充的标准及规范组成的有机整体，表述了实现互操作所需标准的类目和内容，是促进互操作趋向科学化、合理化的手段。

通过有效的管理体制和运行机制，可在平等、互惠的基础上，建立不同信息系统之间的各种合作、协作和相互协调关系，利用各种先进的技术手段、方法和途径，把分散在不同职能域的具有共同目标和利益的信息系统在逻辑层面上组织起来，共同建设和共同利用信息资源，最大限度地满足用户信息资源需求，实现信息系统的互操作。

2) 梳理互操作网关总体框架

多元运营安全信息互操作网关的总体架构分为应用层、支撑层、标准规范层、策略层四个具体层次，通过对互操作网关不同架构的梳理，可形成多元运营安全信息互操作的标准体系。

应用层主要包括城市轨道交通路网的各类业务信息获取，应用系统协同工作，信息查询、检索、定制等内容。

支撑层重点包括城市轨道交通路网中各类业务知识表达方法、协作机制、语义解析、任务分解与集成、安全访问控制等内容。

标准规范层包括城市轨道交通路网中的数据标准、元数据标准、数据更新规范、数据交互协议、安全标准等内容。

策略层重点根据城市轨道交通路网中各类业务应用的需求，对城市轨道交通路网中各类服务对象、服务内容、服务规则等建立统一的业务策略与规范。

3) 性能开放互操作模型

该模型确保了交通信息系统在互操作过程中以统一的语言、结构、方式和路径进行信息的共享，实现了不同层次、异构信息系统之间的互操作，从而为解决互操作实际问题提供有效的方法指导。

(1) 互操作模型的分层原则。互操作模型是以域为基础构建的，域是对实现某一特定目标的互操作流程的抽象。因此，域的划分结果决定了模型的层次结构，域的划分原则决定了互操作模型的分层原则。

域的划分目的有两个：一是确定互操作的安全范围以满足信息互操作的要求；二是实现域内系统的高效协作，完成域的既定目标。

域的划分应满足以下规则：要有宽度(覆盖到参与互操作的所有实体，包括跨域和域内)，还要有深度(能够将所划定的域内的互操作实体和过程拆分到最小)。

考虑到互操作实体自身的特点，应进行定序和优化，在互操作的实施中应有回馈的过程。

(2) 互操作模型各层之间接口方式。互操作模型各层之间的相互访问是通过平台实现的，因此平台就是各层之间的接口，平台负责统一管理和维护其所在域的各成员之间以及与其他域之间的信息交换和整合，其包含多个数据库，对实现域间信息互操作起到了纽带作用。

互操作模型各域之间的功能调用也是依靠域内平台完成的，在域内系统提出互操作请求时，此请求会首先传递到域内平台，平台根据域内现有资源确定互操作范围。如果在域内即可完成互操作，则平台充当互操作实现过程中的主体，协助域内系统实现互操作；如果需要跨域完成，则平台充当接口，向外域平台发出请求，外域平台根据信任关系，调用相应的互操作服务，协助互操作实体实现互操作。

4) 部署互操作网关设备

本系统由互操作对象、互操作服务器、管理终端构成，如图 2-8 所示。

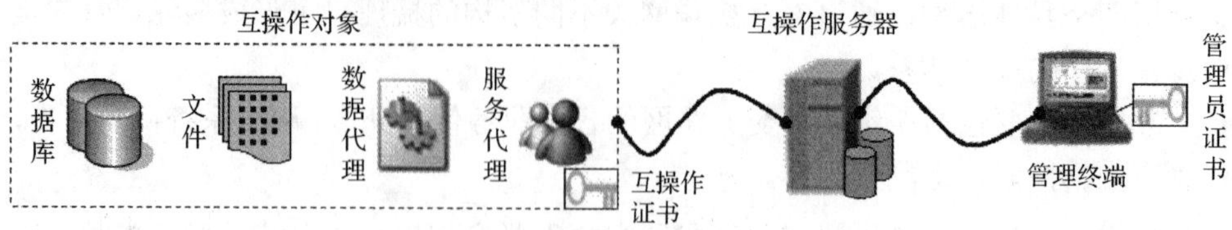

图 2-8　互操作网关系统构成图

互操作对象是用户系统，由互操作资源构成，互操作资源可以是数据库、文件、数据代理、服务代理等。

互操作服务器提供互操作支持，用于存储互操作资源的注册、互操作策略定义和授权信息。

管理终端通过网络或直连方式连接到互操作服务器上，用于完成互操作资源管理工作。

第六节　城市轨道交通路网数据中心

城市轨道交通路网数据中心是城市轨道交通路网的信息资源中心，将业务系统各类数据进行有效的集成，满足海量数据存储和管理需求，同时通过数据接口提供给数据分析、挖掘、应用系统，被系统的各层决策、分析人员使用。

1) 城市轨道交通路网数据中心逻辑架构

信息中心数据仓库系统的逻辑架构定义了数据仓库系统的边界、模块划分、模块的功能及相互联系，城市轨道交通路网数据中心逻辑架构如图 2-9 所示。

2) 城市轨道交通路网数据中心数据架构

数据中心的数据架构描述了数据仓库与上下游系统之间的数据流向以及数据在数据仓库内部的加工和存储策略。根据业务类型的不同，信息中心的结构化数据分为离线数据、近线数据以及实时数据三种，如图 2-10 所示。

3) 城市轨道交通路网数据中心物理架构

城市轨道交通路网数据中心在物理上由提供客流检测数据的多元运营安全信息互操作平台设备，提供城市轨道交通路网数据处理、存储和管理的服务器及业务管理终端，提供面向业务和处理的应用服务器及网络设备等构成。物理架构如图 2-11 所示。

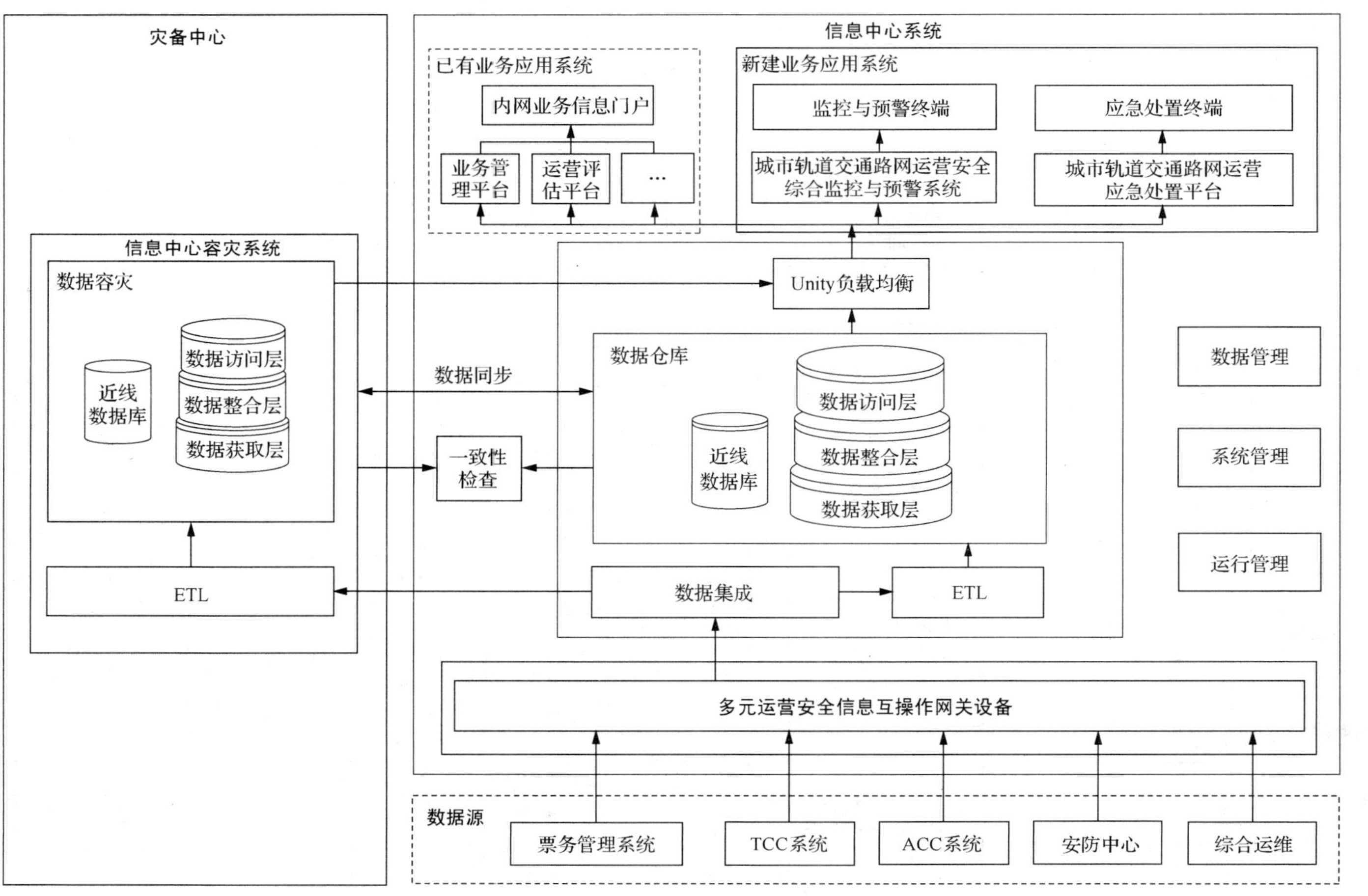

图 2-9　城市轨道交通路网数据中心逻辑架构

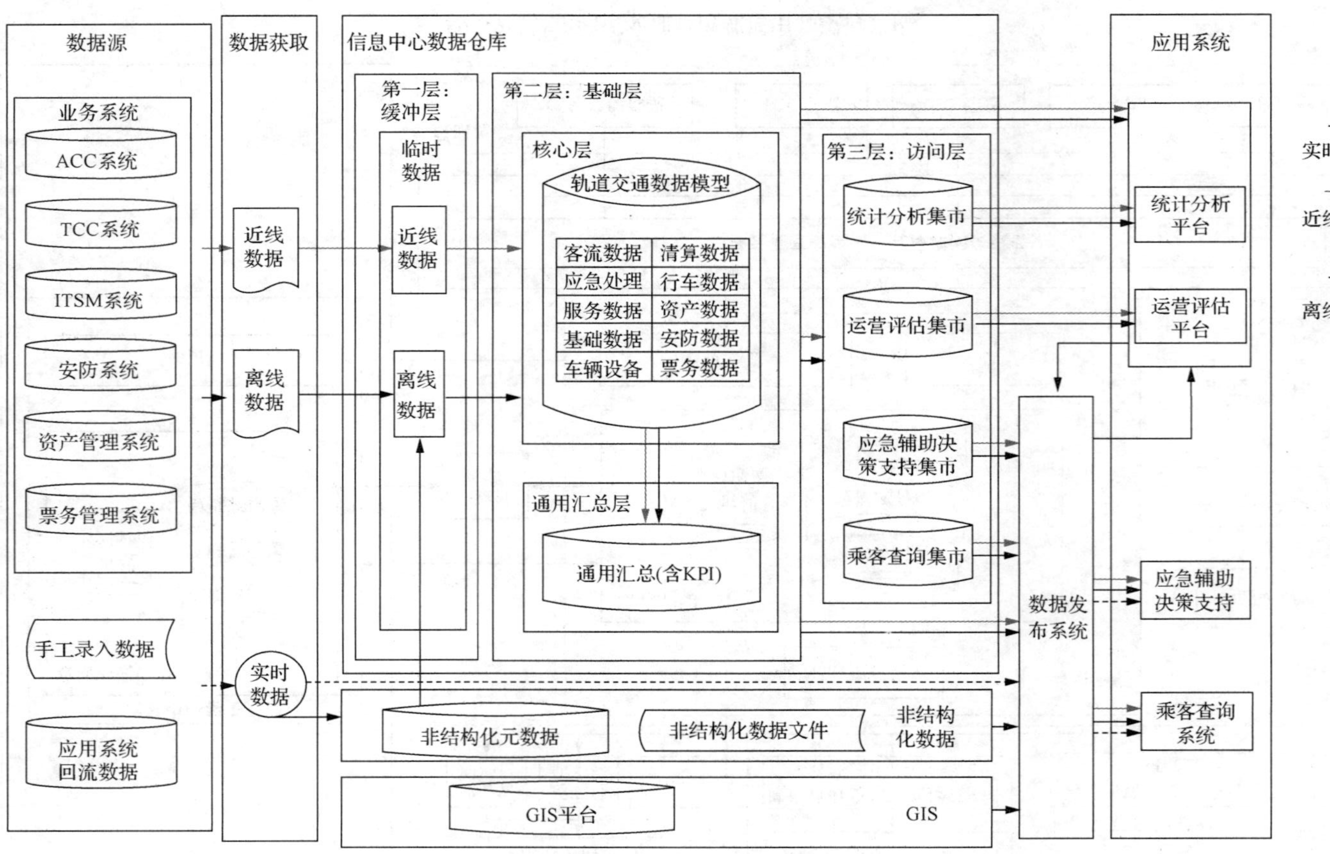

图2-10　城市轨道交通路网数据中心数据架构

KPI为关键绩效指标(key performance index)

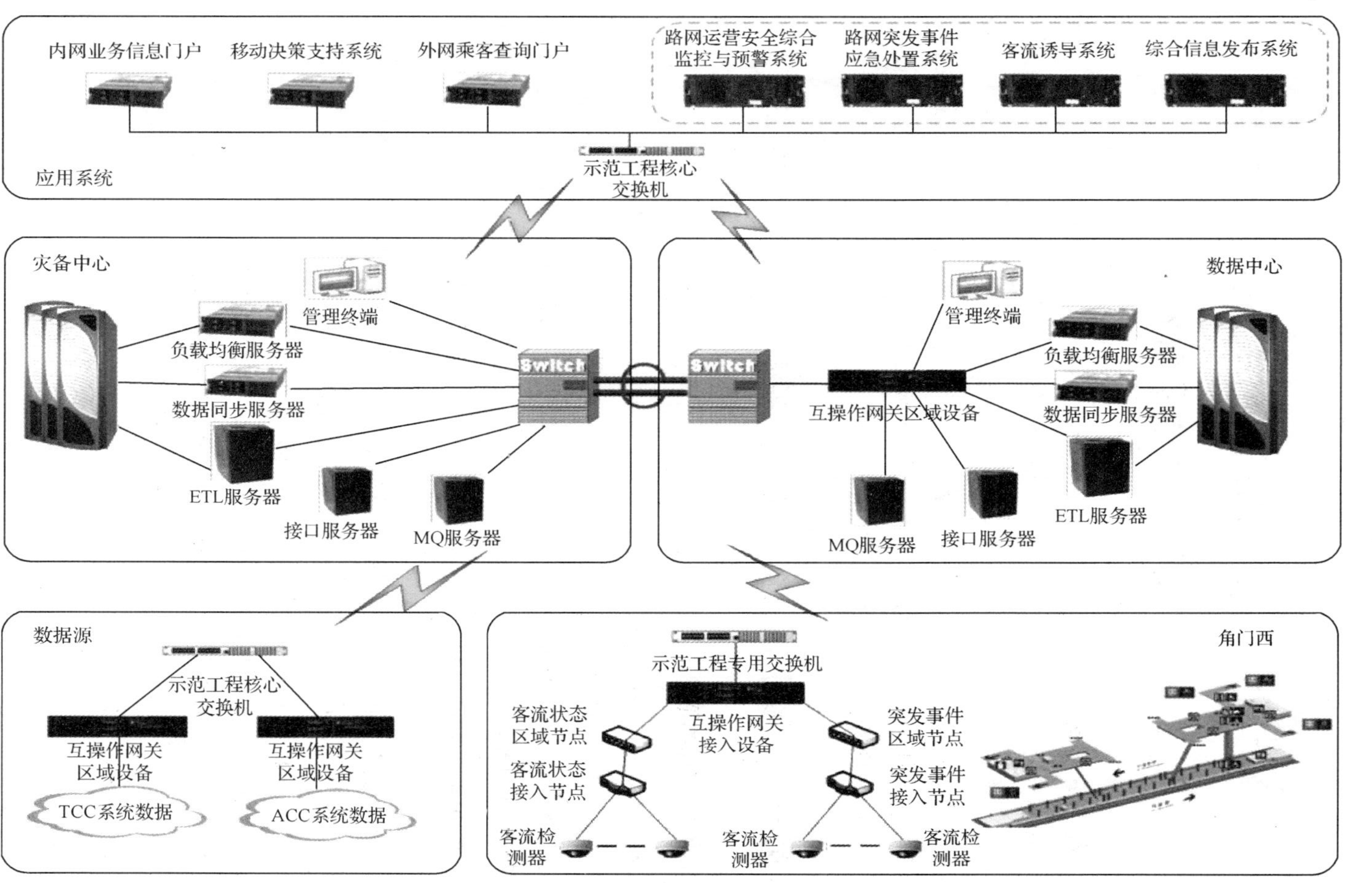

图2-11　城市轨道交通路网数据中心物理架构

第三章　城市轨道交通运营安全评估与预警关键技术研究

本章研究高密度客流检测视频分析方法、面向轨道交通路网运营安全的评价指标与评估方法、基于可靠性分析的关键设备服役状态分析与维修决策支持技术，并且研制客流状态实时检测分析设备以实现客流状态实时监控与预警，同时开发城市轨道交通路网运营安全综合监控与预警系统，满足不同需求、不同粒度的路网运营安全统计分析、事故致因分析和风险预测，以建立系统完整的城市轨道交通运营综合安全评估与预警系统(图 1-2)。

第一节　城市轨道交通高密度客流检测视频分析方法

一、客流检测技术概述

客流检测视频分析技术通过提取视频序列中行人的特征，对人的数量、方向、速度、密度等指标进行检测，获取客流信息。本章研究的核心内容是对采集的视频进行视频分析，即通过对视频中的人体目标进行检测跟踪和轨迹分析得到人体的数目、速度和方向等信息。本章用到的主要算法包括基于梯度方向直方图(histograms of oriented gradients, HOG)特征的多核目标检测算法和基于核跟踪的多目标检测与跟踪算法。

目前能实现客流检测的主流技术包括热成像检测[62]、红外检测[63]和视频检测[18]。但在地铁站内，行人密集度高，热成像检测、红外检测难以区分每一个行人，密度越高精度下降得越快。客流检测视频分析技术通过提取视频序列中行人的特征，利用预先使用机器学习的方法得到的分类器来检测行人[64]。这种方法的精度高，如果特征选择得好，而且训练的分类器合理，则对周围环境的变化具有鲁棒性。因此，本书选取客流检测视频分析技术作为主要研究方法，客流检测技术对比如表 3-1 所示。

表 3-1　客流检测技术对比表

技术方式	实现方法	优点	缺点
红外检测	通过红外设备检测	成本较低； 黑暗条件下仍可使用	识别精度很低，低于 60%； 行人进出方向判断不灵敏； 多人并行或者交叉进出时，误差较大
热成像检测	通过热成像设备检测	识别精度较高，约为 70%； 黑暗条件下可用	行人密集时，精度下降明显； 多人并行或者交叉进出时，误差较大
视频检测	通过机器学习的方法，识别行人的特征	识别精度高，可达 80%以上； 环境适应能力强，摄像头垂直、倾斜均可	对系统开发人员的要求较高； 黑暗条件下不可用

客流检测视频分析技术由视频图像采集和视频分析两部分组成。视频图像采集的目标是从视频中获取非压缩的视频帧序列，一般采用当前成熟的视频采集技术，当采用模拟摄像机作为输入时，需要利用视频采集卡进行数字化；当利用 IP 数字摄像机作为输入时，要对摄像机输出的压缩的视频流进行解码。视频分析是对视频中的人体目标进行检测跟踪和轨迹分析的过程，分析得到人体的数目和方向，整个流程如图 3-1 所示。

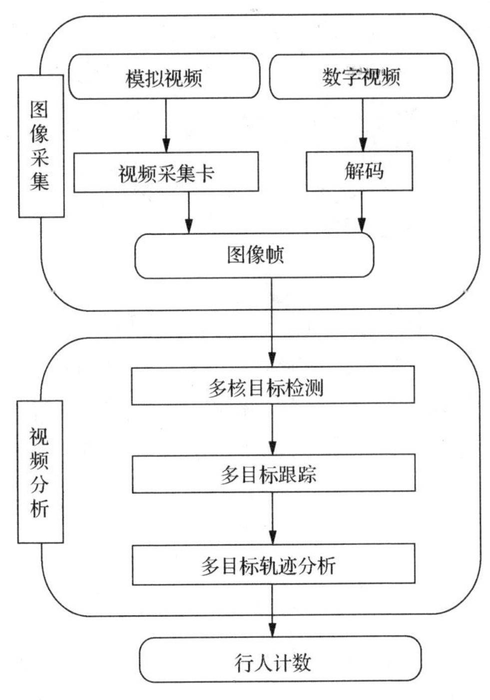

图 3-1　客流检测视频分析技术流程

因此，本书主要采用视频分析技术，通过研究视频目标跟踪算法，包括多核目标检测算法和多目标跟踪算法，对城市轨道交通的乘客进行跟踪，从而进行人员计数。对于实际轨道交通站厅、站台等环境下高密度人员数量的视频分析检测，本书采用基于 HOG 特征的多核目标检测，以提高目标的鉴别性和目标遮挡下定位的准确性，同时采用多目标跟踪算法，解决高密度条件下的多目标进出场景的判断、目标在场景中的检测与跟踪、目标交互时身份的保持、目标在遮挡情况下的准确跟踪的问题。

二、基于 HOG 特征和 SVM 分类器的目标检测方法

本章进行客流检测时，采用基于 HOG 特征和支持向量机(support vector machine, SVM)分类器的目标检测方法，将其应用在多目标的头肩部位检测上，提高目标的鉴别性和目标遮挡下定位的准确性。

HOG[65]特征将目标分块，分别提取每块内梯度在各个方向上的分布情况，得到直方图特征。通过合理的分块策略，HOG 特征可以有效地编码目标的局部形状信息，同时保持对目标局部细微的平移和旋转运动的不变性。

SVM 分类器是 Vapnik[66]提出的基于结构风险最小化原理(structural risk minimization principle, SRMP)的机器学习理论，这使得它比基于经验风险最小化原理(empirical risk minimization principle, ERMP)的人工神经网络方法具有更好的泛化能力。SVM 分类器有线性和非线性两种形式，由于线性 SVM 分类器的运算速度较快，研究中更多采用线性 SVM 分类器。HOG 特征结合线性 SVM 分类器在人体检测上达到了极好的效果。

研究基于核跟踪的多核目标检测与多目标跟踪算法，利用具有较高时间效率的最近邻匹配数据关联方法对多目标进行跟踪，解决了人群高密度条件下的多目标进出场景的判断、目标在场景中的检测与跟踪、目标交互时身份的保持、目标在遮挡情况下的准确跟踪的问题。利用 Kalman 滤波器对目标轨迹进行建模，可对每一帧图像进行轨迹匹配，并判断轨迹是否终止，根据输出的轨迹，经简单的分析后用来进行人员计数。

1. 多核目标检测算法研究

1)原始 HOG 特征的定义和计算方法

HOG 特征由 Dalal 和 Triggs[67]提出，该特征将目标模板分成稠密的单元格，分别提取每个单元格内的 HOG，最后将相邻单元格内的 HOG 合在一起进行归一化后得到 HOG 特征描述子，整个提取过程如图 3-2 所示。

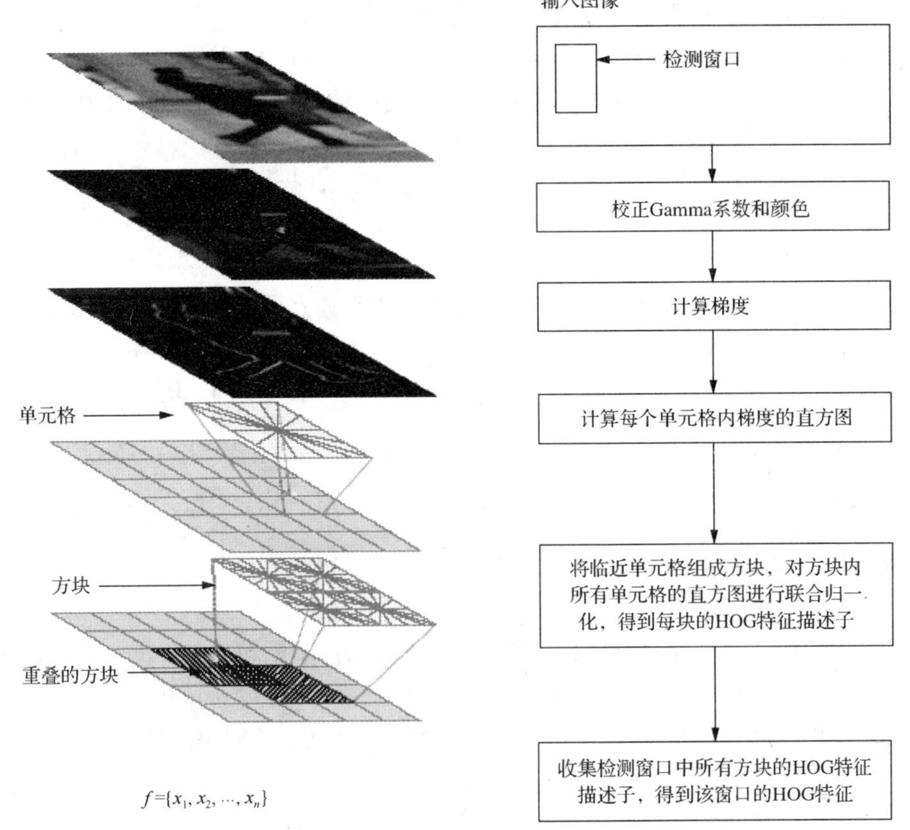

图 3-2　HOG 特征的提取方法

(1) 校正 Gamma 系数[68]和颜色。这一步通过全局的图像校正或者直方图均衡来消除不同图像间光线变化的影响。在实际使用时可以采用的方法包括 Gamma 压缩、计算每个颜色通道的平方根或者对数等，以降低阴影和光照变化的影响。

(2) 计算梯度。这一步计算图像的一阶梯度。梯度可以有效地表征边缘、轮廓和一部分纹理信息，同时受光线变化的影响较小。对彩色图像来说，为了使特征描述具有颜色通道的不变性，使用每个像素点梯度幅度最大的颜色通道的梯度信息。梯度计算可以采用的微分算子包括中心对称算子[–1 0 1]、中心不对称算子[–1 1]、立方差值校正算子[1 –8 0 8 –1]等，实验表明，简单的中心对称算子[–1 0 1]表现得最好，所以在后续计算中主要采用该算子。

(3) 计算每个单元格内梯度的直方图。这一步对图像的局部梯度信息进行编码，使得编码后的信息不受目标姿势的微小变化、外貌的微小变化和图像不完全对齐的影响。这一步将样本图像分为一系列稠密的单元格(cell)，各个单元格大小相同、不重合，且覆盖整个图像，最佳的单元格大小通过实验确定。对于每个单元格，提取指定区间数目的 HOG。每个像素梯度的角度决定了该像素在直方图的区间位置，幅度作为直方图计算的投票值。为了增加直方图的平滑性，在位置和角度三维空间中，采用双线性插值技术[69]。角度的范围分为有符号的(0°～360°)和无符号的(0°～180°)，有的目标采用无符号的角度范围表现较好，而有的目标采用有符号的角度范围表现较好。针对不同的目标，最佳的角度区间数目通过实验确定，同时区间数目越大，计算量越大，设计应用系统时，需要考虑其对计算量的影响。

(4)直方图归一化。将邻近的单元格组合成方块(block)，将一个方块内所有单元格的直方图连接成一个直方图，并进行归一化处理。设 v 是没有归一化的直方图矢量，$\|v\|_k$ 是 v 的 k 范数，ε 是一个较小的常数，可以采用的归一化方案包括如下几种。①L_2：$v \to v/\sqrt{\|v\|_2^2+\varepsilon^2}$。②$L_2$-Hys：$L_2$ 归一化后，对归一化后的矢量进行截断处理(如将最大值限制为 0.2)，然后重新进行 L_2 归一化。③L_1：$v \to v/\|v\|_1+\varepsilon$。④$L_1$-sqrt：$v \to v/\sqrt{\|v\|_1+\varepsilon}$ 等价于将矢量 v 视为一个概率分布，然后利用 Bhattacharyya 系数来度量矢量间的距离。

归一化的主要作用是使特征不受局部光照不均、阴影和边缘对比度等的影响。通常一个单元格可以出现在不同的方块里，但每次都采用不同的归一化方法，这种处理虽然有冗余，但实验证明，这些冗余信息可以有效地提高分类器的性能。每个方块归一化后的直方图特征称为 HOG 特征描述子。针对具体的目标检测问题，哪种归一化方法最好可以通过实验的方法确定，行人采用 L_2 效果较好。

(5)收集所有方块的 HOG 特征描述子，作为待分类窗口的全局特征描述。最后一步是将所有方块的 HOG 特征描述子收集在一起作为样本的特征描述用来分类。假设模板的大小为 64×128 个单元，每个单元格大小为 8×8，量化后直方图的区间数目为 9，每 4 个单元格组成一个方块，相邻方块间的距离在水平方向和垂直方向上都为 1 个单元格。那么该模板共有 7×15 个方块，每个方块的特征维数为 36，于是整个样本的维数为 105×36=3780。

2)基于积分图的 HOG 特征的快速计算

Viola 的人脸检测算法成功的原因之一是基于积分图像的快速特征计算。首先，对 HOG 定义进行扩展，原始的 HOG 特征对应的方块位置在模板坐标系中有固定的大小和比例。然后将 HOG 特征的方块位置进行扩展。局部区域集合 R 中的每个局部区域 r 作为 HOG 特征定义的方块位置。针对每个局部区域提取 HOG 特征，等价于将 HOG 特征的定义扩展到任意的尺度和位置。如图 3-2 所示，每个方块的位置为 $B=(x_b,y_b,w_b,h_b)$，将每个方块分为 2×2 共 4 个单元格，每个单元格的位置可以表示为 $C^i=(x_c^i,y_c^i,w_c^i,h_c^i)$, i=1, 2, 3, 4。设梯度方向的量化角度数为 K，则每个单元格内 HOG v^i 的维数为 K，每个方块中对应的 HOG 特征矢量 $v=[v^1,v^2,v^3,v^4]$

的维数为 $4K$，该特征矢量可以利用积分图进行快速的计算，示意图如图 3-3 所示。

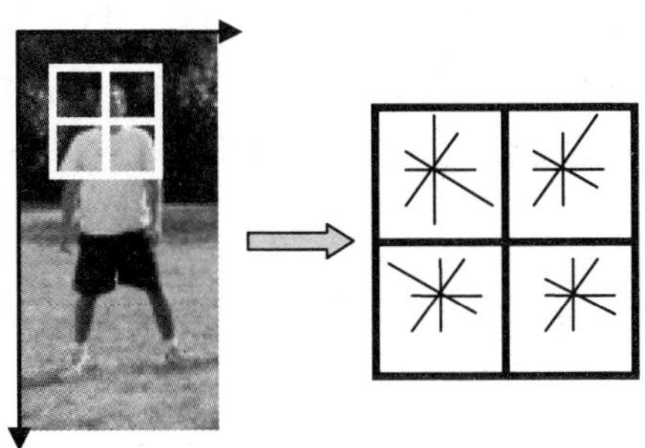

图 3-3　任意位置 HOG 特征的计算

图像 I 的每个像素点 (x, y) 在水平和垂直方向上的梯度计算见式(3-1)、式(3-2)：

$$G_X(x, y) = [-1\ 0\ 1] * I(x, y) \tag{3-1}$$

$$G_Y(x, y) = [-1\ 0\ 1]^{\mathrm{T}} * I(x, y) \tag{3-2}$$

将 $G_X(x,y)$ 和 $G_Y(x,y)$ 转化到极坐标得到该点的梯度幅度 $G(x,y)$ 和方向 $\theta(x,y)$。采用无符号的梯度方向，将 $\theta(x,y)$ 从 $[0,2\pi]$ 转换到 $[0,\pi]$。将 $[0,\pi]$ 的梯度范围分为 K 个区间，针对每个像素点，可以定义映射如式(3-3)所示：

$$\psi_k(x, y) = G(x, y)\delta(b(\theta(x, y)) - k), \quad k = 1, 2, \cdots, K \tag{3-3}$$

式中，b 为梯度方向的量化函数；δ 为 Kronecker deta 函数，取值为 0 或者 1。针对 $\psi_k(x,y)$ 计算其积分图像，如式(3-4)所示：

$$\mathrm{IG}_k(x, y) = \sum_{x' \leqslant x, y' \leqslant y} \psi_k(x', y'), \quad k = 1, 2, \cdots, K \tag{3-4}$$

于是每个单元格对应的 HOG 的每一维可以利用四次查表运算得到，计算公式见式(3-5)：

$$\begin{aligned} v^i(k) &= \sum_{(x,y)\in C^i} \psi_k(x, y) \\ &= \mathrm{IG}_k(x_c^i - 1, y_c^i - 1) + \mathrm{IG}_k(x_c^i + w_c^i - 1, y_c^i + h_c^i - 1) \\ &\quad - \mathrm{IG}_k(x_c^i - 1, y_c^i + h_c^i - 1) - \mathrm{IG}_k(x_c^i + w_c^i - 1, y_c^i - 1) \end{aligned} \tag{3-5}$$

式中，C 为单元格的集合；c 为单元格。

每个 HOG 特征矢量 $v=[v^1, v^2, v^3, v^4]$有 $4K$ 维特征，可以利用 $16K$ 次查表运算得到。

计算特征后，需要对特征进行归一化处理。当采用 L_1 归一化时，归一化系数 $\|v\|_1$ 同样可以利用积分图进行快速计算。定义映射公式：

$$\psi(x,y)=G(x,y) \tag{3-6}$$

其积分图像定义如式(3-7)所示：

$$\mathrm{IG}(x,y)=\sum_{x'\leqslant x,y'\leqslant y}\psi(x',y') \tag{3-7}$$

则$\|v\|_1$可以利用四次查表运算得到

$$\begin{aligned}\|v\|_1&=\sum_{i=1}^{4}\sum_{k=1}^{K}v^i(k)\\&=\sum_{i=1}^{4}\sum_{k=1}^{K}\sum_{(x,y)\in C^i}\psi_k(x,y)\\&=\sum_{i=1}^{4}\sum_{(x,y)\in C^i}\psi(x,y)\\&=\sum_{(x,y)\in B}\psi(x,y)\\&=\mathrm{IG}(x_b-1,y_b-1)+\mathrm{IG}(x_b+w_b-1,y_b+h_b-1)\\&\quad-\mathrm{IG}(x_b-1,y_b+h_b-1)-\mathrm{IG}(x_b+w_b-1,y_b-1)\end{aligned} \tag{3-8}$$

L_2 和 L_2-Hys 的归一化系数需要利用矢量 v 按照定义直接计算得到，大于 L_1 的基于积分图像的归一化系数的计算时间。L_1-sqrt 由于涉及开方运算，速度较慢，一般不采用。与原始的 HOG 特征相比，利用积分图进行特征的快速计算忽略了梯度幅度计算时在空间位置和角度上的双线性插值，一定程度上降低了特征的鉴别性。但采用积分图像技术后，可以快速提取多个位置和尺度上的 HOG 特征，这在一定程度上增强了特征的描述能力，所以快速算法并没有牺牲原始 HOG 特征的鉴别能力。

3) 目标检测的工作流程

目标检测的工作流程如图 3-4 所示，分为离线训练和在线检测两个部分。训练时利用事先采集的正面头肩图像和负面非头肩图像训练一个 SVM 分类器。

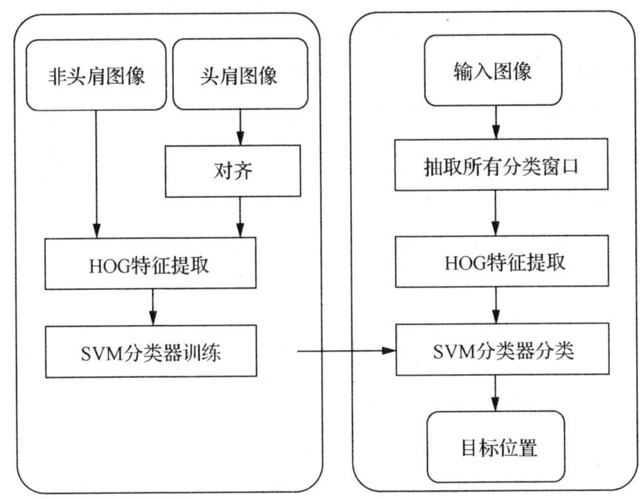

图 3-4 基于 HOG 特征和 SVM 分类器的目标检测的工作流程

在线检测时利用该分类器依次对输入图像的每个窗口进行分类，从而检测出目标的位置。

训练集合的一些典型图像是一系列摄像机俯视的头肩图像。这些样本光线条件多变，所处的背景也较为复杂，同时为了突出目标的轮廓信息，特意保留了头部周围的背景图片。背景图片的选择对性能的影响比较大，该背景图片集合包括室内和闸机场景。为了防止检测人体的其余部位，还加入了一部分不包含头肩图像的肢体图片作为背景。在训练过程中采用了“自举”方法以增强分类器的分类性能，即首先训练一个分类器，然后从背景图片中检测出虚警加入负面样本中，重新训练得到最终的分类器。

针对计数这种应用，只需要检测运动的人体，所以可以利用背景建模的方法加快检测器的搜索速度。利用背景建模得到前景图像之后，首先计算每个待分类窗口内前景像素的比例，如果该比例小于一定阈值，则直接作为背景舍去，否则再运行分类器看是否包含目标。任意矩形窗口内前景像素的比例利用前景图像的“积分图像”，可以通过四次查表运算得到，明显加快了搜索速度。该方法主要依靠分类器进行判断，对背景建模模块的要求比较低，允许前景中有较多的虚警，然后依靠后续的分类器去除这些虚警。该方法并不需要将前景像素分割成单独的运动块，所以在人聚集在一起时依然可以正确地分出每个行人。

2. 多目标跟踪算法研究

1) 核跟踪算法简介

核跟踪(kernel based tracking, KBT)由 Comaniciu 等[70]提出，又称为 mean shift

跟踪，跟踪过程通过 mean shift 算法迭代实现，避免了穷尽搜索，简单易用，速度较快，其自从提出后就成为视觉检测跟踪领域的重要方法。

核跟踪中，首先将原始像素灰度值转换到特征空间中，目标模型 q 和候选目标模型 p 在特征空间中用直方图表示，为了降低边缘像素点的权重，这里提取直方图时采用了一个各向同性的单调递减凸函数 k 作为核函数进行加权。目标模型 $q=[q_1,\cdots,q_u,\cdots,q_U]$和以图像坐标位置 y 为中心的候选目标模型 $p(y)=[p_1(y),\cdots,p_u(y),\cdots,p_U(y)]$的计算方法见式(3-9)～式(3-12)：

$$q_u=Q\sum_{i=1}^{n_q}k\left(\left\|\frac{y_i}{h_q}\right\|^2\right)\delta(b(y_i)-u) \tag{3-9}$$

$$Q=\left(\sum_{i=1}^{n_q}k\left(\left\|\frac{y_i}{h_q}\right\|^2\right)\right)^{-1} \tag{3-10}$$

$$p_u(y)=p\sum_{i=1}^{n_p}k\left(\left\|\frac{y_i-y}{h_p}\right\|^2\right)\delta(b(y_i)-u) \tag{3-11}$$

$$p=\left(\sum_{i=1}^{n_p}k\left(\left\|\frac{y_i-y}{h_p}\right\|^2\right)\right)^{-1} \tag{3-12}$$

式中，h_q 和 h_p 分别为两个核函数的带宽，表示目标的大小，一般假定目标模型的带宽 h_q 为 1，跟踪过程仅确定候选目标模型的带宽 h_p；y_i 为像素点的坐标位置，是一个 2 维的矢量；b 为每个像素在特征空间中对应的直方图的区间指示；u 为特征空间中直方图的区间数目；Q 为目标模型直方图的归一化系数，是一个依赖于 h_q 的常数；p 为候选目标模型直方图的归一化系数，由于所有的像素点 y_i 关于其中心 y 对称，p 不依赖于 y，它是一个依赖于 h_p 的常数，可以预先计算得到。常用的核函数 k 包括 Epanechnikov 核和高斯核，见式(3-13)和式(3-14)：

$$k_E\left(\|x\|^2\right)=\begin{cases}1-\|x\|^2, & \|x\|^2<1\\ 0, & \text{其他}\end{cases} \tag{3-13}$$

$$k_N\left(\|x\|^2\right)=\begin{cases}\mathrm{e}^{-\beta\|x\|^2}, & \|x\|^2<1\\ 0, & \text{其他}\end{cases} \tag{3-14}$$

目标模型和候选目标模型间的相似度定义为这两个直方图间的 Bhattacharyya

系数，见式(3-15)：

$$p=\sum_{u=1}^{U}\sqrt{p_u(y)q_u} \tag{3-15}$$

给定目标在上一帧的初始位置 $\hat{y}_0$，跟踪的目标就是在当前帧寻找使得 $p(y)$ 最大的位置 y。在目标的初始位置 $\hat{y}$，利用 Taylor 公式展开，式(3-15)可以近似为

$$\begin{aligned}p(y)&\approx\frac{1}{2}\sum_{u=1}^{U}\sqrt{p_u(\hat{y}_0)q_u}+\frac{1}{2}\sum_{u=1}^{U}p_u(y)\sqrt{\frac{q_u}{p_u(\hat{y}_0)}}\\&=\frac{1}{2}\sum_{u=1}^{U}\sqrt{p_u(\hat{y}_0)q_u}+\frac{1}{2}\sum_{u=1}^{U}p\sum_{i=1}^{n_p}k\left(\left\|\frac{y_i-y}{h_p}\right\|^2\right)\delta\left(b(y_i)-u\right)\sqrt{\frac{q_u}{p_u(\hat{y}_0)}}\\&=\frac{1}{2}\sum_{u=1}^{U}\sqrt{p_u(\hat{y}_0)q_u}+\frac{p}{2}\sum_{i=1}^{n_p}\omega_i k\left(\left\|\frac{y_i-y}{h_p}\right\|^2\right)\end{aligned} \tag{3-16}$$

式中

$$\omega_i=\sum_{u=1}^{U}\delta\left(b(y_i)-u\right)\sqrt{\frac{q_u}{p_u(\hat{y}_0)}} \tag{3-17}$$

由于核函数 k 的引入，$p(y)$ 在图像平面上光滑且可微，$p(y)$ 的梯度见式(3-18)：

$$\nabla p(y)=\frac{p}{2}\sum_{i=1}^{n_p}\omega_i g\left(\left\|\frac{y_i-y}{h_p}\right\|^2\right)(y_i-y) \tag{3-18}$$

式中

$$g\left(\|x\|^2\right)=-k'\left(\|x\|^2\right) \tag{3-19}$$

所以，以初始点 $\hat{y}_0$ 为起点的位移矢量可以按式(3-20)计算：

$$\Delta\hat{y}_0=\frac{\sum_{i=1}^{n_p}\omega_i g\left(\left\|\frac{y_i-\hat{y}_0}{h_p}\right\|^2\right)(y_i-\hat{y}_0)}{\sum_{i=1}^{n_p}\omega_i g\left(\left\|\frac{y_i-\hat{y}_0}{h_p}\right\|^2\right)} \tag{3-20}$$

2) 多核跟踪算法

核跟踪算法将目标视为整体，然后利用直方图进行表示，丢掉了空间信息，在非刚体目标中达到了较好的效果。但这种做法有两个主要缺点：一是降低了目

标的鉴别性；二是当产生部分遮挡时不能对目标进行准确的定位。为了解决这两个问题，本书采用基于直方图表示和 Bhattacharyya 系数相似度度量的多核跟踪算法。

如图 3-5 所示(坐标单位是单元格)，本书将目标分块，针对每块提取出用核函数加权的直方图。目标块的大小可以不同以获得不同尺度的信息，块与块之间可以部分重叠以增加信息。假设目标的中心位置为 0，分为 V 个矩形块，第 v 个矩形块的中心位置为 I^v，尺度为 h^v，对应的核函数为 k^v，那么该块对应的核函数加权的直方图 $q^v=\left[q_1^v,\cdots,q_u^v,\cdots,q_U^v\right]$ 可以通过式(3-21)计算：

$$q_u^v=Q^v\sum_{i=1}^{n^v}k^v\left(\left\|\frac{y_i-I^v}{h^v}\right\|^2\right)\delta(b(y_i)-u) \tag{3-21}$$

$$Q^v=\left(\sum_{i=1}^{n^v}k^v\left(\left\|\frac{y_i-I^v}{h^v}\right\|^2\right)\right)^{-1} \tag{3-22}$$

式中，n^v 为第 v 个矩形块中像素的个数；Q^v 为第 v 个矩形块直方图的归一化系数。假设候选目标和被跟踪目标的大小相同，中心位置位于 y 的候选目标模型的第 v 个矩形块直方图 $p(y)^v=\left[p(y)_1^v,\cdots,p(y)_u^v,\cdots,p(y)_U^v\right]$ 可以通过式(3-23)和式(3-24)计算：

$$p(y)_u^v=p^v\sum_{i=1}^{n^v}k^v\left(\left\|\frac{y_i-I^v-y}{h^v}\right\|^2\right)\delta(b(y_i)-u) \tag{3-23}$$

$$p^v=\left(\sum_{i=1}^{n^v}k^v\left(\left\|\frac{y_i-I^v-y}{h^v}\right\|^2\right)\right)^{-1} \tag{3-24}$$

其中，p^v 为直方图的归一化系数，由于像素点 y_i 关于其中心 I^v+y 对称，其值并不依赖于坐标 y，可以在跟踪过程开始前预先计算得到。

将各个块的直方图组合在一起，目标模型表示为 $q=\left[q^1,\cdots,q^v,\cdots,q^V\right]$，中心位置位于 y 的候选目标模型的直方图表示为 $p(y)=\left[p^1(y),\cdots,p^v(y),\cdots,p^V(y)\right]$，目标模型和候选目标模型的相似度定义为各个块对应的 Bhattacharyya 系数的平均值，见式(3-25)：

$$p(y)\equiv\frac{1}{v}\sum_{v=1}^{V}\sum_{u=1}^{U}\sqrt{p_u^v(y)q_u^v} \tag{3-25}$$

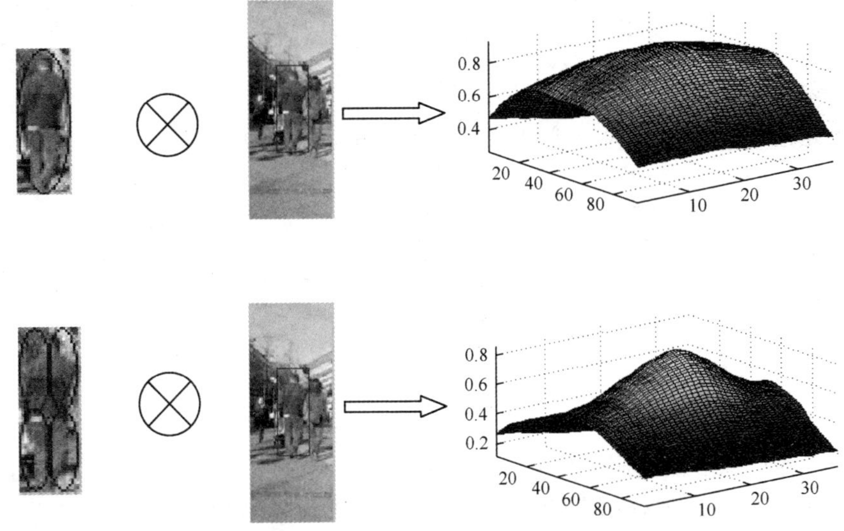

图 3-5　单核跟踪和多核跟踪示意图

采用多核的直方图表示时，目标真实位置更加突出，所以多核的直方图表示提高了目标模型的鉴别性。目标的跟踪通过最大化来实现。在目标的初始位置 $\hat{y}_0$，利用 Taylor 公式展开，式(3-25)可以近似为式(3-26)：

$$
\begin{aligned}
p(y) &\approx \frac{1}{2V}\sum_{v=1}^{V}\sum_{u=1}^{U}\left(\sqrt{p_u^v(\hat{y}_0)q_u^v} + p_u^v(y)\sqrt{\frac{q_u^v}{p_u^v(\hat{y}_0)}}\right) \\
&= \frac{1}{2V}\sum_{v=1}^{V}\sum_{u=1}^{U}\left(p^v\sum_{i=1}^{n^v}k^v\left(\left\|\frac{y_i - y - I^v}{h^v}\right\|^2\right)\delta(b(y_i)-u)\sqrt{\frac{q_u^v}{p_u^v(\hat{y}_0)}}\right) + C \\
&= \frac{1}{2V}\sum_{v=1}^{V}p^v\sum_{i=1}^{n^v}k^v\left(\left\|\frac{y_i - y - I^v}{h^v}\right\|^2\right)\sum_{u=1}^{U}\left(\delta(b(y_i)-u)\sqrt{\frac{q_u^v}{p_u^v(\hat{y}_0)}}\right) + C \\
&= \frac{\omega_i^v}{2V}\sum_{v=1}^{V}p^v\sum_{i=1}^{n^v}k^v\left(\left\|\frac{y_i - y - I^v}{h^v}\right\|^2\right) + C
\end{aligned} \tag{3-26}
$$

式中，

$$
C = \frac{1}{2V}\sum_{v=1}^{V}\sum_{u=1}^{U}\left(\sqrt{p_u^v(y)q_u^v}\right) \tag{3-27}
$$

$$
\omega_i^v = \sum_{u=1}^{U}\left(\delta(b(y_i)-u)\sqrt{\frac{q_u^v}{p_u^v(\hat{y}_0)}}\right) \tag{3-28}
$$

$p(y)$ 的梯度见式(3-29)：

$$\nabla p(y)=\frac{1}{V}\sum_{v=1}^{V}\frac{p^{v}}{(h^{v})^{2}}\sum_{i=1}^{n^{v}}g^{v}\left(\left\|\frac{y_i-y-I^{v}}{h^{v}}\right\|^{2}\right)(y_i-y-I^{v})\omega_i^{v} \tag{3-29}$$

于是为了最大化 $p(y)$，$\hat{y}_0$ 处的位移矢量见式(3-30)：

$$\Delta\hat{y}_0=\frac{\sum_{v=1}^{V}\frac{p^{v}}{(h^{v})^{2}}\sum_{i=1}^{n^{v}}g^{v}\left(\left\|\frac{y_i-\hat{y}_0-I^{v}}{h^{v}}\right\|^{2}\right)(y_i-\hat{y}_0-I^{v})\,\omega_i^{v}}{\sum_{v=1}^{V}\frac{p^{v}}{(h^{v})^{2}}\sum_{i=1}^{n^{v}}g^{v}\left(\left\|\frac{y_i-\hat{y}_0-I^{v}}{h^{v}}\right\|^{2}\right)\omega_i^{v}} \tag{3-30}$$

3) 基于 HOG 特征的多核跟踪

为了更好地解决光照变化的问题，本书将 HOG 引入多核跟踪方法，针对每个方块提取核函数加权的 HOG 特征。对每个像素点 y_i 分别用算子$[-1\ \ 0\ \ 1]^{\mathrm{T}}$和$[-1\ \ 0\ \ 1]$计算其在水平和垂直方向上的导数，然后计算该像素的梯度幅度 $m(y_i)$ 和梯度方向 $\theta(y_i)$，针对彩色图像，只保留梯度幅度最大的颜色通道。如果对梯度幅度和方向同时进行量化，提取 2 维空间中的直方图特征，那么可以直接将梯度特征引入多核跟踪过程中。但光照的变化可以使 $m(y_i)$ 在跟踪过程中产生较大的变化，所以不能直接对 $m(y_i)$ 进行量化。由于各个方向上梯度幅度的相对分布对光线的变化比较鲁棒，此处仅计算梯度方向上的直方图，以每个像素点的梯度幅度 $m(y_i)$ 作为投票系数。由于每个像素点的投票系数不是固定的值 1 而是变化的 $m(y_i)$，需要对推导过程做一些更改，如图 3-6 所示。

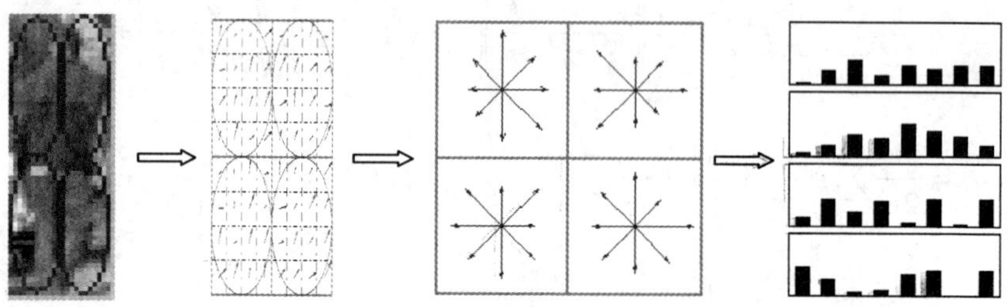

图 3-6　分块 HOG 特征的提取

每块的核函数加权的 HOG 特征 $q^{v}=\left[q_1^{v},\cdots,q_u^{v},\cdots,q_U^{v}\right]$ 见式(3-31)和式(3-32)：

$$q_u^{v}=Q^{v}\sum_{i=1}^{n^{v}}k^{v}\left(\left\|\frac{y_i-I^{v}}{h^{v}}\right\|^{2}\right)m(y_i)\delta(b(y_i)-u) \tag{3-31}$$

$$Q^v=\left(\sum_{i=1}^{n^v}k^v\left(\left\|\frac{y_i-I^v}{h^v}\right\|^2\right)m(y_i)\right)^{-1} \tag{3-32}$$

式中，$b(y_i)$ 为 $\theta(y_i)$ 对应的角度区间；Q^v 为第 v 个矩形块直方图的归一化系数。假设候选目标模型和目标模型的大小相同，中心位置位于 y 的候选目标模型的第 v 个矩形块的 HOG 特征 $p(y)^v=\left[p(y)_1^v,\cdots,p(y)_u^v,\cdots,p(y)_U^v\right]$ 见式(3-33)和式(3-34)：

$$p(y)_u^v=p(y)^v\sum_{i=1}^{n^v}k^v\left(\left\|\frac{y_i-I^v-y}{h^v}\right\|^2\right)m(y_i)\delta(b(y_i)-u) \tag{3-33}$$

$$p(y)^v=\left(\sum_{i=1}^{n^v}k^v\left(\left\|\frac{y_i-I^v-y}{h^v}\right\|^2\right)m(y_i)\right)^{-1} \tag{3-34}$$

其中，$p(y)^v$ 为直方图的归一化系数，由于每个像素点的梯度幅度 $m(y_i)$ 的存在，归一化系数依赖于坐标 y。

目标模型和候选目标模型的相似度同样用式(3-25)定义，目标的跟踪可以通过最大化来实现。在目标的初始位置 $\hat{y}_0$，利用 Taylor 公式展开，式(3-25)可以近似为式(3-35)：

$$\begin{aligned}
p(y)&\approx\frac{1}{2V}\sum_{v=1}^{V}\sum_{u=1}^{U}\left(\sqrt{p_u^v(\hat{y}_0)q_u^v}+p_u^v(y)\sqrt{\frac{q_u^v}{p_u^v(\hat{y}_0)}}\right)\\
&=\frac{1}{2V}\sum_{v=1}^{V}\sum_{u=1}^{U}\left(p(y)^v\sum_{i=1}^{n^v}k^v\left(\left\|\frac{y_i-y-I^v}{h^v}\right\|^2\right)m(y_i)\delta\left(b(y_i)-u\right)\sqrt{\frac{q_u^v}{p_u^v(\hat{y}_0)}}\right)+C\\
&=\frac{1}{2V}\sum_{v=1}^{V}p(y)^v\sum_{i=1}^{n^v}k^v\left(\left\|\frac{y_i-y-I^v}{h^v}\right\|^2\right)\sum_{u=1}^{U}\left(m(y_i)\delta\left(b(y_i)-u\right)\sqrt{\frac{q_u^v}{p_u^v(\hat{y}_0)}}\right)+C\\
&=\frac{1}{2V}\sum_{v=1}^{V}p(y)^v\sum_{i=1}^{n^v}k^v\left(\left\|\frac{y_i-y-I^v}{h^v}\right\|^2\right)\omega_i^v+C\\
&\approx\frac{1}{2V}\sum_{v=1}^{V}p(\hat{y}_0)^v\sum_{i=1}^{n^v}k^v\left(\left\|\frac{y_i-y-I^v}{h^v}\right\|^2\right)\omega_i^v+C
\end{aligned} \tag{3-35}$$

其中，

$$C=\frac{1}{2V}\sum_{v=1}^{V}\sum_{u=1}^{U}\left(\sqrt{p_u^v(\hat{y}_0)q_u^v}\right) \tag{3-36}$$

$$\omega_i^v=\sum_{u=1}^{U}\left(m(y_i)\delta\left(b(y_i)-u\right)\sqrt{\frac{q_u^v}{p_u^v(\hat{y}_0)}}\right) \tag{3-37}$$

式(3-35)中的第二次近似是由于核函数 k 的平滑性，所以在 $\hat{y}_0$ 附近，$p(y)^v$ 可以用 $p(\hat{y}_0)^v$ 近似。$p(y)$ 的梯度见式(3-38)：

$$\nabla p(y)=\frac{1}{V}\sum_{v=1}^{V}\frac{p(\hat{y}_0)^v}{(h^v)^2}\sum_{i=1}^{n^v}g^v\left(\left\|\frac{y_i-y-I^v}{h^v}\right\|^2\right)(y_i-y-I^v)\,\omega_i^v \tag{3-38}$$

为了最大化 $p(y)$，$\hat{y}_0$ 附近的位移矢量可以计算为式(3-39)：

$$\Delta\hat{y}_0=\frac{\sum_{v=1}^{V}\frac{p(\hat{y}_0)^v}{(h^v)^2}\sum_{i=1}^{n^v}g^v\left(\left\|\frac{y_i-\hat{y}_0-I^v}{h^v}\right\|^2\right)(y_i-\hat{y}_0-I^v)\,\omega_i^v}{\sum_{v=1}^{V}\frac{p(\hat{y}_0)^v}{(h^v)^2}\sum_{i=1}^{n^v}g^v\left(\left\|\frac{y_i-\hat{y}_0-I^v}{h^v}\right\|^2\right)\omega_i^v} \tag{3-39}$$

3. 多目标检测跟踪算法流程

1) 多目标检测跟踪算法流程介绍

目标检测得到的是目标在每一帧的空间位置，要想达到计数的目的必须对目标进行跟踪得到目标的时空轨迹[71]。由于在实际的监控或者客流统计的环境中，往往同一个场景中有多个目标同时运动，这就需要在拥有了单目标的核跟踪算法之后，进行多目标检测和跟踪算法的开发。多目标的同时检测与跟踪需要解决的问题包括目标进出场景的判断、目标在场景中的检测与跟踪、目标交互时身份的保持和目标在遮挡情况下的准确跟踪等。与静态图片中的行人检测相比，视频中多了一维时间信息可以利用，漏检率和虚警率都可以明显降低，代价是需要在前后帧间建立准确的数据关联。与单目标的跟踪问题相比，多目标的跟踪问题由于目标之间的交互遮挡等，难度更大。

对于多目标的检测，可以将分类器的输出结合时间上的信息进行整合，以进一步提高检测的性能；而对于多目标的跟踪，本书采用数据关联与核跟踪的结合方法，即当被跟踪目标有匹配的检测结果时，直接以检测结果作为跟踪的观测量，否则根据该目标和其余目标的位置关系，直接利用本节的核跟踪算法或者运动预测进行跟踪。其中的检测模块解决了目标的出现消失问题，跟踪模块去掉了单帧检测过程中偶尔出现的虚警，估计了偶尔出现的漏检目标。该跟踪方法有效地解决了多目标的同时检测与跟踪问题，对目标间的交互遮挡具有一定的鲁棒性，其流程如图 3-7 所示。

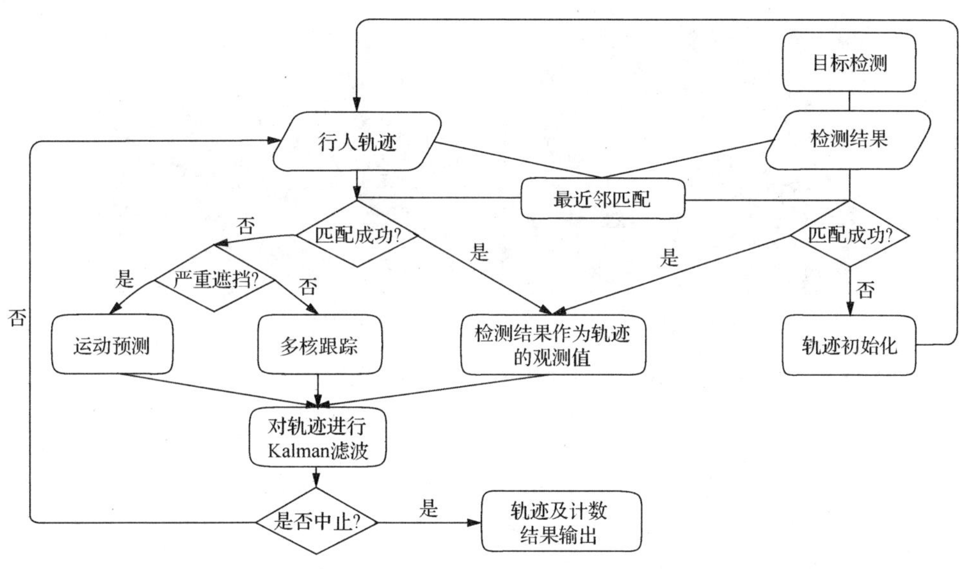

图 3-7　多目标检测跟踪算法流程

利用数据关联的方法跟踪多个行人，在每一帧中首先运行检测器检测出所有目标，然后将检测结果与跟踪器中的目标轨迹进行最近邻匹配[72]。对于有匹配检测结果的轨迹，直接以检测结果作为观测量对轨迹进行 Kalman 滤波[73]；如果没有匹配的检测结果，则分析该目标预测位置与其他目标预测位置的关系，如果预测位置表明可能发生严重遮挡，则以运动预测的位置作为目标的位置，否则利用多核跟踪算法进行跟踪。有的检测结果没有匹配的轨迹，则用这些检测结果初始化新的目标轨迹。每帧处理完毕后，对轨迹是否终止进行判断，如果目标运动出计数区域或者连续若干帧没有匹配的检测结果，则认为该轨迹终止，输出该轨迹，经简单的轨迹分析后用来更新计数器。

跟踪处理结果如图 3-8 所示。

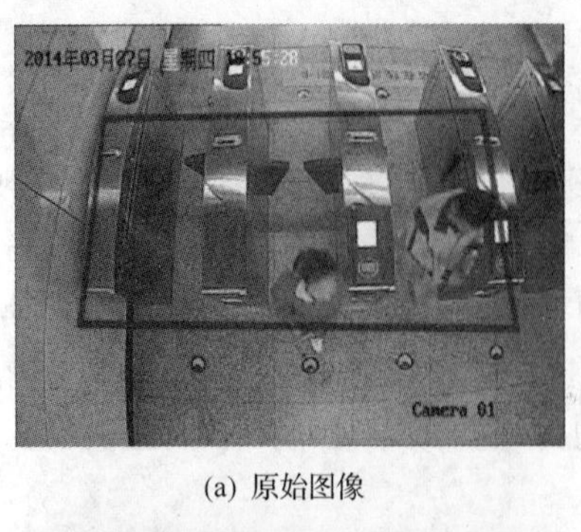

(a) 原始图像

(b) 前景图像

(c) 检测结果

(d) 跟踪与计数结果

图 3-8　检测过程中目标的检测跟踪

2) 算法关键流程介绍

(1) 目标轨迹的初始化。目标轨迹利用检测器的检测结果进行初始化，设 $R_{1,2,\cdots,T}$ 表示检测器连续 $T(T>1)$ 帧的检测结果，且其中任何一个 R_t 都没有对应的已经存在的目标轨迹。根据数据关联得到一个新的轨迹假设 $H^{(v)}$，则 $H^{(v)}$ 是一个新的目标轨迹的置信度，可以计算为式(3-40)：

$$\text{InitConf}\left(H^{(v)};R_{1,2,\cdots,T}\right)=\frac{1}{T-1}\sum_{t=1}^{T-1}A\left(R_t,R_{t+1}\right) \tag{3-40}$$

如果该置信度大于预先设定的阈值 ϑ_{init}(默认值为 0.6)，则初始化新的目标轨迹 $H^{(v)}$。$H^{(v)}$ 可以表示为 $\{D;r;q_c;q_s\}$，其中 D 表示目标轨迹的动态模型，用匀速运动的 Kalman 滤波器建模，通过 $R_{1,2,\cdots,T}$ 中的位置信息 $r_{1,2,\cdots,T}$ 进行初始化和更新；r 表示目标在当前帧的位置，可以从动态模型 D 中得到；q_c 和 q_s 表示目标轨迹的颜色和形状信息，分别用 $R_{1,2,\cdots,T}$ 中的颜色信息 $q_{c,1,2,\cdots,T}$ 和形状信息 $q_{s,1,2,\cdots,T}$ 初始化，见式(3-41)和式(3-42)：

$$q_c=\sum_{t=2}^{T}(1-\gamma_2)^{T-t}\gamma_1 q_{c,t}+(1-\gamma_2)^{T-1}q_{c,1} \tag{3-41}$$

$$q_s = \sum_{t=2}^{T}(1-\gamma_2)^{T-t}\gamma_1 q_{s,t} + (1-\gamma_2)^{T-1}q_{s,1} \tag{3-42}$$

式中，$\gamma_1 \in (0,1)$，默认值为 0.1；$\gamma_2 \in (0,1)$，默认值为 0.1。$H^{(v)}$ 初始化完成后，加入轨迹假设集合中参与下一帧的最近邻匹配过程。

(2) 目标轨迹的前向跟踪。目标轨迹初始化完成后，目标的前向跟踪过程分为三个组成部分：数据关联、多核跟踪和运动预测。数据关联的过程如前面所述。对于轨迹集合中的假设 $H^{(i)}$，如果存在匹配的检测结果 $R^{(j)}$，则直接利用检测结果 $R^{(j)}$ 对轨迹 $H^{(i)}$ 进行更新，其中的 $r^{(j)}$ 作为观测量来更新轨迹 $H^{(i)}$ 中的动态模型 D，其中的 $q_c^{(j)}$ 用来更新 $H^{(i)}$ 中的 $q_c^{(j)}$，$q_s^{(j)}$ 用来更新 $H^{(i)}$ 中的 $q_s^{(j)}$，更新方法见式(3-43)和式(3-44)：

$$q_c^{(i)} \leftarrow (1-\gamma_1)q_c^{(i)} + \gamma_1 q_c^{(j)} \tag{3-43}$$

$$q_s^{(i)} \leftarrow (1-\gamma_2)q_s^{(i)} + \gamma_2 q_s^{(j)} \tag{3-44}$$

部分目标轨迹不存在相似度大于预设阈值的检测结果，这可能由检测器的不稳定、部分遮挡或者严重遮挡引起。如图 3-9 所示，严重遮挡的定义是两个轨迹基于运动模型 D 的预测位置覆盖率大于 0.5。对不存在匹配检测结果的假设 $H^{(i)}$，利用运动模型 D 得到其预测位置 $\hat{r}^{(j)}$，然后计算它与所有其余目标轨迹的预测位置的覆盖率，如果任何一个值大于 0.5，则认为发生严重遮挡，直接将预测的位置作为该轨迹的跟踪位置。如果没有严重遮挡，以 $H^{(i)}$ 的预测位置 $\hat{r}^{(j)}$ 为起点，以 $q_s^{(j)}$ 作为目标的参考模型在同一尺度上运行多核跟踪算法得到目标的位移矢量 $\Delta^{(i)}$。得到新的位置后，可以对动态模型 D 进行更新。无论运动预测还是多核跟踪，得到的目标位置的置信度都远远小于检测器的置信度，所以这种情况下不更新目标轨迹的颜色模型 $q_c^{(j)}$ 和形状模型 $q_s^{(j)}$。

图 3-9　部分遮挡和严重遮挡

(3)目标的消失。如图 3-10 所示，目标的消失有两种情况：一是根据目标的运动位置判断出目标已出图像边界；二是目标虽然在场景内，但在该轨迹的最近邻数据关联门限内，连续 F 帧没有匹配的检测结果，一般对应目标被场景内的建筑物长时间遮挡的情形。在每一帧跟踪完毕后，对轨迹集合中的所有轨迹假设进行判断，当判断出目标消失时，从集合中删除该轨迹，不再参与下一帧的前向跟踪过程。

图 3-10　目标出界和消失

第二节　城市轨道交通路网运营安全评价方法

本节通过对典型大城市轨道交通进行深入的调研分析，总结影响运营安全的主要因素，对运营安全要素进行提取、凝练，主要从客流、设备、环境、管理和事故五个方面进行分析，构建城市轨道交通运营安全“微观—中观—宏观”评估指标体系，实现对“车站—线路—路网”不同空间粒度的运营安全综合评估，从而输出不同需求、不同粒度的路网运营安全统计分析运营日报表。在此基础上，研制开发综合安全评估与预警系统，为城市轨道交通路网运营安全状态评估与预警提供理论依据、技术支撑和应用支持；基于增益型加权综合法对指标进行综合评估计算；基于评价指标体系特点，分别将车站、线路、路网运营安全等级划分为三级，确定安全等级临界点，将评价结果形式化。

一、车站运营安全评价指标

城市轨道交通车站运营安全评价指标的评价对象是车站，根据指标的评价对象，可将指标分为客流指标、设备指标、环境指标、管理指标和事故指标五类，指标体系如图 3-11 所示。

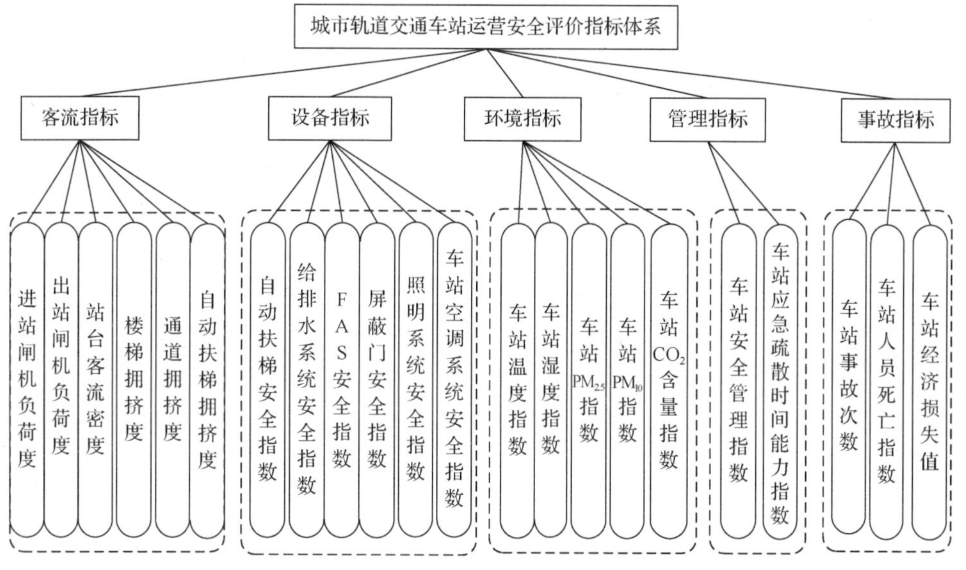

图 3-11　城市轨道交通车站运营安全评价指标

1. 进站闸机负荷度

定义：统计时间内，闸机实际进站量与闸机额定通过人数的比值的综合。

指标说明：反映车站进站闸机的使用情况，闸机负荷重时需适当增加闸机数量，否则容易减慢乘客进站的速度，造成排队。

不考虑高峰平峰时段的影响因素，车站进站闸机负荷度表示为 $\mathrm{gu}^{\mathrm{in}}(s_{ij})$。计算公式见式(3-45)～式(3-48)：

$$\mathrm{gu}^{\mathrm{in}}(s_{ij}) = \sum \lambda_x^{\mathrm{in}} \mathrm{gu}_x^{\mathrm{in}}(s_{ij}) \tag{3-45}$$

$$\mathrm{gu}_x^{\mathrm{in}}(s_{ij}) = \frac{c_x^{\mathrm{in}}(s_{ij})}{n_x^{\mathrm{in}} \Delta t A_e} \tag{3-46}$$

$$n_x^{\mathrm{in}} = n_x^a + \frac{c^{\mathrm{in}}}{c^{\mathrm{in}} + c^{\mathrm{out}}} n_x^b \tag{3-47}$$

$$\lambda_x^{\mathrm{in}} = \frac{c_x^{\mathrm{in}}(s_{ij})}{\sum c^{\mathrm{in}}(s_{ij})} \tag{3-48}$$

式中，$\mathrm{gu}^{\mathrm{in}}(s_{ij})$为不考虑高峰平峰时段影响因素时，统计期内车站进站闸机负荷度；s_{ij}为线路i中的第j个车站；$\mathrm{gu}_x^{\mathrm{in}}(s_{ij})$为第$x$个口进站闸机负荷度；$\lambda_x^{\mathrm{in}}$为第$x$个口进站闸机所占权重；$c^{\mathrm{in}}(s_{ij})$为车站$s_{ij}$的闸机进站人数；$c_x^{\mathrm{in}}(s_{ij})$为第$x$个口闸机进站人数；$c^{\mathrm{in}}$为第$x$个口的双向闸机进站人数；$c^{\mathrm{out}}$为第$x$个口的双向闸机出站人数；$n_x^{\mathrm{in}}$为第$x$个口进站闸机开放总个数；$n_x^a$为第$x$个口单向进站闸机开放个数；$n_x^b$为第$x$个口双向闸机开放个数；$A_e$为单位时间内每台闸机的实际最大通过能力。

考虑高峰平峰时段的影响因素，车站进站闸机负荷度表示为$\mathrm{GU}^{\mathrm{in}}(s_{ij})$。计算公式见式(3-49)：

$$
\begin{aligned}
&\mathrm{GU}^{\mathrm{in}}(s_{ij})=\overline{\mathrm{gu}^a(s_{ij})}\,\theta_a+\overline{\mathrm{gu}^b(s_{ij})}\,\theta_b\\
&\theta_a=\frac{\overline{\mathrm{gu}^a(s_{ij})}}{\overline{\mathrm{gu}^a(s_{ij})}+\overline{\mathrm{gu}^b(s_{ij})}}\\
&\theta_b=\frac{\overline{\mathrm{gu}^b(s_{ij})}}{\overline{\mathrm{gu}^a(s_{ij})}+\overline{\mathrm{gu}^b(s_{ij})}}
\end{aligned}
\tag{3-49}
$$

式中，$\mathrm{GU}^{\mathrm{in}}(s_{ij})$为考虑高峰平峰时段影响因素时，统计期内车站进站闸机负荷度；$\overline{\mathrm{gu}^a(s_{ij})}$为统计期内，高峰时段内的进站闸机负荷度的平均值；$\overline{\mathrm{gu}^b(s_{ij})}$为统计期内，平峰时段内的进站闸机负荷度的平均值；$\theta_a$为高峰时段影响因素所占的权重；$\theta_b$为平峰时段影响因素所占的权重。

2. 出站闸机负荷度

定义：统计时间内，出站客流量与出站闸机额定通过人数比值的综合。

指标说明：反映车站出站闸机的使用情况，闸机负荷重时需适当增加闸机数量，否则容易减慢乘客出站的速度，造成乘客聚集，影响运营安全。

不考虑高峰平峰时段的影响因素，车站出站闸机负荷度表示为$\mathrm{gu}^{\mathrm{out}}(s_{ij})$。计算公式见式(3-50)～式(3-53)：

$$\mathrm{gu}^{\mathrm{out}}(s_{ij})=\sum\lambda_x^{\mathrm{out}}\mathrm{gu}_x^{\mathrm{out}}(s_{ij}) \tag{3-50}$$

$$\mathrm{gu}_x^{\mathrm{out}}(s_{ij})=\frac{c_x^{\mathrm{out}}(s_{ij})}{n_x^{\mathrm{out}}\Delta t\,A_e} \tag{3-51}$$

$$n_x^{\text{out}} = n_x^a + \frac{c^{\text{out}}}{c^{\text{in}} + c^{\text{out}}} n_x^b \tag{3-52}$$

$$\lambda_x^{\text{out}} = \frac{c_x^{\text{out}}(s_{ij})}{\sum c^{\text{out}}(s_{ij})} \tag{3-53}$$

式中，$\text{gu}^{\text{out}}(s_{ij})$为不考虑高峰平峰时段影响因素时，统计期内车站出站闸机负荷度；s_{ij}为线路i中的第j个车站；$\text{gu}_x^{\text{out}}(s_{ij})$为第$x$个口出站闸机负荷度；$\lambda_x^{\text{out}}$为第$x$个口出站闸机所占权重；$c^{\text{out}}(s_{ij})$为车站$s_{ij}$的闸机出站人数；$c_x^{\text{out}}(s_{ij})$为第$x$个口闸机出站人数；$c^{\text{in}}$为第$x$个口的双向闸机进站人数；$c^{\text{out}}$为第$x$个口的双向闸机出站人数；$n_x^{\text{out}}$为第$x$个口出站闸机开放总个数；$n_x^a$为第$x$个口单向出站闸机开放个数；$n_x^b$为第$x$个口双向闸机开放个数；$A_e$为单位时间每台闸机的实际最大通过能力。

考虑高峰平峰时段的影响因素，车站出站闸机负荷度表示为$\text{GU}^{\text{out}}(s_{ij})$。计算公式见式(3-54)：

$$\begin{aligned}
&\text{GU}^{\text{out}}(s_{ij}) = \overline{\text{gu}^e(s_{ij})}\theta_a + \overline{\text{gu}^f(s_{ij})}\theta_b \\
&\theta_a = \frac{\overline{\text{gu}^e(s_{ij})}}{\overline{\text{gu}^e(s_{ij})} + \overline{\text{gu}^f(s_{ij})}} \\
&\theta_b = \frac{\overline{\text{gu}^f(s_{ij})}}{\overline{\text{gu}^e(s_{ij})} + \overline{\text{gu}^f(s_{ij})}}
\end{aligned} \tag{3-54}$$

式中，$\text{GU}^{\text{out}}(s_{ij})$为考虑高峰平峰时段影响因素时，统计期内车站出站闸机负荷；$\overline{\text{gu}^e(s_{ij})}$为统计期内，高峰时段内的出站闸机负荷度的平均值；$\overline{\text{gu}^f(s_{ij})}$为统计期内，平峰时段内的出站闸机负荷度的平均值；$\theta_a$为高峰时段影响因素所占的权重；$\theta_b$为平峰时段影响因素所占的权重。

3. 站台客流密度

定义：车站站台实际客流数量与车站站台候车区面积的比值。

指标说明：以列车长度为度量标准，将站台区域划分为若干个密集区域和若干个非密集区域，反映了站台客流密集程度，密度越大，说明客流量越大，则越容易发生拥挤。

计算公式见式(3-55)：

$$
\begin{aligned}
&\mathrm{PP}(s_{ij}) = \frac{\overline{\mathrm{pp}^a(s_{ij})}}{S_a}\theta_a + \frac{\overline{\mathrm{pp}^b(s_{ij})}}{S_b}\theta_b \\
&S_a = w\,d \\
&S_b = \frac{L - w\,n}{n-1}d
\end{aligned}
\tag{3-55}
$$

式中，$\mathrm{PP}(s_{ij})$ 为统计期内车站 s_{ij} 的站台客流密度；$\overline{\mathrm{pp}^a(s_{ij})}$ 为统计期内站台密集区域平均客流数量；$\overline{\mathrm{pp}^b(s_{ij})}$ 为统计期内站台非密集区域平均客流数量；S_a 为车站站台密集区域面积；d 为有效站台宽度；w 为车门宽度；S_b 为车站站台非密集区域面积；L 为列车总长度；n 为车门个数；θ_a 为密集区域不均衡系数，等于密集区域平均客流密度与密集区域和非密集区域总平均客流密度的比值；θ_b 为非密集区域不均衡系数，等于非密集区域平均客流密度与密集区域和非密集区域总平均客流密度的比值。

注意，对于岛式站台，有效站台宽度取为车门到站台中心线的距离；对于侧式站台，有效站台宽度即车门到墙的距离。参照标准见表 3-2。

表 3-2 国际等候区服务水平标准

分类	人员密度和舒适度描述
A 级	行人占用面积＞1.0m²/人；平均行人间距＞1.1m； 可以站立或自由穿过等候区，且不会干扰他人
B 级	行人占用面积为 0.65～1.0m²/人；平均行人间距为 0.9～1.1m； 可以站立或不干扰其他人做有限制的移动
C 级	行人占用面积为 0.3～0.65m²/人；平均行人间距为 0.6～0.9m； 可以站立和进行穿过等候区的有限制的移动，但要干扰其他人。该密度仍在使人舒适的范围内
D 级	行人占用面积为 0.2～0.3m²/人；平均行人间距为 0.6m 及以下； 站立时不可避免地与他人接触，队内活动不便。在这种密度下长时间等待使人感到非常不舒服

4. 楼梯拥挤度

定义：统计期内车站内楼梯的拥挤程度，用实际的通过人数与设计通行能力的比值衡量，见表 3-3。

表 3-3　车站各部位的最大通过能力

车站部位			每小时通过人数/人
1m 宽楼梯	下行		4200
	上行		3700
	双向混行		3200
1m 宽通道	单向		5000
	双向		4000
1m 宽自动扶梯	输送速度为 0.5m/s		8100
	输送速度为 0.65m/s		不大于 9600
人工售票口			1200
自动售票机			300
人工检票口			2600
自动检票机	三杆式	磁卡	1500
		非接触 IC 卡	1800
	门扉式	磁卡	1800
		非接触 IC 卡	2100

指标说明：该指标反映了楼梯的人流密集程度，该指标值越大，则越容易发生拥挤、踩踏事故。

不考虑高峰平峰时段的影响因素，车站楼梯拥挤度表示为 $\mathrm{cp}(s_{ij})$ 。计算公式见式(3-56)和式(3-57)：

$$\mathrm{cp}(s_{ij}) = \frac{1}{m}\sum_{i=1}^{m}\mathrm{cp}_l(s_{ij}) \tag{3-56}$$

$$\mathrm{cp}_l(s_{ij}) = \frac{c_l}{C_{\max} T_l d_t} \tag{3-57}$$

式中， $\mathrm{cp}(s_{ij})$ 为统计期内，不考虑高峰平峰时段影响因素的车站楼梯拥挤度； $\mathrm{cp}_l(s_{ij})$ 为第 l 个发车间隔内的楼梯拥挤度； c_l 为第 l 个发车间隔内通过楼梯断面的客流量； d_t 为楼梯瓶颈(最小)断面宽度； $C_{\max}$ 为楼梯的设计通行能力； T_l 为第 l 个发车间隔； m 为统计期内发车间隔的个数。

考虑高峰平峰时段的影响因素，车站楼梯拥挤度表示为 $\mathrm{CP}(s_{ij})$ 。计算公式见式(3-58)：

$$\mathrm{CP}(s_{ij})=\mathrm{cp}_h(s_{ij})\alpha+\mathrm{cp}_s(s_{ij})\beta \tag{3-58}$$

式中，$\mathrm{CP}(s_{ij})$为统计期内，考虑高峰平峰时段影响因素的车站楼梯拥挤度；$\mathrm{cp}_h(s_{ij})$为高峰时段通过楼梯断面的平均楼梯拥挤度；$\mathrm{cp}_s(s_{ij})$为平峰时段通过楼梯断面的平均楼梯拥挤度；α为高峰时段不均衡系数，是高峰时段的楼梯拥挤度平均值与高峰平峰总时段的平均楼梯拥挤度的比值；β为平峰时段不均衡系数，是平峰时段的楼梯拥挤度平均值与高峰平峰总时段的平均楼梯拥挤度的比值。

5. 通道拥挤度

定义：统计期内车站内通道的拥挤程度，用实际的通过人数与设计通行能力的比值衡量。

指标说明：该指标反映了通道人流密集程度，该指标值越大，则越容易发生拥挤、踩踏事故。

不考虑高峰平峰时段的影响因素，车站通道拥挤度表示为$\mathrm{pa}(s_{ij})$。计算公式见式(3-59)和式(3-60)：

$$\mathrm{pa}(s_{ij})=\frac{1}{m}\sum_{i=1}^{m}\mathrm{pa}_l(s_{ij}) \tag{3-59}$$

$$\mathrm{pa}_l(s_{ij})=\frac{p_l}{P_{\max}T_l d_p} \tag{3-60}$$

式中，$\mathrm{pa}(s_{ij})$为不考虑高峰平峰时段的影响因素时，统计期内车站通道拥挤度；$\mathrm{pa}_l(s_{ij})$为第l个发车间隔内的通道拥挤度；p_l为第l个发车间隔内，通过通道断面的客流量；d_p为通道瓶颈(最小)断面宽度；$P_{\max}$为通道的设计通行能力；T_l为第l个发车间隔。

考虑高峰平峰时段的影响因素，车站通道拥挤度表示为$\mathrm{PA}(s_{ij})$。计算公式见式(3-61)：

$$\mathrm{PA}(s_{ij})=\mathrm{pa}_h(s_{ij})\alpha+\mathrm{pa}_s(s_{ij})\beta \tag{3-61}$$

式中，$\mathrm{PA}(s_{ij})$为统计期内，考虑高峰平峰时段影响因素的车站通道拥挤度；$\mathrm{pa}_h(s_{ij})$为高峰时段通过通道断面的平均通道拥挤度；$\mathrm{pa}_s(s_{ij})$为平峰时段通过通道断面的平均通道拥挤度；α为高峰时段不均衡系数，是高峰时段的通道拥挤度平均值与高峰平峰总时段的平均通道拥挤度的比值；β为平峰时段不均衡系数，是平峰时段的通道拥挤度平均值与高峰平峰总时段的平均通道拥挤度的比值。

6. 自动扶梯拥挤度

定义：车站内自动扶梯的拥挤程度，用实际的通过人数与设计通行能力的比值衡量。

指标说明：该指标反映自动扶梯的人流密集程度，该指标值越大，越容易发生拥挤、踩踏事故。

不考虑高峰平峰时段的影响因素，自动扶梯拥挤度 $\mathrm{ft}(s_{ij})$ 计算公式见式(3-62)：

$$\mathrm{ft}(s_{ij})=\frac{f}{F_{\max}\Delta t d_f} \tag{3-62}$$

式中，$\mathrm{ft}(s_{ij})$ 为统计期内，不考虑高峰平峰时段的影响因素的自动扶梯的拥挤度；f 为 $(t,t+\Delta t)$ 时期内通过自动扶梯断面的客流量；d_f 为自动扶梯瓶颈(最小)断面宽度；$F_{\max}$ 为自动扶梯的设计通行能力；Δt 为实际发车间隔。

考虑高峰平峰时段的影响因素，自动扶梯拥挤度 $\mathrm{FT}(s_{ij})$ 计算公式见式(3-63)：

$$\mathrm{FT}(s_{ij})=\mathrm{ft}_h(s_{ij})\alpha+\mathrm{ft}_s(s_{ij})\beta \tag{3-63}$$

式中，$\mathrm{FT}(s_{ij})$ 为统计期内，考虑高峰平峰时段的影响因素的自动扶梯拥挤度；$\mathrm{ft}_h(s_{ij})$ 为高峰时段通过自动扶梯断面的平均自动扶梯拥挤度；$\mathrm{ft}_s(s_{ij})$ 为平峰时段通过自动扶梯断面的平均自动扶梯拥挤度；α 为高峰时段不均衡系数，是高峰时段自动扶梯拥挤度平均值与高峰平峰总时段自动扶梯拥挤度平均值的比值；β 为平峰时段不均衡系数，是平峰时段自动扶梯拥挤度平均值与高峰平峰总时段自动扶梯拥挤度平均值的比值。

7. 自动扶梯安全指数

定义：车站内自动扶梯的安全程度，用自动扶梯拥挤度与自动扶梯风险系数的乘积和 1 的差值衡量。

指标说明：自动扶梯在其负荷度之内运行时比较安全，当连续超负荷运行(客流量达到最大通行能力的一定比例)一定时间，或者某种原因突然造成自动扶梯停运、逆行等故障时，就认为自动扶梯不安全。当自动扶梯安全指数达到或低于规定阈值时，电梯就要停运或者检修。

计算公式见式(3-64)：

$$\mathrm{Es}(s_{ij}) = 1 - \mathrm{FT}\,\sigma$$
$$\sigma = \frac{t_{\mathrm{fa}}}{t_{\mathrm{al}}} \times 100\% \tag{3-64}$$

式中，$\mathrm{Es}(s_{ij})$ 为统计期内自动扶梯安全指数；FT 为自动扶梯拥挤度；σ 为自动扶梯风险系数；t_{fa} 为统计期内车站自动扶梯的故障时间；t_{al} 为统计期内车站自动扶梯的总计划服务时间。

8. 给排水系统安全指数

定义：车站内给排水系统的安全程度，用给排水系统故障台数与总台数的比值描述。

指标说明：该指标反映给排水系统的平均工作安全程度。

计算公式见式(3-65)：

$$\mathrm{PE}(s_{ij}) = \left(1 - \frac{n_{\mathrm{fa}}}{n_{\mathrm{al}}}\right) \times 100\% \tag{3-65}$$

式中，$\mathrm{PE}(s_{ij})$ 为统计期内车站给排水系统安全指数；n_{fa} 为统计期内车站给排水系统的故障台数；n_{al} 为统计期内车站给排水系统的总台数。

9. FAS 安全指数

定义：车站内火灾报警系统(fire alarm system，FAS)的安全指数用车站内防烟分区的报警状态值来反映。

指标说明：这里考虑站台和站厅的防烟分区，反映车站站台和站厅有无火灾发生的情况，是车站安全评价的一个重要指标。

计算公式见式(3-66)：

$$\mathrm{FA}(s_{ij}) = \left(1 - \frac{1}{n}\sum_{k=1}^{n} f_{(k)}\right) \times 100\%$$
$$f_{(k)} = \begin{cases} 0, & \text{防烟分区无报警} \\ 1, & \text{防烟分区报警} \end{cases} \tag{3-66}$$

式中，$\mathrm{FA}(s_{ij})$ 为统计期内车站 FAS 安全指数；$f_{(k)}$ 为统计期内车站第 k 个防烟分区报警值；n 为车站的防烟分区总数。

10. 屏蔽门安全指数

定义：统计期内车站内所有屏蔽门实际正常开合次数与计划正常开启次数的比值。

指标说明：该指标反映屏蔽门系统的工作安全程度。该指标值越大，屏蔽门系统越安全。

计算公式见式(3-67)：

$$
\begin{aligned}
&\mathrm{PB}(s_{ij})=\left(1-\frac{1}{n}\sum_{k=1}^{n}p_{(k)}\right)\times 100\% \\
&p_{(k)}=\begin{cases}0, & \text{屏蔽门无报警}\\ 1, & \text{屏蔽门报警}\end{cases}
\end{aligned}
\tag{3-67}
$$

式中，$\mathrm{PB}(s_{ij})$为统计期内车站屏蔽门安全指数；$p_{(k)}$为统计期内车站第k个屏蔽门报警值；n为车站屏蔽门总数。

注意，屏蔽门完成正常的开、关过程记为开关一次。

11. 照明系统安全指数

定义：统计期内车站内照明设备正常工作的数量与总数量的比值。

指标说明：该指标反映照明系统的工作安全程度，该指标值越大，照明系统相对越安全。

计算公式见式(3-68)：

$$
\begin{aligned}
&\mathrm{ZM}(s_{ij})=\left(1-\frac{1}{n}\sum_{k=1}^{n}z_{(k)}\right)\times 100\% \\
&z_{(k)}=\begin{cases}0, & \text{照明设备故障}\\ 1, & \text{照明设备正常}\end{cases}
\end{aligned}
\tag{3-68}
$$

式中，$\mathrm{ZM}(s_{ij})$为统计期内车站照明系统安全指数；$z_{(k)}$为统计期内车站第k个照明设备故障值；n为车站照明设备总数。

12. 车站空调系统安全指数

定义：统计期内车站空调系统设备正常工作的时间与计划服务总时间的比值。

指标说明：车站内密集客流、高速列车和各种设备的使用，会造成环境温度的升高，空调系统可以在一定程度上维持车站温度恒定，从而保证乘客的身体健康并减少火灾事故的发生。

计算公式见式(3-69)：

$$\mathrm{KT}(s_{ij})=\frac{t_{正常}}{t_{计划}}\times 100\% \tag{3-69}$$

式中，$\mathrm{KT}(s_{ij})$为统计期内车站空调系统安全指数；$t_{正常}$为统计期内车站空调系统设备正常工作的时间；$t_{计划}$为统计期内车站空调系统设备计划服务的总时间。

13. 车站温度指数

定义：车站内各处(站台、通道等)实际温度与所设定标准温度之差的绝对值，与各处所允许的最大温度差的比值的综合。

指标说明：温度一方面会影响乘客的舒适度，另一方面会对设备设施的运行状态产生影响。

计算公式见式(3-70)：

$$\mathrm{TW}(s_{ij})=\left(1-\frac{\overline{\left|T_f-T_e\right|}}{\max\Delta T_e}\right)\times 100\% \tag{3-70}$$

式中，$\mathrm{TW}(s_{ij})$为t时刻车站温度指数；T_f为t时刻车站第f号温度传感器实际温度测量值；T_e为t时刻车站温度传感器测量值应达到的标准温度；$\overline{\left|T_f-T_e\right|}$为车站温度传感器实际温度与所设定标准温度之差的绝对值；$\max\Delta T_e$为t时刻车站温度传感器所允许的最大温度差。

14. 车站湿度指数

定义：车站内各处(站台、通道等)实际湿度与所设定标准湿度之差的绝对值，与各处所允许的最大湿度差的比值的综合。

指标说明：湿度一方面会影响乘客的舒适度，另一方面会对设备设施的运行状态产生影响。

计算公式见式(3-71)：

$$\mathrm{TS}(s_{ij})=\left(1-\frac{\overline{\left|W_g-W_e\right|}}{\max\Delta W_e}\right)\times 100\% \tag{3-71}$$

式中，$\mathrm{TS}(s_{ij})$为t时刻车站湿度指数；$\overline{\left|W_g-W_e\right|}$为车站湿度传感器实际湿度与所设定标准湿度之差的绝对值；W_g为t时刻车站第g号湿度传感器实际湿度测量

值；W_e 为 t 时刻车站湿度传感器测量值应达到的标准湿度；$\max\Delta W_e$ 为 t 时刻车站湿度传感器所允许的最大湿度差。

15. 车站 $PM_{2.5}$ 指数

定义：表示每立方米空气中 $PM_{2.5}$(粒径小于等于 2.5μm) 的含量，值越高，表示空气污染越严重，见表 3-4。

表 3-4　车站 $PM_{2.5}$ 指数　(单位：μg/m³)

安全等级	1	2	3
车站 $PM_{2.5}$ 指数	0～100	101～150	150～200
状态	良好	轻度污染	中度污染

指标说明：$PM_{2.5}$ 直接对乘客的健康造成影响，同时在一定程度上对列车的运营设备产生影响。

16. 车站 PM_{10} 指数

定义：表示每立方米空气中 PM_{10}(粒径小于等于 10μm) 的含量，值越高，表示空气污染越严重，见表 3-5。

表 3-5　车站 PM_{10} 指数　(单位：μg/m³)

安全等级	0	1	2	3
车站 PM_{10} 指数	0～100	101～150	150～200	＞200
状态	良好	轻度污染	中度污染	重度污染

指标说明：PM_{10} 直接对乘客的健康造成影响，同时在一定程度上对列车的运营设备产生影响。

17. 车站 CO_2 含量指数

定义：检测时间内 CO_2 的含量，见表 3-6。

指标说明：CO_2 含量过高，导致 O_2 含量降低，温度升高，从而对乘客的健康造成影响，同时在一定程度上对列车的运营设备产生影响。

表 3-6　车站 CO_2 含量指数　(单位：μg/m³)

安全等级	0	1	2	3
车站 CO_2 含量指数	0～1000	1000～2000	2000～5000	＞5000
状态	良好	轻度污染	中度污染	重度污染

18. 车站安全管理指数

定义：统计期内城市轨道交通运营企业安全生产标准化考评指数，反映了地铁人员安全行为和安全意识的风险。

指标说明：该指标反映了对车站安全管理情况的综合评估。该指标值越大，车站安全管理水平越高。

以《交通运输企业安全生产标准化考评管理办法》和《交通运输企业安全生产标准化达标考评指标》为参考依据建立的车站安全管理指数的打分表如表 3-7 所示。

表 3-7 安全管理指数打分表

安全管理指数	[0，2)	[2，4)	[4，6)	[6，8)	[8，10]
考评分数	(900，1000]	(700,900]	(600,700]	(400,600]	[0,400]

注：评为一级达标企业的考评分数不低于 900 分(满分 1000 分，下同)且满足所有必备条件，评为二级达标企业的考评分数不低于 700 分且满足二、三级必备条件，评为三级达标企业的考评分数不低于 600 分且满足三级必备条件。

19. 车站应急疏散时间能力指数

定义：车站发生突发事件时，将乘客和站台候车的乘客及工作人员全部撤离站台的应急疏散标准时间。

指标说明：该指标反映突发情况下车站的应急疏散设施的通过能力。指标的构建参照依据为《地铁设计规范》(GB 50157—2013) 第 28.2.11 条规定。

计算公式见式(3-72)：

$$\overline{T}(s_{ij}) = \frac{C_1 \varepsilon + C_2}{0.9\left(A_1 bN + A_2 B\right)} + 1 \tag{3-72}$$

式中，$\overline{T}(s_{ij})$ 为车站 s_{ij} 的应急疏散时间能力指数；C_1 为车站到站列车的额定载客人数；ε 为到站列车满载率；C_2 为车站站台人数；A_1 为自动扶梯的通过能力；A_2 为人行楼梯的通过能力；N 为自动扶梯正常运行的台数；B、b 分别为人行楼梯的总宽度、1 台自动扶梯的宽度；0.9 表示人行楼梯与自动扶梯的理论通行能力按照九折折减；1 表示人员反应时间。

20. 车站事故次数

定义：统计期内车站发生事故的总次数，包括特别重大事故、重大事故、大事故、险性事故和一般事故。

指标说明：对车站不同类型历史事故次数的统计。

计算公式见式(3-73)：

$$S(s_{ij}) = \sum s_k \tag{3-73}$$

式中，$S(s_{ij})$为统计期内车站发生事故的总次数；s_k为统计期内车站发生第k种事故的次数。

21. 车站人员死亡指数

定义：统计期内，列车操作失误、列车事故或车站本身设施建造等与车站本身相关的一些因素造成的车站内乘客或工作人员死亡的人数与该车站进出站量的比值。

指标说明：指标反映车站人员死亡率。该指标值越大，车站人员死亡率越高。

计算公式见式(3-74)：

$$D(s_{ij}) = \frac{N_{死亡}}{n_{进出站}} \times 100\% \tag{3-74}$$

式中，$D(s_{ij})$为车站人员死亡指数；$N_{死亡}$为车站死亡人数；$n_{进出站}$为车站进出站量。

22. 车站经济损失值

定义：统计期内事故、自然灾害等原因给车站运营带来的经济损失值。

指标说明：指标反映车站经济损失程度。该指标值越大，损失越大。

计算公式见式(3-75)：

$$M_{(t,t+\Delta t)} = \sum m_i \tag{3-75}$$

式中，$M_{(t,t+\Delta t)}$为统计期内车站经济损失值；m_i为单位统计期内车站第i次经济损失值。

二、线路运营安全评价指标

城市轨道线路运营安全评价指标的评价对象是线路，根据指标的评价对象，将指标分为客流指标、设备影响运营指标、线路车站指标、管理指标和事故指标五类，评价指标体系如图 3-12 所示。

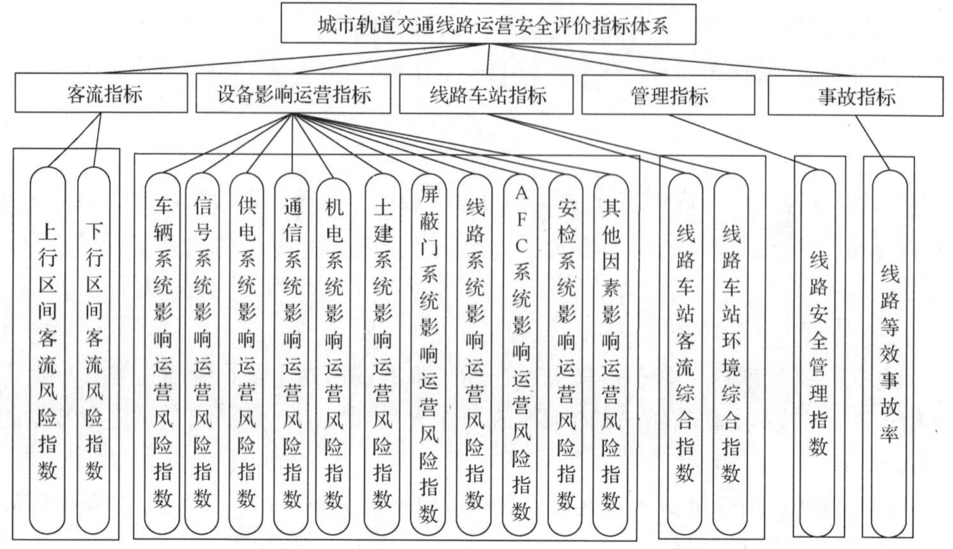

图 3-12　城市轨道交通线路运营安全评价指标

1. 上行区间客流风险指数

定义：反映上行列车里以及乘客上下乘降作业时发生的客流拥挤踩踏的风险，考虑将高峰小时最大断面满载率和满载区间比例、满载时间比例作为风险因素。

指标说明：由于客流量与时间相关，如早晚高峰客流量大，当超过该区间线路的最大输送能力时，运营安全受到影响，需要采取相应的限流措施或者增加运力。

计算公式见式(3-76)：

$$\mathrm{TP}_a(s_i)=\omega_1\frac{p_{\max}}{\overline{p}}+\omega_2\frac{n_a}{N}+\omega_3\frac{n_t}{T} \tag{3-76}$$

式中，$\mathrm{TP}_a(s_i)$为统计期内线路上行区间客流风险指数，其中s_i表示线路i；$p_{\max}$为高峰小时最大断面满载率值；$\overline{p}$为线路断面满载率平均值；n_a为线路中区间满载率值大于70%的区间个数；N为线路区间总个数；n_t为统计期内线路中存在区间满载率大于100%的小时数；T为线路运营总小时数；ω_i (i=1, 2, 3)为权重系数。

特别说明：式(3-76)中$\frac{p_{\max}}{\overline{p}}$是对高峰小时最大断面满载率风险值的反映；$\frac{n_a}{N}$是对满载区间比例风险值的反映；$\frac{n_t}{T}$是对满载时间比例风险值的反映。

基于现有运营数据，将式(3-76)简化为式(3-77)：

$$\begin{aligned}\text{上行区间客流风险指数}=&\omega_1\cdot\text{高峰小时上行最大断面满载率风险值}\\&+\omega_2\cdot\text{上行满载区间比例风险值}\\&+\omega_3\cdot\text{上行满载时间比例风险值}\end{aligned}\tag{3-77}$$

(1) 高峰小时上行最大断面满载率与风险值的对应关系见表3-8。

表3-8　高峰小时上行最大断面满载率的取值区间及相应的风险值

风险值	[0,2)	[2,4)	[4,6)	[6,8)	[8,10)
高峰小时上行最大断面满载率	[0,0.70)	[0.70,1.00)	[1.00,1.10)	[1.10,1.20)	[1.20,1.30)

(2) 上行满载区间比例是指统计期内上行满载区间数(满载率大于等于1的区间个数)与线路区间数的比值，其满载区间比例的取值区间及风险值见表3-9。

表3-9　上行满载区间比例的取值区间及相应的风险值

风险值	[0,2)	[2,4)	[4,6)	[6,8)	[8,10)
上行满载区间比例	[0,0.13)	[0.13,0.27)	[0.27,0.40)	[0.40,0.53)	[0.53,0.67)

(3) 上行满载时间比例是指一天内线路区间上出现满载率大于1的小时数与运营总小时数的比值，上行满载时间比例的取值区间及风险值见表3-10。

表3-10　上行满载时间比例的取值区间及相应的风险值

风险值	[0,2)	[2,4)	[4,6)	[6,8)	[8,10)
上行满载时间比例	[0,0.071)	[0.071,0.143)	[0.143,0.214)	[0.214,0.286)	[0.286,0.357)

(4) 权重系数是基于层次分析法和熵权法的主客观组合赋权法计算得到的。

2. 下行区间客流风险指数

定义：反映下行列车里以及乘客上下乘降作业时发生的客流拥挤踩踏的风险，考虑将高峰小时最大断面满载率和满载区间比例、满载时间比例作为风险因素。

指标说明：由于客流量与时间相关，如早晚高峰客流量大，当超过该区间线路的最大输送能力时，运营安全受到影响，需要采取相应的限流措施或者增加运力。

具体计算及相关内容与“上行区间客流风险指数”相同，只是区分上、下行。

3. 车辆系统影响运营风险指数

定义：车辆系统影响运营风险指数是以车辆故障率、平均故障修复时间、故障影响程度为自变量建立的综合评价函数，用来表征车辆的安全状态。

指标说明：车辆作为运输乘客的载体，在城市轨道交通运营中具有重要作用。

对于设备故障的响应及时程度和维修速率可通过平均故障修复时间来衡量。

根据车辆故障记事信息可知，车辆的故障多有发生，这里主要考虑车门、制动系统、回路、空压机、牵引无流。其中牵引无流故障主要包括过载、卡位、无流、不进级、接地、全列无牵引、牵引制动不转换等。

指标计算见式(3-78)：

$$\zeta(s_i) = F_{\text{train}} + \phi_{\text{train}} + \frac{1}{T_{\text{MTTR(train)}}}$$

$$T_{\text{MTTR(train)}} = \frac{\sum t_k}{n_{\text{train}}}$$

$$\phi_{\text{train}} = \frac{D - (d_{\text{延误}} + d_{\text{掉线}} + d_{\text{清人}} + d_{\text{停运}})}{D} \tag{3-78}$$

式中，$\zeta(s_i)$ 为统计期内线路 i 的车辆系统影响运营风险指数；F_{train} 为统计期内线路 i 的车辆系统故障率；$T_{\text{MTTR(train)}}$ 为统计期内车辆系统平均故障修复时间；t_k 为统计期内第 k 次故障修复时间(设备故障记事信息统计的故障起止时间之差)；n_{train} 为统计期内车辆故障导致的影响行车故障次数；ϕ_{train} 为统计期内未受车辆故障影响运营里程比例，这里指受车辆故障影响的运营里程可靠度；$d_{\text{延误}}$、$d_{\text{掉线}}$、$d_{\text{清人}}$、$d_{\text{停运}}$ 分别为统计期内受延误(发晚、到晚)、掉线、清人、停运事件影响所耽误的列车正线运营里程；D 为统计期内列车正线计划运营里程。

特别说明：式(3-78)中，ϕ_{train} 的含义是车辆故障影响的运营里程，这里简化为实际运营数据中的设备故障影响范围风险值；$T_{\text{MTTR(train)}}$ 的含义是故障修复时间，简化为设备故障时间风险值。

基于现有运营数据，式(3-78)简化为式(3-79)：

$$\begin{aligned}\text{车辆系统影响运营风险指数} = {} & \omega_1 \cdot \text{设备故障率风险值} + \omega_2 \cdot \text{设备故障} \\ & \text{时间风险值} + \omega_3 \cdot \text{设备故障影响范围风险值}\end{aligned} \tag{3-79}$$

(1) 设备故障率=$\dfrac{\text{线路中该设备发生故障的次数}}{\text{线路列车运营里程}}$，见表 3-11，其中列车运营里程单位为万车公里。

表 3-11　车辆系统设备故障率风险值取值表

风险值	[0,2)	[2,4)	[4,6)	[6,8)	[8,10]
车辆系统设备故障率/(次/万车公里)	[0，0.04)	[0.04，0.06)	[0.06，0.12)	[0.12，0.18)	[0.18，+∞)

设备故障率风险值与车辆系统设备故障率的函数可用式(3-80)表示：

$$y=\begin{cases}50x, & x<0.04\\ 100x-2, & 0.04\leqslant x<0.06\\ \dfrac{100}{3}x+2, & 0.06\leqslant x<0.24\\ 10, & x\geqslant 0.24\end{cases} \tag{3-80}$$

式中，y为设备故障率风险值；x为车辆系统设备故障率。式(3-80)表示车辆系统设备故障率不同取值与风险值的对应关系。

(2)设备故障时间为故障起止时间之差，其风险值见表3-12。

表3-12　设备故障时间风险值取值表

风险值	[0,2)	[2,4)	[4,6)	[6,8)	[8,10]
早(晚)高峰设备故障时间/min	[0，2)	[2，5)	[5，16)	[16，60)	[60，+∞)
平峰设备故障时间/min	[0，5)	[5，16)	[16，60)	[60，90)	[90，+∞)

注：早高峰为7:00～9:00，晚高峰为17:00～19:00，其他运营时间为平峰时段。

设备故障时间风险值与设备故障时间的函数可用式(3-81)表示：

$$y=\begin{cases}x, & x<2\\ \dfrac{2}{3}x+\dfrac{2}{3}, & 2\leqslant x<5\\ \dfrac{2}{11}x+\dfrac{34}{11}, & 5\leqslant x<16\\ \dfrac{1}{22}x+\dfrac{58}{11}, & 16\leqslant x<104\\ 10, & x\geqslant 104\end{cases}\quad \text{或}\ y=\begin{cases}x, & x<5\\ \dfrac{2}{11}x+\dfrac{34}{11}, & 5\leqslant x<16\\ \dfrac{1}{22}x+\dfrac{58}{11}, & 16\leqslant x<60\\ \dfrac{1}{15}x+2, & 60\leqslant x<120\\ 10, & x\geqslant 120\end{cases} \tag{3-81}$$

式中，y为设备故障时间风险值；x为设备故障时间。当故障时间处于早(晚)高峰时，代入左边的公式；当故障时间处于平峰时段时代入右边的公式，式(3-81)表示设备故障时间不同取值与风险值的对应关系；当故障的时间既有高峰时段，又有平峰时段时，最后故障时间风险值为各时间段风险值之和。

(3)设备故障影响范围风险值=影响范围风险值之和，见表3-13。

表 3-13 设备故障影响范围风险值

风险值	[0,0.1)	[0.1,0.3)	[0.3,0.5)	[0.5,2.0)	[2.0,2.5)
停运列数	[0，1)	[1，3)	[3，5)	[5，10)	[10，+∞)
2min 以上晚点列数	[0，1)	[1，3)	[3，5)	[5，10)	[10，+∞)
中途折返影响区间个数	[0，1)	[1，3)	[3，5)	[5，10)	[10，+∞)
影响的线数	[0，1)	[1，3)	[3，5)	[5，10)	[10，+∞)

式(3-82)表示设备故障影响范围不同取值与风险值的对应关系：

$$y=\begin{cases}0.2x, & x<10\\ \dfrac{1}{60}x+\dfrac{11}{6}, & 10\leqslant x<40\\ 2.5, & x\geqslant 40\end{cases} \tag{3-82}$$

式中，y 为设备故障影响范围风险值；x 为设备故障影响范围。

(4)权重系数是基于层次分析法和熵权法的主客观组合赋权法计算得到的。

4. 信号系统影响运营风险指数

定义：信号系统影响运营风险指数是指以信号系统故障率、平均故障修复时间、故障影响程度为自变量建立的综合评价函数，用来表征信号系统故障对列车安全运行造成的风险。

指标说明：信号系统是确保城市轨道交通列车运行安全及提高运营效率的关键设备，其运行状态直接影响运营安全。联锁设备能监视和记录自身的工作状态及轨旁设备的状态，主要内容包括进路状态、轨道的占用或空闲、信号机显示状态检测及损坏报警、道岔位置及转辙机动作状态等。

指标计算见式(3-83)：

$$\begin{gathered}\psi(s_i)=F_{\text{sig}}+\phi_{\text{sig}}+\frac{1}{T_{\text{MTTR(sig)}}}\\ \phi_{\text{sig}}=\frac{D-(d_{\text{延误}}+d_{\text{掉线}}+d_{\text{清人}}+d_{\text{停运}})}{D}\\ T_{\text{MTTR(sig)}}=\frac{\sum t_k}{n_{\text{sig}}}\end{gathered} \tag{3-83}$$

式中，$\psi(s_i)$ 为统计期内线路 i 的信号系统影响运营风险指数；F_{sig} 为统计期内线路 i 信号系统故障率；$T_{\text{MTTR(sig)}}$ 为统计期内信号系统平均故障修复时间；t_k 为第 k 次故障修复时间；n_{sig} 为信号故障导致的行车故障次数；ϕ_{sig} 为统计期内未受信号故障影响的运营里程比例，这里指受信号故障影响的运营里程可靠度；$d_{延误}$、$d_{掉线}$、$d_{清人}$、$d_{停运}$分别为统计期内受延误(发晚、到晚)、掉线、清人、停运事件影响所耽误的列车正线运营里程；D为统计期内列车正线计划运营里程。

特别说明：式(3-83)中，ϕ_{sig}的含义是信号故障影响的运营里程，这里简化为实际运营数据中的设备故障影响范围风险值；$T_{MTTR(sig)}$是故障修复时间，是对故障起止时间的反映，简化为设备故障时间风险值。

基于现有运营数据，式(3-83)简化为式(3-84)：

$$\begin{aligned}\text{信号系统影响运营风险指数}&=\omega_1\cdot\text{设备故障率风险值}+\omega_2\cdot\text{设备故障}\\&\quad\text{时间风险值}+\omega_3\cdot\text{设备故障影响范围风险值}\end{aligned}\tag{3-84}$$

(1) 设备故障率$=\dfrac{\text{线路中该设备发生故障的次数}}{\text{线路列车运营里程}}$，其风险值见表3-14，其中列车运营里程单位为万车公里。

表3-14　信号系统设备故障率风险值取值表

风险值	[0,2)	[2,4)	[4,6)	[6,8)	[8,10]
信号系统设备故障率/(次/万车公里)	[0,0.04)	[0.04,0.06)	[0.06,0.12)	[0.12,0.18)	[0.18,+∞)

设备故障率风险值与信号系统设备故障率的函数关系如下：

$$y=\begin{cases}50x, & x<0.04\\100x-2, & 0.04\leqslant x<0.06\\\dfrac{100}{3}x+2, & 0.06\leqslant x<0.24\\10, & x\geqslant 0.24\end{cases}\tag{3-85}$$

式中，y为设备故障率风险值；x为信号系统设备故障率。式(3-85)表示设备故障率不同取值与风险值的对应关系。

(2) 设备故障时间=故障起止时间之差，其与风险值的关系见表3-12。

(3) 设备故障影响范围风险值=影响范围风险值之和，设备故障影响范围与风险值的关系见表3-13。

(4) 权重系数是基于层次分析法和熵权法的主客观组合赋权法计算得到的。

5. 供电系统影响运营风险指数

定义：供电系统影响运营风险指数用来表征供电系统故障对列车安全运行造成的风险。

指标说明：供电系统是列车运营的关键设备，也是影响安全的一个重要环节。供电方式分为单边供电、双边供电和越区供电。如果供电臂只能从一端的变电所取得电流，那么其安全程度低于从两端相邻的变电所取得电流的供电方式。而当某一牵引变电所因为故障不能正常供电时，故障变电所所担负的供电臂经开关设备与相邻的供电臂接通，由相邻牵引变电所进行临时供电，此时是非正常供电方式，其安全状态程度低于双边供电。

指标计算见式(3-88)：

$$\phi(s_i)=\omega_1\sum_{j=1}^{n}\frac{w(s_{ij},s_{i,j+1})t_{故障}}{t_{总}}+\omega_2\varphi_g$$

$$\varphi_g=\frac{d_{耽误}}{D} \tag{3-86}$$

式中，$\phi(s_i)$为统计期内线路 i 的供电系统影响运营风险指数；$w(s_{ij},s_{i,j+1})$为统计期内区间强度；$t_{故障}$ 为统计期内线路区间供电故障的时间；$t_{总}$为统计期内供电系统总运行时间；φ_g 为统计期内供电系统故障影响的运营里程，这里指受供电系统故障影响的运营里程可靠度；$d_{耽误}$ 为统计期内受延误(发晚、到晚)、掉线、清人、停运事件影响所耽误的列车正线运营里程；D 为统计期内列车正线计划运营里程；ω_1、ω_2 分别为故障时间与故障影响运营里程的权重系数。

特别说明：式(3-86)中，φ_g 的含义在这里简化为实际运营数据中的设备故障影响范围风险值。

基于现有运营数据，式(3-86)简化为式(3-87)：

$$\text{供电系统影响运营风险指数}=\omega_1\cdot\text{设备故障率风险值}+\omega_2\cdot\text{设备故障时间风险值}+\omega_3\cdot\text{设备故障影响范围风险值} \tag{3-87}$$

(1) 设备故障率=$\dfrac{\text{线路中该设备发生故障的次数}}{\text{线路列车运营里程}}$，其风险值见表 3-15，其中列车运营里程单位为万车公里。

表 3-15　供电系统设备故障率风险值取值表

风险值	[0,2)	[2,4)	[4,6)	[6,8)	[8,10]
供电系统设备故障率/(次/万车公里)	[0,0.04)	[0.04,0.06)	[0.06,0.12)	[0.12,0.18)	[0.18,+∞)

设备故障率风险值与供电系统设备故障率的函数关系如下：

$$y=\begin{cases}50x, & x<0.04\\ 100x-2, & 0.04\leqslant x<0.06\\ \dfrac{100}{3}x+2, & 0.06\leqslant x<0.24\\ 10, & x\geqslant 0.24\end{cases} \tag{3-88}$$

式中，y 为设备故障率风险值；x 为供电系统设备故障率，式(3-88)表示其不同取值与风险值的对应关系。

(2) 设备故障时间=故障起止时间之差，其与风险值的关系见表 3-12。

(3) 设备故障影响范围风险值=影响范围风险值之和，设备故障影响范围与风险值的关系见表 3-13。

(4) 权重系数是基于层次分析法和熵权法的主客观组合赋权法计算得到的。

6. 通信系统影响运营风险指数

定义：通信系统影响运营风险指数是指以通信系统故障率、平均故障修复时间、故障影响程度为自变量建立的综合评价函数，用来表征通信系统故障对列车安全运行造成的风险。

指标说明：通信系统是列车运营的关键设备，也是影响安全的一个重要环节。通信系统包括传输系统、专用电话系统、闭路监视系统、广播系统、无线系统。

计算公式见式(3-89)：

$$\begin{aligned}&\vartheta(s_i)=F_{\text{com}}+\phi_{\text{com}}+\frac{1}{T_{\text{MTTR(com)}}}\\&\phi_{\text{com}}=\frac{D-(d_{\text{延误}}+d_{\text{掉线}}+d_{\text{清人}}+d_{\text{停运}})}{D}\\&T_{\text{MTTR(com)}}=\frac{\sum t_k}{n_{\text{com}}}\end{aligned} \tag{3-89}$$

式中，$\vartheta(s_i)$ 为统计期内线路 i 的通信系统影响运营风险指数；F_{com} 为统计期内线路 i 的通信系统故障率；$T_{\text{MTTR(com)}}$ 为统计期内通信系统平均故障修复时间；t_k 为第 k 次故障修复时间；n_{com} 为通信故障导致的行车故障次数；ϕ_{com} 为统计期内未受通信系统故障影响的运营里程比例，这里指受通信故障影响的运营里程可靠度；$d_{\text{延误}}$、$d_{\text{掉线}}$、$d_{\text{清人}}$、$d_{\text{停运}}$ 分别为统计期内受延误(发晚、到晚)、掉线、清人、停运事件影响所耽误的列车正线运营里程；D 为统计期内列车正线计划运营里程。

特别说明：式(3-89)中，ϕ_{com} 的含义是通信故障影响的运营里程，这里简化为实际运营数据中的设备故障影响范围风险值；$T_{\mathrm{MTTR(com)}}$ 的含义是故障修复时间，是对故障起止时间的反映，所以简化为设备故障时间风险值。

基于现有运营数据，式(3-89)简化为式(3-90)：

$$\text{通信系统影响运营风险指数}=\omega_1\cdot\text{设备故障率风险值}+\omega_2\cdot\text{设备故障时间风险值}+\omega_3\cdot\text{设备故障影响范围风险值} \tag{3-90}$$

(1) 设备故障率=$\dfrac{\text{线路中该设备发生故障的次数}}{\text{线路列车运营里程}}$，其风险值见表 3-16，其中列车运营里程单位为万车公里。

表 3-16　通信系统设备故障率风险值取值表

风险值	[0,2)	[2,4)	[4,6)	[6,8)	[8,10]
通信系统设备故障率/(次/万车公里)	[0，0.04)	[0.04，0.06)	[0.06，0.12)	[0.12，0.18)	[0.18，+∞)

设备故障率风险值与通信系统设备故障率的函数关系如下：

$$y=\begin{cases}50x, & x<0.04\\ 100x-2, & 0.04\leqslant x<0.06\\ \dfrac{100}{3}x+2, & 0.06\leqslant x<0.24\\ 10, & x\geqslant 0.24\end{cases} \tag{3-91}$$

式中，y 为设备故障率风险值；x 为通信系统设备故障率，式(3-91)表示其不同取值与风险值的对应关系。

(2)设备故障时间=故障起止时间之差，其与风险值的关系见表 3-12。

(3)设备故障影响范围风险值=影响范围风险值之和，设备故障影响范围与风险值的关系见表 3-13。

(4)权重系数是基于层次分析法和熵权法的主客观组合赋权法计算得到的。

7. 机电系统影响运营风险指数

定义：机电系统影响运营风险指数是指以机电系统故障率、平均故障修复时间、故障影响程度为自变量建立的综合评价函数，用来表征机电系统故障对列车安全运行造成的风险。

指标说明：机电系统是列车运营的关键设备，也是影响安全的一个重要环节，这里考虑区间隧道通风系统等。

计算公式见式(3-92)：

$$\xi(s_i)=F_{\text{jd}}+\psi_{\text{jd}}+\frac{1}{T_{\text{MTTR(jd)}}}$$

$$T_{\text{MTTR(jd)}}=\frac{\sum t_k}{n_{\text{jd}}}$$

$$\psi_{\text{jd}}=\frac{D-(d_{\text{延误}}+d_{\text{掉线}}+d_{\text{清人}}+d_{\text{停运}})}{D} \tag{3-92}$$

式中，$\xi(s_i)$为统计期内线路i的机电系统影响运营风险指数；F_{jd}为统计期内线路i的机电系统故障率；$T_{\text{MTTR(jd)}}$为统计期内机电系统平均故障修复时间；t_k为第k次故障修复时间；n_{jd}为机电故障导致的行车故障次数；ψ_{jd}为统计期内未受机电故障影响的运营里程比例，这里指受机电故障影响的运营里程可靠度；$d_{\text{延误}}$、$d_{\text{掉线}}$、$d_{\text{清人}}$、$d_{\text{停运}}$分别为统计期内，受延误(发晚、到晚)、掉线、清人、停运事件影响所耽误的列车正线运营里程；D为统计期内，列车正线计划运营里程。

特别说明：式(3-92)中，ψ_{jd}的含义是机电故障影响的运营里程，简化为实际运营数据中的设备故障影响范围风险值；$T_{\text{MTTR(jd)}}$的含义是故障修复时间，简化为设备故障时间风险值。

基于现有的运营数据，式(3-92)简化为式(3-93)：

$$\text{机电系统影响运营风险指数}=\omega_1\cdot\text{设备故障率风险值}+\omega_2\cdot\text{设备故障时间风险值}+\omega_3\cdot\text{设备故障影响范围风险值} \tag{3-93}$$

(1) 设备故障率=$\dfrac{\text{线路中该设备发生故障的次数}}{\text{线路列车运营里程}}$，其风险值见表 3-17，其中列车运营里程单位为万车公里。

表 3-17　机电系统设备故障率风险值取值表

风险值	[0,2)	[2,4)	[4,6)	[6,8)	[8,10]
机电系统设备故障率/(次/万车公里)	[0,0.04)	[0.04,0.06)	[0.06,0.12)	[0.12,0.18)	[0.18,+∞)

设备故障率风险值与机电系统设备故障率的函数关系如下：

$$y=\begin{cases}50x, & x<0.04\\ 100x-2, & 0.04\leqslant x<0.06\\ \dfrac{100}{3}x+2, & 0.06\leqslant x<0.24\\ 10, & x\geqslant 0.24\end{cases} \tag{3-94}$$

式中，y 为设备故障率风险值；x 为机电系统设备故障率。式(3-94)表示机电系统设备故障率不同取值与风险值的对应关系。

(2)设备故障时间=故障起止时间之差，其与风险值的关系见表 3-12。

(3)设备故障影响范围风险值=影响范围风险值之和，设备故障影响范围与风险值的关系见表 3-13。

(4)权重系数是基于层次分析法和熵权法的主客观组合赋权法计算得到的。

8. 土建系统影响运营风险指数

定义：土建系统影响运营风险指数是指以土建系统故障率、平均故障修复时间、故障影响程度为自变量建立的综合评价函数，用来表征土建系统故障对列车安全运行产生的风险。

指标说明：土建系统主要考虑地下、高架结构与车站建筑设计及车辆基地和运营中心的设计，车站建筑设计主要考虑站台、通道与楼梯、车站出入口等。

指标计算见式(3-95)：

$$\psi(s_i)=F_{\text{tj}}+\varphi_{\text{tj}}+\frac{1}{T_{\text{MTTR(tj)}}}$$

$$T_{\text{MTTR(tj)}}=\frac{\sum t_k}{n_{\text{tj}}}$$

$$\varphi_{\text{tj}}=\frac{D-(d_{\text{延误}}+d_{\text{掉线}}+d_{\text{清人}}+d_{\text{停运}})}{D} \tag{3-95}$$

式中，$\psi(s_i)$为统计期内线路 i 的土建系统影响运营风险指数；F_{tj} 为统计期内线路 i 的土建系统故障率；$T_{\text{MTTR(tj)}}$ 为统计期内土建系统平均故障修复时间；t_k 为第 k 次故障修复时间；n_{tj} 为土建故障导致的行车故障次数；φ_{tj} 为统计期内未受土建故障影响的运营里程比例，这里指受土建故障影响的运营里程可靠度；$d_{\text{延误}}$ 、$d_{\text{掉线}}$ 、$d_{\text{清人}}$ 、$d_{\text{停运}}$ 分别为统计期内，受延误(发晚、到晚)、掉线、清人、停运事件影响所耽误的列车正线运营里程；D 为统计期内列车正线计划运营里程。

特别说明：式(3-95)中，φ_{tj} 的含义是土建故障影响的运营里程，这里简化为实际运营数据中的设备故障影响范围风险值；$T_{\text{MTTR(tj)}}$ 的含义是故障修复时间，简化为设备故障时间风险值。

基于现有运营数据，式(3-95)简化为式(3-96)：

$$\begin{aligned}\text{土建系统影响运营风险指数}=&\omega_1\cdot\text{设备故障率风险值}+\omega_2\cdot\text{设备故障}\\&\text{时间风险值}+\omega_3\cdot\text{设备故障影响范围风险值}\end{aligned} \tag{3-96}$$

(1) 设备故障率=$\frac{\text{线路中该设备发生故障的次数}}{\text{线路列车运营里程}}$，其风险值见表 3-18，其中列车运营里程单位为万车公里。

表 3-18　土建系统设备故障率风险值取值表

风险值	[0,2)	[2,4)	[4,6)	[6,8)	[8,10]
土建系统设备故障率/(次/万车公里)	[0,0.04)	[0.04,0.06)	[0.06,0.12)	[0.12,0.18)	[0.18,+∞)

设备故障率风险值与土建系统设备故障率函数关系如下：

$$y=\begin{cases}50x, & x<0.04\\ 100x-2, & 0.04\leqslant x<0.06\\ \dfrac{100}{3}x+2, & 0.06\leqslant x<0.24\\ 10, & x\geqslant 0.24\end{cases}\tag{3-97}$$

式中，y 为设备故障率风险值；x 为土建系统设备故障率。式(3-97)表示土建系统设备故障率不同取值与风险值的对应关系。

(2) 设备故障时间=故障起止时间之差，其与风险值的关系见表 3-12。

(3) 设备故障影响范围风险值=影响范围风险值之和，设备故障影响范围与风险值的关系见表 3-13。

(4) 权重系数是基于层次分析法和熵权法的主客观组合赋权法计算得到的。

9. 屏蔽门系统影响运营风险指数

定义：车站内屏蔽门系统实际正常开启次数与计划正常开启次数的比值。

指标说明：屏蔽门的故障状态的判定从其能否打开、能否关闭，以及屏蔽门的故障会影响几列车的运营来考虑。该指标反映了屏蔽门系统的正常使用情况，是车站安全评价的一个重要指标。

计算公式见式(3-98)：

$$P(s_i)=\frac{1}{m}\sum_{j=1}^{m}p(s_{ij})$$

$$p(s_{ij})=\sum_{q=1}^{k}\alpha_q p_q$$

$$p_q=\frac{n_{\text{故障}}}{n_{\text{总}}}\times 100\%\tag{3-98}$$

式中，$P(s_i)$ 为统计期内线路屏蔽门系统影响运营风险指数；p_q 为统计期内车站屏蔽门系统第 q 个安全门的风险指数；$p(s_{ij})$ 为统计期内车站 s_{ij} 的屏蔽门系统风险指数；$n_{总}$ 为统计期内车站 s_{ij} 第 q 个安全门的计划正常开启次数；$n_{故障}$ 为统计期内车站 s_{ij} 第 q 个安全门故障次数；k 为车站 s_{ij} 的安全门总数；α_q 为车站 s_{ij} 第 q 个安全门的基于故障率的权重系数；m 为统计期内该线路中车站总数。

基于可获得的实际数据，式(3-98)简化为式(3-99)：

$$\text{屏蔽门系统影响运营风险指数}=\omega_1\cdot\text{设备故障率风险值}+\omega_2\cdot\text{设备故障时间风险值}+\omega_3\cdot\text{设备故障影响范围风险值} \tag{3-99}$$

(1)屏蔽门系统设备故障率风险值取值表见表 3-19。

表 3-19　屏蔽门系统设备故障率风险值取值表

风险值	[0,2)	[2,4)	[4,6)	[6,8)	[8,10]
屏蔽门系统设备故障率/(次/万车公里)	[0,0.04)	[0.04,0.06)	[0.06,0.12)	[0.12,0.18)	[0.18,+∞)

设备故障率风险值与屏蔽门系统故障率的函数可用式(3-100)表示：

$$y=\begin{cases}50x, & x<0.04\\ 100x-2, & 0.04\leqslant x<0.06\\ \dfrac{100}{3}x+2, & 0.06\leqslant x<0.24\\ 10, & x\geqslant 0.24\end{cases} \tag{3-100}$$

式中，y 为设备故障率风险值；x 为屏蔽门系统设备故障率。式(3-100)表示屏蔽门系统设备故障率不同取值与风险值的对应关系。

(2)设备故障时间=故障起止时间之差，其与风险值的关系见表 3-12。

(3)设备故障影响范围风险值=影响范围风险值之和，设备故障影响范围与风险值的关系见表 3-13。

(4)权重系数是基于层次分析法和熵权法的主客观组合赋权法计算得到的。

10. 线路系统影响运营风险指数

定义：线路系统影响运营风险指数是指以线路系统故障率、平均故障修复时间、故障影响程度为自变量建立的综合评价函数，用来表征线路系统故障对列车安全运行产生的风险。这里主要考虑轨道。

指标说明：线路系统主要考虑线路及其附属系统。钢轨伤损是线路系统中一个比较突出的问题，它与行车安全、钢材选用和设计制造都有着密切的关系。这里考虑轨道的伤损程度状况。钢轨伤损根据伤损程度可分为良好、轻伤、轻伤在发展、断轨。

计算公式见式(3-101)：

$$\sigma(s_i)=\frac{1}{n}\sum_{v=1}^{n}\sigma_{(v)}(s_i)+\varpi\sum_{v=1}^{n}\frac{k_v}{K_v}$$
$$\sigma_{(v)}(s_i)=\begin{cases}1, & \text{良好}\\ a, & \text{轻伤}\\ b, & \text{轻伤在发展}\\ d, & \text{断轨}\end{cases} \tag{3-101}$$

式中，$\sigma(s_i)$ 为统计期内线路 i 的线路系统影响运营风险指数；$\sigma_{(v)}(s_i)$ 为统计期内线路 i 第 v 个区段轨道指数；n 为区段个数；k_v 为该线路第 v 个区段中伤损钢轨的数量；K_v 为该线路第 v 个区段中钢轨的总数量；ϖ 为故障设备区段分布折算因子，是出现轨道伤损的区段个数与该线路区段总个数的比值；a、b、d 为对运营的影响程度等级，该值介于 0～1，由多名专家给定经验值。

特别说明：式(3-101)中，$\sigma_{(v)}(s_i)$ 的含义是线路轨道故障的风险指数，是对轨道故障影响列车运营的反映，所以这里简化为实际运营数据中的设备故障影响范围风险值和设备故障时间风险值，k_v 的含义是轨道故障个数，是对故障率的反映，所以简化为设备故障率风险值。

基于现有运营数据，式(3-101)简化为式(3-102)：

$$\text{线路系统影响运营风险指数}=\omega_1\cdot\text{设备故障率风险值}+\omega_2\cdot\text{设备故障时间风险值}+\omega_3\cdot\text{设备故障影响范围风险值} \tag{3-102}$$

(1)线路系统设备故障率风险值取值表见表 3-20。

表 3-20 线路系统设备故障率风险值取值表

风险值	[0,2)	[2,4)	[4,6)	[6,8)	[8,10]
线路系统设备故障率/(次/万车公里)	[0,0.04)	[0.04,0.06)	[0.06,0.12)	[0.12,0.18)	[0.18,+∞)

线路系统设备故障率风险值与线路系统设备故障率的函数用式(3-103)表示：

$$y=\begin{cases}50x, & x<0.04\\ 100x-2, & 0.04\leqslant x<0.06\\ \dfrac{100}{3}x+2, & 0.06\leqslant x<0.24\\ 10, & x\geqslant 0.24\end{cases} \tag{3-103}$$

式中，y 为线路系统设备故障率风险值；x 为线路系统设备故障率。式(3-103)表示线路系统设备故障率不同取值与风险值的对应关系。

(2)设备故障时间=故障起止时间之差，其与风险值的关系见表 3-12。

(3)设备故障影响范围风险值=影响范围风险值之和，设备故障影响范围与风险值的关系见表 3-13。

(4)权重系数是基于层次分析法和熵权法的主客观组合赋权法计算得到的。

11. AFC 系统影响运营风险指数

定义：AFC 系统影响运营风险指数是指以 AFC 系统故障率、平均故障修复时间、故障影响程度为自变量建立的综合评价函数，用来表征 AFC 系统故障对列车安全运行产生的风险。

指标说明：AFC 系统是保障乘客顺利进站的重要环节，是评价城市轨道交通车站安全的重要指标，指标值越大，对运营风险影响越大。

指标计算见式(3-104)：

$$A(s_i)=\omega_1\frac{t_{故障}}{t_{总}}+\omega_2\frac{d_{耽误}}{D}+\omega_3\frac{n_{次数}}{N_{里程}} \tag{3-104}$$

式中，$A(s_i)$ 为统计期内线路 i 的 AFC 系统影响运营风险指数；$t_{故障}$ 为 AFC 系统故障的时间；$t_{总}$ 为 AFC 系统总运行时间；$d_{耽误}$ 为统计期内受延误(发晚、到晚)、掉线、清人、停运事件影响所耽误的列车正线运营里程；D 为统计期内列车正线计划运营里程；$n_{次数}$ 为统计期内线路 i 中 AFC 系统设备发生故障的次数；$N_{里程}$ 为统计期线路 i 列车运营里程；ω_1、ω_2、ω_3 为权重系数。

12. 安检系统影响运营风险指数

定义：安检系统影响运营风险指数是指以安检系统故障率、平均故障修复时间、故障影响程度为自变量建立的综合评价函数，用来表征安检系统故障对列车安全运行产生的风险。

指标说明：安检系统是保障乘客顺利进站的重要环节，是评价城市轨道交通车站安全的重要指标，指标值越大，对运营风险影响越大。

指标计算见式(3-105)：

$$J(s_i)=\omega_1\frac{t_{故障}}{t_{总}}+\omega_2\frac{d_{耽误}}{D}+\omega_3\frac{n_{次数}}{N_{里程}} \tag{3-105}$$

式中，$J(s_i)$为统计期内线路i的安检系统影响运营风险指数；$t_{故障}$为统计期内线路 i 安检系统故障的时间；$t_{总}$为统计期内安检系统总运行时间；$d_{耽误}$为统计期内受延误(发晚、到晚)、掉线、清人、停运事件影响所耽误的列车正线运营里程；D为统计期内列车正线计划运营里程；$n_{次数}$为统计期内线路i中安检系统设备发生故障的次数；$N_{里程}$为统计期内线路i列车运营里程；ω_1、ω_2、ω_3为权重系数。

13. 其他因素影响运营风险指数

定义：其他因素影响运营风险指数是指以其他因素故障率、平均故障修复时间、故障影响程度为自变量建立的综合评价函数，用来表征其他因素故障对列车安全运行产生的风险。

指标说明：其他因素主要考虑地铁中除以上因素以外的影响运营的因素，如外界环境等。

指标计算见式(3-106)：

$$Q(s_l)=\omega_1\frac{t_{故障}}{t_{总}}+\omega_2\frac{d_{耽误}}{D}+\omega_3\frac{n_{次数}}{N_{里程}} \tag{3-106}$$

其中，$Q(s_i)$为统计期内线路i的其他因素影响运营风险指数；$t_{故障}$为统计期内线路 i 其他因素故障的时间；$t_{总}$为统计期内其他因素总运行时间；$d_{耽误}$为统计期内，受延误(发晚、到晚)、掉线、清人、停运事件影响所耽误的列车正线运营里程；D为统计期内列车正线计划运营里程；$n_{次数}$为统计期内线路i中其他设备发生故障的次数；$N_{里程}$为统计期内线路列车运营里程；ω_1、ω_2、ω_3为权重系数。

14. 线路车站客流综合指数

定义：线路中各车站客流综合指数的加权平均值。

指标说明：车站层客流指标包括进(出)站闸机负荷度、站台客流密度、楼梯拥挤度、通道拥挤度和自动扶梯拥挤度。

计算公式见式(3-107)：

$$\mathrm{XK}_{(t,t+\Delta t)}(s_i)=\sum_{i=1}^{m}k(s_{ij})\mathrm{XK}_{(t,t+\Delta t)}(s_{ij}) \tag{3-107}$$

式中，$\mathrm{XK}_{(t,t+\Delta t)}(s_i)$为线路$i$中各车站客流综合指数；$k(s_{ij})$为车站点强度，即车站$s_{ij}$承载客流量与线路总客流量的比值；$\mathrm{XK}_{(t,t+\Delta t)}(s_{ij})$为车站$s_{ij}$的客流综合指数。

指标间的融合方法采用基于层次分析法的线性加权法。

15. 线路车站环境综合指数

定义：线路中各车站环境综合指数的加权平均值。

指标说明：车站环境指标包括车站温度、湿度指数，车站 $PM_{2.5}$ 指数，车站 PM_{10} 指数和车站 CO_2 含量指数。

计算公式见式(3-108)：

$$\mathrm{XH}_{(t,t+\Delta t)}(s_i)=\sum_{j=1}^{m}k(s_{ij})\mathrm{XH}_{(t,t+\Delta t)}(s_{ij}) \tag{3-108}$$

式中，$\mathrm{XH}_{(t,t+\Delta t)}(s_i)$为线路$i$车站环境综合指数；$k(s_{ij})$为车站点强度，即车站$s_{ij}$承载客流量与线路总客流量的比值；$\mathrm{XH}_{(t,t+\Delta t)}(s_{ij})$为车站$s_{ij}$的环境综合指数；$m$为车站个数。

指标间的融合方法采用基于层次分析法的线性加权法。

16. 线路安全管理指数

定义：统计期内，城市轨道交通运营企业安全生产标准化考评指数，反映了地铁人员安全行为和安全意识的风险。

指标说明：线路安全管理指数是评价城市轨道交通线路运营安全状态和管理效果的重要指标，指标评分越高，说明安全水平越高。

17. 线路等效事故率

定义：线路在特定时间内，事故发生的次数、伤亡人数、经济损失的风险水平。

指标说明：该指标综合反映了线路在特定时间内的风险水平，是评价城市轨道交通线路运营安全状态和管理效果的重要参考依据。

计算公式见式(3-109)：

$$\Gamma S(s_i) = \frac{\sum_{j=1}^{5} y_j \alpha_j}{l} \tag{3-109}$$

式中，$\Gamma S(s_i)$ 为统计期内线路 i 的等效事故率； y_j 为统计期内事故 j 的个数；α_j 为统计期内事故 j 的事故折算因子；l 为统计期内线路的行驶里程，百万车公里。

风险水平如表 3-21 所示，事故折算因子如表 3-22 所示。

表 3-21 地铁事故风险水平表

风险水平	不可接受	可接受	可忽略
年度百万车公里等效事故率	＞0.65	0.65～0.2	＜0.2

表 3-22 事故折算因子

事故等级	事故折算因子
特别重大事故	100
重大事故	22
大事故	11
险性事故	3.5
一般事故	1

三、路网运营安全评价指标

城市轨道交通路网运营安全评价指标的评价对象是路网，根据指标的评价对象，可将指标分为客流指标、设备影响运营指标、路网线路指标、管理指标和事故指标五类，评价指标体系如图 3-13 所示。

1. 线路间能力匹配度

定义：反映路网中各条线路之间的换乘匹配情况，主要由换入区间满载率差体现。换乘站在城市轨道交通路网中作为一个换乘节点和吸引客流节点，在路网中扮演着重要的角色。

指标计算见式(3-110)：

$$\xi(s_{ij}) = \sum q(s_{ij})\big(\omega_1\phi_a + \omega_2(\phi_a - \phi_b)\big) \tag{3-110}$$

式中，$\xi(s_{ij})$ 为统计期内线路间能力匹配度；ϕ_a 为统计期内区段断面满载率；ϕ_b 为统计期内区段的前一区段断面满载率；$q(s_{ij})$ 为统计期内换乘站 s_{ij} 间各换乘方向换乘量与线路换乘总量的比值；ω_1、ω_2 为权重系数，由实际运营专家决定。

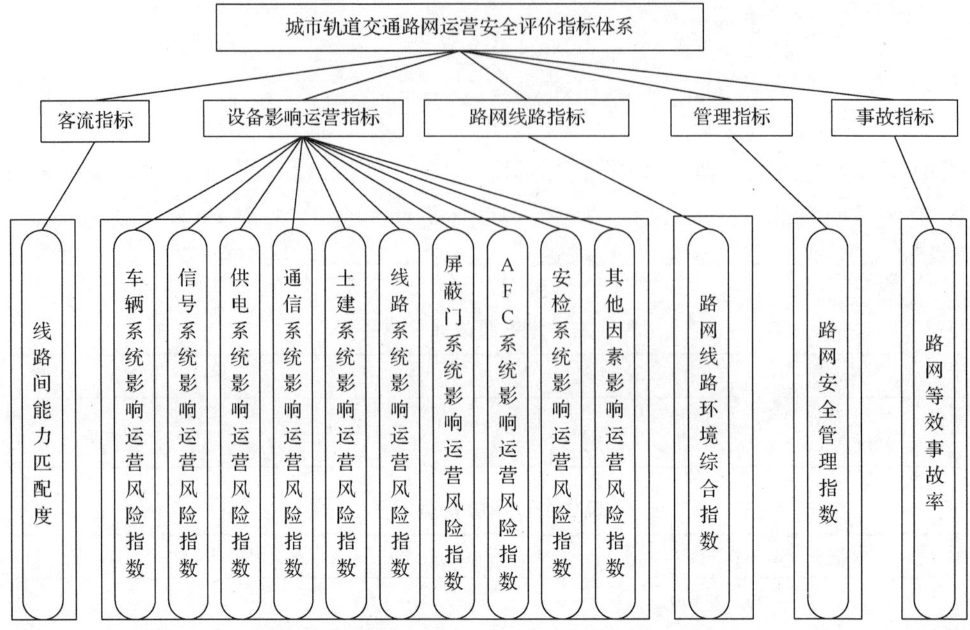

图 3-13　城市轨道交通路网运营安全评价指标

2. 车辆系统影响运营风险指数

定义：路网中各线路车辆系统影响运营指数的加权平均值。

指标说明：各个线路车辆系统影响运营风险指数的综合值。

计算公式见式(3-111)：

$$\mathrm{TX}_{(t,t+\Delta t)}(s)=\sum_{i=1}^{m}W(s_i)\mathrm{TX}_{(t,t+\Delta t)}(s_i) \tag{3-111}$$

式中，$\mathrm{TX}_{(t,t+\Delta t)}(s)$ 为统计期内路网的车辆系统影响运营风险指数；$W(s_i)$ 为线路强度；$\mathrm{TX}_{(t,t+\Delta t)}(s_i)$ 为统计期内线路 i 的车辆系统影响运营风险指数；m 为线路条数。

注意，信号系统、供电系统、通信系统、土建系统、线路系统、屏蔽门系统、AFC 系统、安检系统及其他因素影响运营风险指数的计算与车辆系统影响运营风险指数类似，在此不再赘述。

3. 路网线路环境综合指数

定义：一定时期内，路网中各线路环境综合指数的加权平均值。

指标说明：各个线路环境指标的融合。

计算公式见式(3-112)：

$$\mathrm{EX}_{(t,t+\Delta t)}(s)=\sum_{i=1}^{m}W(s_i)\mathrm{EX}_{(t,t+\Delta t)}(s_i) \tag{3-112}$$

式中，$\mathrm{EX}_{(t,t+\Delta t)}(s)$ 为统计期内路网线路环境综合指数；$W(s_i)$ 为线路强度；$\mathrm{EX}_{(t,t+\Delta t)}(s_i)$ 为统计期内线路 i 的综合环境指数；m 为线路条数。

4. 路网安全管理指数

定义：统计期内，城市轨道交通运营企业安全生产标准化考评指数，反映了地铁人员安全行为和安全意识的风险。

5. 路网等效事故率

定义：在统计期内，路网事故发生的次数、伤亡人数和经济损失的风险水平的综合值。

指标说明：该指标综合反映了路网在统计期内的风险水平，是评价城市轨道交通路网运营安全状态和管理效果的重要参考依据。

计算公式见式(3-113)：

$$\Gamma\mathrm{S}(s)=\frac{\sum_{j=1}^{5}y_j\alpha_j}{l} \tag{3-113}$$

式中，$\Gamma\mathrm{S}(s)$ 为统计期内路网等效事故率；y_j 为统计期内事故 j 的个数；α_j 为统计期内事故 j 的事故折算因子；l 为统计期内线路的行驶里程，百万车公里。

四、综合安全评估与预警模型

结合城市轨道交通运营安全综合评价指标体系的特点，这里采用增益型加权综合法作为指标的评价算法。增益型线性评价模型是对普通线性模型的改造，它解决了普通线性模型产生的指标重视偏废等问题，具有“奖优罚劣”的特点，完全符合城市轨道交通线路运营安全评价的特点[8]。

设 $s>0$，若满足：①函数 $u(x)$ 连续，分段可导；② $x_1\geqslant x_2\rightarrow u(x_1)\geqslant u(x_2)$，$u(x_1)'\geqslant u(x_2)'$；③ $u(0.5)<0.5$，则当 $s>1$ 时，称映射 $u:[0,1]\rightarrow[0,s]$ 是一个增益函数。

当 $s\in(0,1)$ 时，映射 u 是一个折损函数；当 $s=1$ 时，映射 u 既不增益也不折损。

1. 数据处理

由于各评价指标的物理意义和表现形式不同，将指标归一到[0,1]，见式(3-114)：

$$x_i = \frac{X_i - \min X_i}{\max X_i - \min X_i} \tag{3-114}$$

式中，X_i 为该指标的实际值；$\min X_i$、$\max X_i$ 分别为该指标在安全状态下的最小、最大阈值或历史最小、最大值。

2. 增益型线性评价模型

构造评价函数见式(3-115)：

$$y = \sum_{i=1}^{n} (x_i + u(x_i)) \frac{\omega_i}{2} \tag{3-115}$$

式中，y 为指标评价值；x_i 为第 i 个指标值；$u(x_i)$ 为增益函数；ω_i 为指标 x_i 对应的权重；n 为指标个数。

构造增益函数雏形见式(3-116)：

$$u(x) = sx^k,\quad x \in [0,1] \tag{3-116}$$

要使 $u(x)$ 为一个增益函数，需根据定义确定 s、k 的范围：①由于 $u(0)=0$，$u(1)=s$，$s>1$；②$u(x)$ 为单调递增函数，所以 $u'(x)=skx^{k-1}>0$；③因为 $x_1 \geqslant x_2 \to u(x_1)' \geqslant u(x_2)'$，即 $u(x)$ 为单调递增凹函数，所以 $u''(x)=sk(k-1)x^{k-2}>0$。根据②和③可求解得 $k>1$。

综上，当 $s>1$，$k>1$ 时，$u(x)$ 为一个增益函数，y_j 为具有增益功能的线性加权评价函数。

3. 确定参数值

1) 参数设定

$\omega_i = 1/n$。s 的值将决定融合后指标值域的大小，s 越大，值域越大，增值的幅度就越大。设 $s=2$，即 $u(x)=2x^k$。

2) 确定 k 值

k 值决定增益函数梯度，k 值不同，增益函数性质也不同。为了方便确定 k 值，将 $s=1$，$u(x)=x$（即普通线性评价函数）与 $u(x)=2x^k$ 进行对比分析。可知，当 $s>1$ 时，存在交点 (a,a)，a 应满足 $a=u(a),\ a>0$。可见，当 $x\in[0,a)$ 时，其权重值小于普通线性模型下的权重值，当 $x\in(a,1]$ 时，其权重值大于普通线性模型下的权重值，增益效果得到体现。下面进行证明。

设增益型线性评价模型中 x 的实际权重函数为 $Q(x)=\left(1+\frac{u(x)}{x}\right)\frac{\omega}{2}$，$\omega$ 为普通

线性模型中 x 的权重值，于是，式(3-115)变形为 $y=\sum_{i=1}^{n}x_iQ(x_i)$，则

$$\begin{cases}x\in[0,a)\to u(x)<x, & Q(x)<\omega\\ x=a\to u(x)=x, & Q(x)=\omega\\ x\in(a,1]\to u(x)>x, & Q(x)>\omega\end{cases}$$

得证。

在增益型线性评价模型中，$Q(x)$ 是一个随指标值 x 的变化而变化的“权重函数”，当 $x<a$ 时，权重系数小于原普通线性权重系数 ω，是折损的；当 $x>a$ 时，它对评价值 y 的增值大幅度上升，且指标值越大，增值越突出，是增益的。

a 可视为特殊阈值，在实际意义中，用于判断指标值是否达到“危险”范围的下限，三级指标的特殊阈值应由城市轨道交通线路运营工作人员对每个三级指标的特殊阈值分别进行设置，设定为 0.5。二级指标的特殊阈值应取 $x=a$ 时，函数值 y 经无量纲化后的值。

根据特殊阈值 a 求解可得 k。

(1) 三级指标 k 值确定。设三级指标特殊阈值 $a=0.5$。由增益函数求解得到 $k=2$。因此，三级指标计算的增益型线性评价模型见式(3-117)：

$$\begin{cases}y=\sum_{i=1}^{n}(x_i+u(x_i))\dfrac{1}{2n}\\ u(x_i)=2x_i^{2}\end{cases} \tag{3-117}$$

(2) 二级指标 k 值确定。令三级指标评价值等于三级指标的特殊阈值 0.5，得二级指标评价值 $y_2=0.5$；对二级指标评价值 y 进行无量纲化处理，得二级指标特殊阈值 $a=1/3$。进而得到二级指标 k 值，$k=\log_{\frac{1}{3}}\dfrac{1}{6}$。因此，二级指标计算的增益型线性评价模型见式(3-118)：

$$\begin{cases}y=\sum_{i=1}^{n}(x_i+u(x_i))\dfrac{1}{2n}\\ u(x_i)=2x_i^{\log_{\frac{1}{3}}\frac{1}{6}}\end{cases} \tag{3-118}$$

4. 综合评估方法数据计算

这里利用城市轨道交通运营监控的实时数据，基于已建立的仿真模型，采用增益型加权综合法作为指标的评价算法，分别输入 10 组安全状态下与非安全状态

下的车站、线路、路网运营数据，通过对所得结果落入不安全等级的情况进行分析，达到验证目的。

为便于直接以矩阵方式输入验证数据，需对模型的输入、输出方式进行归一化处理，求输入矩阵 x，其中第 1～10 列由实际数据归一化得到，第 11 列为最大阈值，第 12 列为最小阈值；输出矩阵为 security。

分别向车站、线路、路网运营安全综合评估模型中输入安全状态下与非安全状态下的车站实际运营数据，得车站、线路、路网运营安全状态值输出公式：

$$\text{security}\_\text{车站}\_\text{安全状态}=\begin{bmatrix}0.208 & 0.183 & 0.078 & 0.375 & 0.157 & 0.211\\ 0.134 & 0.130 & 0.134 & 0.272 & & \end{bmatrix}$$

$$\text{security}\_\text{车站}\_\text{非安全状态}=\begin{bmatrix}0.441 & 0.625 & 0.790 & 0.681 & 0.754 & 0.713\\ 0.912 & 0.781 & 0.358 & 1.198 & & \end{bmatrix}$$

$$\text{security}\_\text{线路}\_\text{安全状态}=\begin{bmatrix}0.090 & 0.176 & 0.195 & 0.202 & 0.163 & 0.211\\ 0.187 & 0.149 & 0.226 & 0.2545 & & \end{bmatrix}$$

$$\text{security}\_\text{线路}\_\text{非安全状态}=\begin{bmatrix}0.777 & 0.915 & 0.803 & 0.859 & 0.689 & 0.720\\ 1.062 & 0.578 & 0.656 & 0.782 & & \end{bmatrix}$$

$$\text{security}\_\text{路网}\_\text{安全状态}=\begin{bmatrix}0.083 & 0.116 & 0.185 & 0.213 & 0.103 & 0.111\\ 0.187 & 0.129 & 0.206 & 0.251 & & \end{bmatrix}$$

$$\text{security}\_\text{路网}\_\text{非安全状态}=\begin{bmatrix}0.731 & 0.214 & 0.602 & 0.826 & 0.688 & 0.800\\ 1.04 & 0.778 & 0.656 & 0.781 & & \end{bmatrix}$$

由以上公式得到车站、线路、路网运营安全值落入安全等级的情况，见图 3-14～图 3-16，并在图中用“●”表示输入安全状态下的实际运营数据时输出的 security 值，用“+”表示输入非安全状态下的实际运营数据时输出的 security 值。

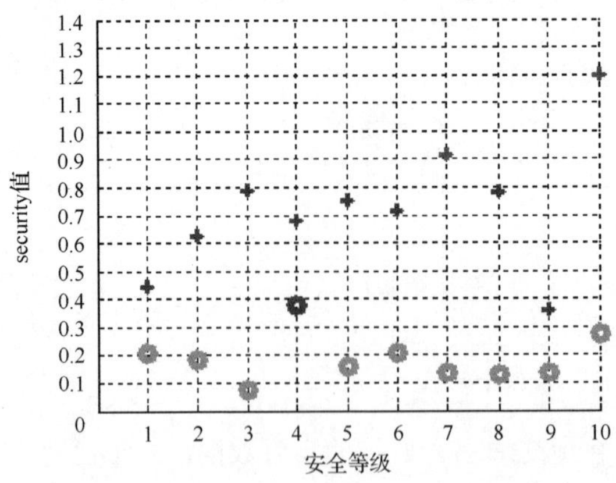

图 3-14　车站安全和非安全状态等级情况

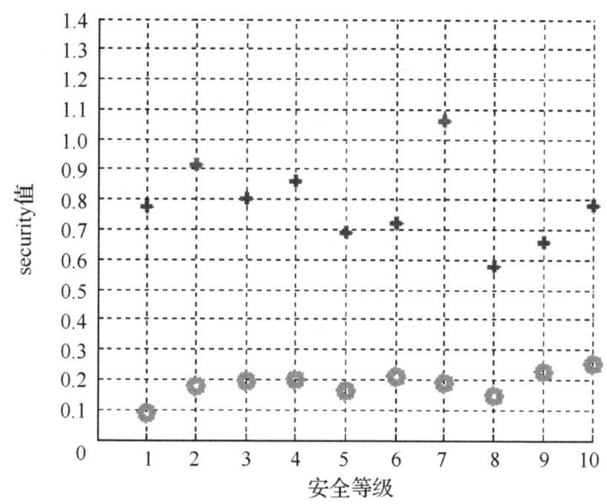

图 3-15　线路安全和非安全状态等级情况

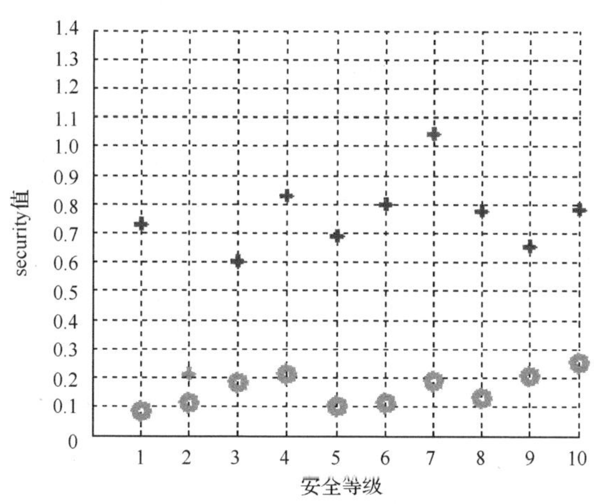

图 3-16　路网安全和非安全状态等级情况

由图 3-14～图 3-16 可知，车站、线路和路网的 10 组实际安全运营情况下的数据，经过评价计算得到的运营安全值中，车站只有 1 组数据落入二级等级范围，其余 9 组均处于安全运营状态；线路和路网的 10 组数据均处于安全运营状态。输入 10 组非安全运营情况下的数据，经过评价计算得到的运营安全值中，车站和线路的 10 组数据全部落入二级等级范围；路网有 1 组数据落入一级范围，9 组数据落入二级不安全等级范围。这可以说明本书构建的城市轨道交通运营安全综合评价方法具有一定的正确性及合理性。

五、运营安全等级划分方法

1. 车站运营安全等级划分

根据评价指标体系以及指标算法特点，可将车站运营安全等级划分为三级，见表 3-23。

表 3-23　车站运营安全等级

车站运营安全等级	1 级	2 级		3 级
		2-1 级	2-2 级	
阈值范围	[0,0.3]	(0.3,0.9]	(0.9,1.5]	指标超限
运营状态	低风险	较低风险	中风险	高风险

1 级：当车站运营安全值处于折损范围，即不足以影响车站运营安全时，车站进入 1 级低风险状态。

2 级：当车站运营安全值处于增益范围，即车站运营安全受到一定影响时，进入 2 级较低风险状态；当车站运营安全受到较大影响时，进入 2 级中风险状态。

3 级：当车站指标超出阈值区间时，进入 3 级高风险状态。

下面对各级临界点的计算方法进行探讨。

1) 1 级临界点

当车站运营安全评价值超过 1 级临界点时，车站安全等级跃迁至 2 级。

由于临界点是车站运营低风险与较低风险的划分，应由车站各指标的特殊阈值 a 决定。设 x_{11} 为一级指标值，x_{2p} 为二级第 p 个指标值，x_{3j} 为三级第 j 个指标值(特殊阈值 a 的变量设置方式同理)，则临界点是各二级指标等于其特殊阈值时计算得到的一级指标值 x_{11}；二级指标的特殊阈值是取三级指标 $x_{3j}=a_{3j}$ 时，函数 y 经无量纲化处理后的值。则 1 级临界点的计算方法如下。

(1) 计算各三级指标 k 值。设 x_{3j} 为车站三级指标第 j 个关键指标($j=1,2,\cdots,13$)，a_{3j} 表示 x_{3j} 的特殊阈值，k_{3j} 表示 $x_{3j}=a_{3j}$ 时的取值。由前面可得 $\begin{cases} a_{3j}=u(a_{3j}) \\ u(a_{3j})=2a_{3j}^{k_{3j}} \\ a_{3j}>0 \end{cases}$，求解得 $k_{3j}=\log_{a_{3j}}\dfrac{a_{3j}}{2}$。

(2) 计算二级指标值 x_{2p}。设 x_{2p} 为车站二级指标中第 p 个风险状态表征量($p=1,2,\cdots,4$)，n_{2j} 表示第 j 个风险状态表征量所对应的三级指标个数。代入式(3-118)可得 x_{2p}：

$$x_{21}=\sum_{j=1}^{n_{21}}\left(a_{3j}+2a_{3j}^{k_{3j}}\right)\frac{1}{2n_{21}}=\frac{1}{2}\sum_{j=1}^{2}a_{3j},\quad j=1,2 \tag{3-119}$$

$$x_{22}=\sum_{j=n_{21}+1}^{n_{21}+n_{22}}(a_{3j}+2a_{3j}^{k_{3j}})\frac{1}{2n_{22}}=\frac{1}{3}\sum_{j=3}^{5}a_{3j},\quad j=3,4,5 \tag{3-120}$$

$$x_{23}=\sum_{j=n_{21}+n_{22}+1}^{n_{21}+n_{22}+n_{23}}(a_{3j}+2a_{3j}^{k_{3j}})\frac{1}{2n_{23}}=\frac{1}{3}\sum_{j=6}^{8}a_{3j},\quad j=6,7,8 \tag{3-121}$$

$$x_{24}=\sum_{j=n_{21}+n_{22}+n_{23}+1}^{n_{21}+n_{22}+n_{23}+n_{24}}(a_{3j}+2a_{3j}^{k_{3j}})\frac{1}{2n_{24}}=\frac{1}{5}\sum_{j=9}^{13}a_{3j},\quad j=9,10,\cdots,13 \tag{3-122}$$

(3) $x_{2p}\in[0,1.5]$，将 x_{2p} 代入式(3-114)进行无量纲化处理得 a_{2p}。

(4)采用步骤(1)的方法计算各二级指标 $k_{2p},p=1,2,\cdots,4$。

(5)计算 $x_{2p}=a_{2p}$ 时的一级指标 x_{11}。

依据步骤(2)化简可得一级指标 $x_{11}=\sum_{p=1}^{4}a_{2p},p=1,2,\cdots,4$，即临界点。因为三级指标特殊阈值统一设定为 0.5，根据以上步骤可得 1 级临界点为 1/3，即当车站运营风险评价值超过 1/3 时，车站运营安全等级为 2 级，即进入较低风险状态。四舍五入得 1 级临界点为 0.3。

2) 2-1 级临界点

当车站运营安全评价值超过 2-1 级临界点时，车站运营安全等级跃迁至 2-2 级。

此处与城市轨道交通运营部门工作人员商议探讨后，根据对大量城市轨道交通运营安全状态欠佳和运营受很大影响的实际运营数据进行计算，通过对所得车站运营安全值落入的范围进行分析与辨识，设定 2-1 级临界点为 0.9。

3) 2-2 级临界点

由于增益型线性评价函数为单调递增函数，当 $x_i\in[0,1]$ 时，评价函数阈值为 [0,1.5]，所以设定 2-2 级临界点为 1.5。

4) 3 级高风险状态

在车站运营过程中，一旦出现单个车站指标超出取值区间以及其他极有可能导致车站运营秩序混乱的事件时，风险状态自动跃迁到 3 级。

2. 线路运营安全等级划分

线路运营第 1、2 安全等级划分与车站相同，这里不再赘述，特别对第 3 级进行说明。

3 级：当线路上存在车站处于 3 级高风险状态，或出现线路单个指标超出取值区间时，线路进入 3 级高风险状态。

3. 路网运营安全等级划分

路网运营第 1、2 安全等级划分与车站相同，这里不再赘述，特别对第 3 级进行说明。

3 级：当路网中存在线路处于 3 级高风险状态，或出现路网单个指标超出取值区间时，路网进入 3 级高风险状态。

第三节　城市轨道交通关键设备服役状态分析与维修决策支持技术

一、基于检修数据的可靠性分析方法

通过经典统计方法，可得到关键设备的最优拟合模型，通过参数估计和假设检验可得到模型的参数。通过所得模型可计算关键设备的首发故障时间、平均故障前时间和平均剩余寿命。

1. 基于检修数据的可靠性分析方法流程图

通过对轨道交通车站设备可靠性研究数据进行获取，且得益于历史实践经验，本书完成了基于检修数据的可靠性分析方法流程图，如图 3-17 所示。

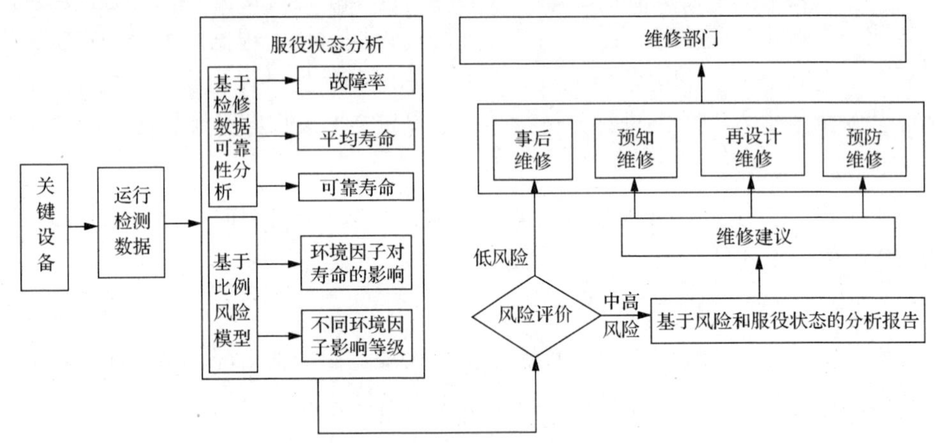

图 3-17　基于检修数据的可靠性分析方法流程图

2. 选择备选失效模型进行数据拟合

寿命分布模型中最常用的有 Weibull 分布模型[74]、指数分布模型、正态分布模型。

Weibull 分布的失效密度函数见式(3-123)：

$$f(t)=\frac{\beta}{\eta^{\beta}}t^{\beta-1}\exp\left(-\left(\frac{t}{\eta}\right)^{\beta}\right) \tag{3-123}$$

式中，η 为尺度参数；β 为形状参数。

指数分布的失效密度函数见式(3-124)：

$$f(t)=\frac{1}{\theta}\exp\left(-\frac{t}{\theta}\right),\quad t\geqslant 0,\theta>0 \tag{3-124}$$

式中，θ 为尺度参数。

极值分布的失效密度函数见式(3-125)：

$$f(t)=\frac{1}{\sigma}\exp\left(\frac{t-\mu}{\sigma}-\exp\left(\frac{t-\mu}{\sigma}\right)\right),\quad \sigma>0 \tag{3-125}$$

式中，μ 为位置参数；σ 为尺度参数。

正态分布的失效密度函数见式(3-126)：

$$f(t)=\frac{1}{\sqrt{2\pi}\sigma}\exp\left(-\frac{(t-\mu)^2}{2\sigma^2}\right),\quad \sigma>0 \tag{3-126}$$

式中，μ 为位置参数；σ 为尺度参数。

3. 对最优模型进行参数估计与拟合度检验

1) 拟合优度统计量

用一组失效数据对备选失效模型进行拟合，需要对拟合的程度进行评估，选择最优的拟合模型。Anderson-Darling 统计量[75]通常用来比较数据拟合的优劣，Anderson-Darling 统计量是概率图中点离拟合直线距离大小的加权平方和，越靠近分布的尾部，权重越大。其具体表达式为

$$\begin{aligned}A^2&=-n-\sum_{i=1}^{n}\frac{2i-1}{n}\left(\ln F(t_i)+\ln\left(1-F(t_{n+1-i})\right)\right)\\&=-n-\sum_{i=1}^{n}\left(\frac{2i-1}{n}\ln F(t_i)+\frac{2n+1-2i}{n}\ln\left(1-F(t_i)\right)\right)\end{aligned} \tag{3-127}$$

式中，$F(t)$ 为累计失效分布函数；n 为样本总量。A^2 的值越小，说明分布拟合得越好。

2）参数估计

在确定了失效数据的可靠性模型后，就可以对该组数据对应的可靠性模型进行参数估计了。Minitab 用到的参数估计主要为极大似然估计和最小二乘估计，因为极大似然估计有不变性、相合性、渐近正态性等优良性质，所以选取极大似然估计。

设样本 $X_1, X_2, \cdots, X_n$ 的联合密度函数为 $f(x,\theta)$，其中 θ 为未知参数，对于给定的 x，称 $L(\theta, x)=f(x, \theta)$ 为 θ 的似然函数。若存在统计量 $\hat{\theta}$，使

$$L(\hat{\theta},x)=\max_{\theta} L(\theta,x) \tag{3-128}$$

则称 $\hat{\theta}$ 为 θ 的极大似然估计。

求解似然方程，即令

$$\frac{\partial \ln L(\theta,x)}{\partial \theta_i}=0,\quad i=1,2,\cdots,k \tag{3-129}$$

式中，k 为未知参数 θ 的个数。

3）假设检验

假设检验用于判断原假设的真实性。常用的检验方法有 χ^2 检验法、K-S（Kolmogorov-Smirnov）检验法和 P 值检验法。χ^2 检验法是统计学中通用的拟合优度检验，本书着重介绍 χ^2 检验法。

设总体 X 的分布函数为 $F(x)$，根据来自总体的样本检验原假设，即

$$H_0: F(x)=F_0(x) \tag{3-130}$$

为寻找检验统计量，首先把总体 X 的取值范围分成 k 个区间 $(a_0,a_1),(a_1,a_2),\cdots,(a_{k-1},a_k)$，要求 a_i 是分布函数 $F_0(x)$ 的连续点，a_0 可以取$-\infty$，a_k 可以取$+\infty$，记 $p_i=F_0(a_i)-F_0(a_{i-1}), i=1,2,\cdots,k$。其中 p_i 代表变量 X 落入第 i 个区间的概率，且 $p_i>0$。如果样本量为 n，则 np_i 是随机变量 X 落入 (a_i-1, a_i) 的频数，如 n 个观察值中落入 (a_i-1, a_i) 的实际频数为 n_i，则当 H_0 成立时，$(n_i-np_i)^2$ 应是较小的值，因此可以用这些量的值来检验 H_0 是否成立。皮尔逊证明了在 H_0 成立时，当 $n\to\infty$ 时，统计量的极限分布是自由度为 $k-1$ 的 χ^2 分布，见式（3-131）：

$$\chi^2=\sum_{i=1}^{k}\frac{(n_i-np_i)}{np_i} \tag{3-131}$$

通常要检验的母体分布 $F_0(x;\theta)$ 中的 $\theta=(\theta_1,\theta_2,\cdots,\theta_m)$ 是 m 维未知参数，用 θ 的

极大似然估计 $\hat{\theta}$ 代替 θ，即

$$\hat{p}_i = F_0(a_i;\hat{\theta}) - F_0(a_{i-1};\hat{\theta}), \quad i=1,2,\cdots,k \tag{3-132}$$

选择检验统计量为

$$\hat{\chi}^2 = \sum_{i=1}^{k} \frac{(n_i - n\hat{p}_i)}{n\hat{p}_i} \tag{3-133}$$

当 $n \to +\infty$时，统计量的极限分布是自由度为 $k-m-1$ 的 χ^2 分布，在给定的显著性水平 α 条件下，若 $\hat{\chi}^2 > \chi^2_{1-\alpha}(k-1)$，则拒绝原假设；若 $\hat{\chi}^2 < \chi^2_{1-\alpha}(k-1)$，则接受原假设。

二、基于比例风险模型的可靠性分析方法

由于车站关键设备的运行状态会受客流和其他环境因素的影响，基于比例风险模型的可靠性分析方法能结合不同的环境因素来分析关键设备的运行状态。

一般地，带时变协变量(covariates)的比例风险模型的函数形式见式(3-134)：

$$\lambda(t, Z(t)) = \lambda_0(t)\exp(Z(t)\beta) \tag{3-134}$$

式中，$\lambda(t,Z(t))$ 为失效率函数，与时间和协变量有关；$\lambda_0(t)$ 为只与时间有关的基底失效率函数，$\lambda_0(t)$ 既可以是参数化的(parametric)也可以是非参数化的(non-parametric)；$Z(t)=(z_1(t), z_2(t), \cdots, z_m(t))$ 为在时间 t 时，影响系统失效概率的协变量矢量；$\beta=(\beta_1, \beta_2, \cdots, \beta_m)$ 为回归参数矢量。

三、关键设备的服役状态评价方法

在工程中，为定量描述产品的可靠性，通常采用一些数量指标。这些数量指标一方面能够从某一角度表示产品的可靠性或寿命的状态，具有明确的工程意义；另一方面，它们具有概率统计上的特征，可以用概率统计的方法进行统计推断。常用的可靠性指标有可靠度和不可靠度、故障概率密度函数、故障率、平均寿命、可靠寿命。

1. 可靠度和不可靠度

可靠度(reliability)是指产品在规定的时间内和规定的条件下，完成规定任务的概率，一般记为 R。可靠度是时间的函数，所以也记为 $R(t)$，称为可靠度函数。

假设在规定的时间内和规定的条件下，为完成规定任务而工作的这一事件 E 的概率用 $P(E)$ 表示，试验中共有 N 个产品样本，在 t 时刻，有 $n(t)$ 个样本失效，有 $N-n(t)$ 个样本仍正常工作，依据可靠度定义，可靠度作为描述产品在规定时间的随机变量 T 的概率分布可写成式(3-135)：

$$R(t)=P(E)=P(T\geqslant t)=\frac{N-n(t)}{N},\quad 0\leqslant t\leqslant\infty \tag{3-135}$$

$R(t)$ 描述产品在 $(0,t)$ 时间段内完好的概率，可靠度函数具有下述性质：①是非增函数；② $R(0)=1$，$R(\infty)=0$；③ $0\leqslant R(t)\leqslant 1$。

不可靠度是与可靠度相对应的概念，表示产品在规定的时间内和规定的条件下，不能完成规定任务的概率，又称为累计失效概率，记为 $F(t)$，不可靠度与可靠度呈互补关系，即式(3-136)：

$$F(t)=1-R(t)=P(T<t)=\frac{n(t)}{N},\quad 0\leqslant t\leqslant\infty \tag{3-136}$$

此时，$F(0)=0$，$F(\infty)=1$。

可靠度函数 $R(t)$ 与不可靠度函数 $F(t)$ 之间的关系如图 3-18 所示。

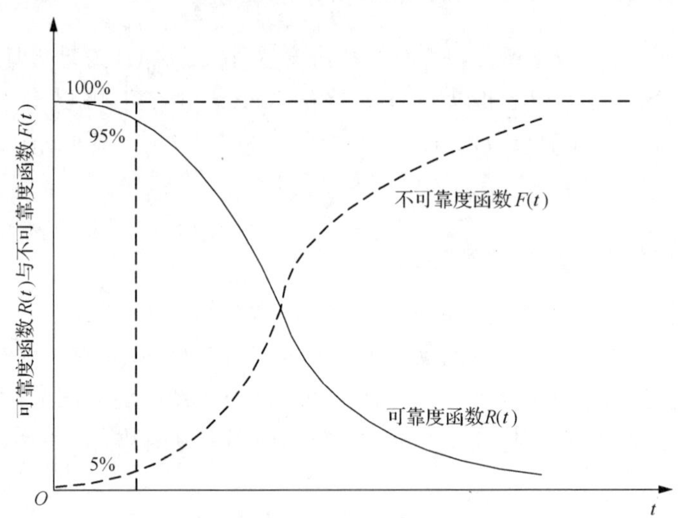

图 3-18　$R(t)$ 与 $F(t)$ 随时间变化示意图

在各分布函数中，可靠度分别表示如下。

指数分布：

$$R(t)=\mathrm{e}^{-\lambda t}$$

正态分布：

$$R(t)=\int_{\frac{t-\mu}{\sigma}}^{\infty}\frac{1}{\sqrt{2\pi}}\mathrm{e}^{\frac{-x^2}{2}}\mathrm{d}x=1-\Phi\left(\frac{t-\mu}{\sigma}\right)$$

对数正态分布：

$$R(t)=1-\Phi\left(\frac{\ln t-\mu}{\sigma}\right)$$

Weibull 分布：

$$R(t)=\mathrm{e}^{-(t/\eta)^{\beta}}$$

2. 故障概率密度函数

故障概率密度函数是不可靠度函数 $F(t)$ 的导数，常用 $f(t)$ 表示，即式(3-137)：

$$f(t)=\frac{\mathrm{d}F(t)}{\mathrm{d}t} \tag{3-137}$$

由于 $F(t)$ 是不减函数，并且 $F(0)=0$ 和 $F(\infty)=1$，即 $F(t)$ 是分布函数，$f(t)$ 是概率密度函数。$f(t)$ 的物理意义是在任意时刻 t，产品总数中下一个单位时间内发生故障的概率。故障概率密度函数如图 3-19 所示。

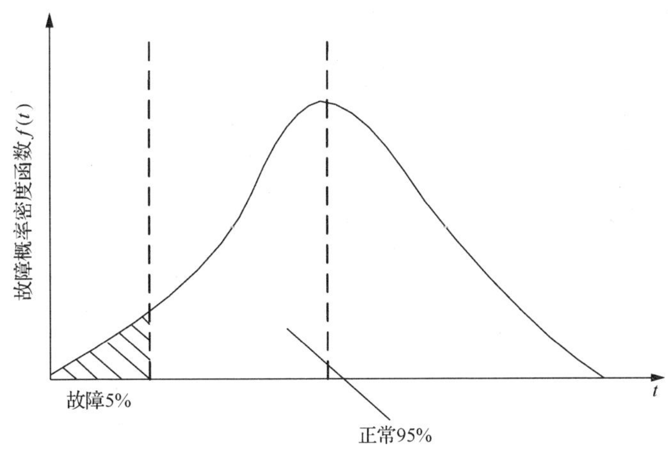

图 3-19　故障概率密度函数图

在各分布模型中，故障概率密度计算如下。

指数分布：

$$f(t)=\lambda \mathrm{e}^{-\lambda t}$$

正态分布：

$$f(t)=\frac{1}{\sqrt{2\pi}\sigma}\mathrm{e}^{-\frac{1}{2}\left(\frac{t-\mu}{\sigma}\right)^2},\quad -\infty<\mu<\infty,0<\sigma<\infty$$

对数正态分布：

$$f(t)=\frac{1}{\sqrt{2\pi}\sigma}\mathrm{e}^{-\frac{1}{2}\left(\frac{\ln t-\mu}{\sigma}\right)^2}$$

Weibull 分布：

$$f(t)=\frac{\beta}{\eta}\left(\frac{t}{\eta}\right)^{\beta-1}\mathrm{e}^{-\left(\frac{t}{\eta}\right)\beta}$$

3. 故障率

故障率(failure rate)是指工作到 t 时刻尚未失效的产品，在 t 时刻后的单位时间内发生失效的概率，也称为失效率，记为 $\lambda(t)$。故障率是产品可靠性常用的数量特征之一，故障率越高，可靠性越低。

对于有限样本，设样本数目为 N，经过 t 时间有 $n(t)$ 个样本失效，而在 $t+\Delta t$ 时刻产品的失效数是 $n(t+\Delta t)$，则故障率估计值见式(3-138)：

$$\lambda(t)=\frac{n(t+\Delta t)-n(t)}{(N-n(t))\Delta t} \tag{3-138}$$

若样本总数足够多($N\to\infty$)，考察时间足够短($\Delta t\to 0$)，则故障率可表示为式(3-139)：

$$\lambda(t)=\lim_{\substack{\Delta t\to 0\\ N\to\infty}}\frac{\dfrac{n(t+\Delta t)-n(t)}{N\Delta t}}{\dfrac{N-n(t)}{N}}=\frac{\mathrm{d}F(t)}{\mathrm{d}t}\frac{1}{R(t)}=\frac{f(t)}{R(t)} \tag{3-139}$$

在各种分布模型中，故障率计算如下。

指数分布：

$$\lambda(t)=\lambda$$

正态分布：

$$\lambda(t)=\frac{f(t)}{R(t)}$$

对数正态分布：

$$\lambda(t)=\frac{f(t)}{R(t)}$$

Weibull 分布：

$$\lambda(t)=\frac{\beta}{\eta^{\beta}}t^{\beta-1}$$

4. 平均寿命

平均寿命是指产品寿命的平均值，是产品的无故障工作时间。对于可修复产品和不可修复产品，其寿命的定义是不同的。

对于不可修复产品，其寿命是指它在失效前的工作时间，平均寿命指产品从开始使用到失效前的工作时间的平均值，记为 MTTF(mean time to failure)，见式(3-140)：

$$\mathrm{MTTF}-\frac{1}{N}\sum_{i=1}^{N}t_{\imath} \tag{3-140}$$

式中，t_i为第 i 个产品失效前的工作时间。

对于可修复产品，其寿命指相邻两次故障间的故障时间。平均寿命即平均故障间隔，记为 MTBF(mean time between failure)，见式(3-141)：

$$\mathrm{MTBF}=\frac{1}{\sum_{i=1}^{N}n_i}\sum_{i=1}^{N}\sum_{j=1}^{n_i}t_{ij} \tag{3-141}$$

式中，n_i为第 i 个测试产品的故障数；t_{ij}为第 i 个产品从第 j–1 次故障到第 j 次故障的工作时间，h。

在各种分布模型中，平均寿命计算如下。

指数分布：

$$E(T)=1/\lambda$$

正态分布：

$$E(T)=\mu$$

对数正态分布：

$$E(T)=\mathrm{e}^{\mu+\frac{\sigma^2}{2}}$$

Weibull 分布：

$$E(T)=\eta\Gamma(1+1/\beta)$$

5. 可靠寿命

产品的可靠度 $R(t)$ 表示了产品在 t 时刻能正常工作的概率。在工程中，有时要知道为保证产品正常工作的概率在某一水平 R 以上，产品可以工作多长时间，即根据 $P(T>t)=R(t)=R$ 计算相应的时间 t，该时间称为可靠寿命 t_R。

在各种分布模型中，可靠寿命计算如下。

指数分布：

$$t_R=\frac{1}{\lambda}\ln\frac{1}{R}$$

正态分布：

$$t_R=\mu+\sigma u_R$$

对数正态分布：

$$t_R=\mathrm{e}^{\mu+\sigma u_{1-R}}$$

Weibull 分布：

$$t_R=\eta(-\ln R)^{1/\beta}$$

四、基于风险评估的维修方案

1. 基于比例风险模型的维修决策

设比例风险模型中基底函数为 Weibull 分布，则比例风险模型见式(3-142)：

$$\lambda\left(t\middle|Z(t)\right)=\frac{\beta}{\eta}\left(\frac{t}{\eta}\right)^{\beta-1}\exp\left(\gamma^{T}Z(t)\right) \tag{3-142}$$

式中，β 为形状参数；η 为尺度参数；γ 为协变量参数。参数可用极大似然估计得到。

得到参数后代入式(3-142)整理得

$$\sum_{k=1}^{p}\hat{\gamma}_k Z_k=\ln\lambda\left(t\middle|Z\right)-\ln\left(\frac{\hat{\beta}}{\hat{\eta}}\right)-\left(\hat{\beta}-1\right)\ln\left(\frac{t}{\hat{\eta}}\right) \tag{3-143}$$

式(3-143)反映了发动机在役时间与状态变量之间的关系。对于特定的故障危险值 λ^*，代入式(3-143)，以 t 为横坐标，以 $\sum_{k=1}^{p}\hat{\gamma}_k Z_k$ 为纵坐标，得到一条对数曲线，此即该风险率下的空调系统的维修阈值。该维修阈值不同于一般的直线式阈值，是可靠性和状态的综合体现。对于当前某时刻的状态协变量值，乘以协变量系数后，在图中画点，如果该点在曲线下方，则仍可以在翼运行；如果该点在曲线上方，则意味着空调系统性能衰退，需要拆换、送修。显然，对于不同的风险率，可以得到一组空调系统的维修阈值。

2. 可靠度要求确定定期维修时间间隔

如果空调系统某零部件的故障时间服从某种分布，而此零部件的故障能直接影响设备的正常工作，那么可以用给定的可靠度要求来确定维修周期，这里分以下几个典型的故障分布情况来讨论。

(1) 零部件的故障分布服从正态分布，且正态标准差已知，这种情况下，设备在维修周期 T 的故障分布函数见式(3-144)：

$$F(T)=\phi\left(\frac{T-\mu}{\sigma}\right)=\phi(\mu) \tag{3-144}$$

或设备可靠度函数见式(3-145)：

$$R(T)=1-F(T)=1-\phi\left(\frac{T-\mu}{\sigma}\right)=1-\phi(\mu) \tag{3-145}$$

在给定的 $\phi(u)$ 情况下，查正态分布表可得 μ，又已知 σ，则根据式(3-145)可求出零部件的维修周期，见式(3-146)：

$$T=\mu+\mu\sigma \tag{3-146}$$

零部件的故障分布服从正态分布，但正态标准差待求，在此情况下求定期维修周期 T 时可参照式(3-147)：

$$T = \hat{\mu} - t_{\alpha}(n-1)\frac{\hat{\sigma}}{\sqrt{n}} \tag{3-147}$$

式中，n 为样本容量；$\hat{\sigma}$ 为样本标准差估计值；$\hat{\mu}$ 为样本均值估计值；$t_{\alpha}(n-1)$ 为自由度为 n–1 及显著性水平为 α 的 t 分布[21-23]。

当 n 个样本为 $x_1, x_2, \cdots, x_n$ 时，$\hat{\sigma}$ 为

$$\hat{\sigma} = \sqrt{\frac{1}{n-1}\left(\sum_{i=1}^{n} x_i^2 - n\hat{\mu}^2\right)} \tag{3-148}$$

(2) 零部件的故障分布为指数分布，在此情况下，零部件的可靠度函数见式(3-149)：

$$R(t) = \mathrm{e}^{-\lambda t} \tag{3-149}$$

若要求设备的可靠度为 $R(T)$，则维修周期见式(3-150)：

$$T = -\frac{\ln r}{\lambda} \tag{3-150}$$

(3) 当设备的故障分布服从二参数的 Weibull 分布，其特征值为尺度参数 η 和形状参数 β 时，设备的可靠度见式(3-151)：

$$R(t) = \exp\left(-\left(\frac{t}{\eta}\right)^{\beta}\right) \tag{3-151}$$

则设备在 T 时刻时，其可靠度不低于 $R(t)=R_T$ 的定期维修周期见式(3-152)和式(3-153)：

$$R_T = \exp\left(-\left(\frac{t}{\eta}\right)^{\beta}\right) \tag{3-152}$$

$$T = \eta\left(\ln\frac{1}{R_T}\right)^{\beta} \tag{3-153}$$

若进一步考虑设备的磨合期为 T_0，则按上述分析有

$$R\left(\frac{t}{T_0}\right)=\exp\left(-\left(\frac{t+T_0}{\eta}\right)^{\beta}\right)\Big/\exp\left(-\left(\frac{T_0}{\eta}\right)^{\beta}\right) \tag{3-154}$$

当 $t=T+T_0$ 时，有

$$R\left(\frac{t}{T_0}\right)=R_T \tag{3-155}$$

$$R_T=\exp\left(-\left(\frac{t+T_0}{\eta}\right)^{\beta}\right)\Big/\exp\left(-\left(\frac{T_0}{\eta}\right)^{\beta}\right) \tag{3-156}$$

$$T=\eta\left(\ln\frac{1}{R_T}+\frac{T_0}{\eta}\right)^{\frac{1}{\beta}}-T_0 \tag{3-157}$$

若关键设备处于低风险，则采用事后维修的维修策略；若关键设备处于中高风险，则采用预知维修、再设计维修或预防性维修来对关键设备进行维修决策。

五、空调系统服役状态与维修决策分析

空调系统作为地铁车站中的关键设备，为车站提供正常的空气交换。空调系统发生故障会影响车站内的空气流通，影响地铁的运营服务水平，也会使乘客的投诉量增加，所以分析地铁空调系统的服役状态至关重要，并能为检修部门提供维修决策支持。

1. 基于检修数据的地铁空调系统可靠性分析

选取某地铁空调系统 2010 年的故障数据运用 Minitab 统计分析软件进行分布拟合，拟合结果如图 3-20 所示。

图 3-20 中，分布 ID 图是比较源数据与拟合直线之间的接近程度，源数据为粗曲线。可见 Weibull 分布的 Anderson-Darling 统计量值最小为 2.306，Weibull 分布的源数据很好地落入拟合直线的 95%的置信区间，分布数据拟合优于其他三个分布模型。

对模型进行极大似然估计，得到 Weibull 分布的参数估计为形状参数 $\beta=2.03774$，尺度参数 $\eta=34.1$，经过假设检验可证明参数满足要求，则 Weibull 分布的不可靠度函数为 $F(t)=1-\exp\left(-(t/34.1)^{2.03774}\right)$，可靠度函数为 $R(t)=\exp\left(-(t/34.1)^{2.03774}\right)$。

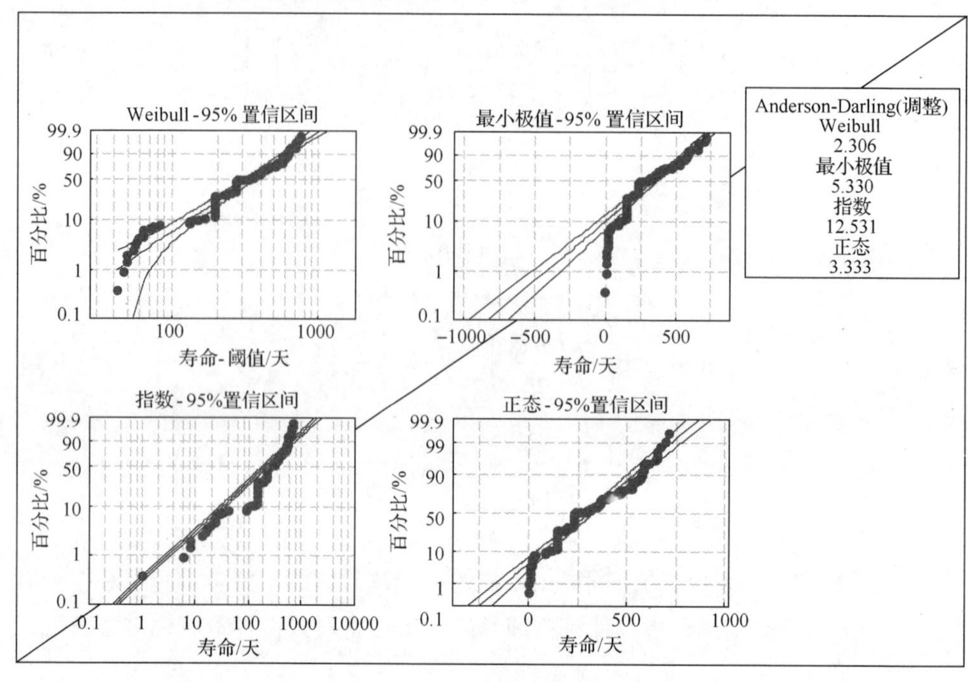

图 3-20　空调系统寿命概率图

确定了空调系统的失效分布模型，就可以很方便地计算空调系统给定工作时间的可靠度和在给定可靠度情况下对应的工作时间了。

2. 基于比例风险模型的地铁空调系统可靠性分析

设车站环境温度为 T，车站的客流量为 V，客流量大用 1 表示，客流量小用 0 表示，把 T 和 V 当作协变量来计算环境条件对可靠性指标的影响。

对表 3-24 中的数据进行统计分析，取第 3 组数据的协变量 $X=(25,0)$ 作为标准协变量，由于失效数据符合 Weibull 分布，对表 3-24 中的环境协变量进行变换可得表3-25中的数据。结合表3-25利用参数估计可得所求参数的极大似然估计 $\beta=2.03774$，$\eta=34.1$ 和 $\gamma=(0.155,0.394)$，求得不同环境条件下的空调系统在工作环境下工作 30 天的可靠度。

表 3-24　不同环境下的地铁某车站空调系统故障数表

序号	温度/℃	客流量	失效时间间隔/天
1	28	1	1,1,1,1,4,6
2	28	0	1,1,2,8
3	25	1	1,1,1,4,14

表 3-25　变换后的环境条件数据

序号	温度/℃	客流量	失效时间间隔/天
1	3	1	1,1,1,1,4,6
2	3	0	1,1,2,8
3	0	1	4,1,14,1,1

3. 可靠性指标的计算

因为空调系统的故障数据符合 Weibull 分布，所以通过 Weibull 模型可以得到空调系统的可靠性参数。

(1) 可靠度：

$$R(t)=\mathrm{e}^{-\left(\frac{t}{34.1}\right)^{2.03774}}$$

(2) 失效率：

$$\lambda(t)=0.00153t^{1.03774}$$

(3) 平均寿命：

$$E(T)=34.1T(1+1/2.03774)$$

(4) 可靠寿命：

$$t_R=34.1(-\ln R)^{1/2.03774}$$

4. 维修决策评判

假设空调系统拆换是事后维修，平常的在翼维护为预防性维修，这样需要做如下决策：在实际决策中，计算当前时刻监控到的状态参数，若超出寿命控制限的上限，则应该立即换发送修；若低于寿命控制限的下限，则可以正常运行，不需要采取维修措施；若处于上下限中间，则属于临近失效的过渡状态，考虑加强监控或执行预防性维修措施，原则上在下次任务结束后必须考虑换发维修。

将空调系统的拆换历史记录代入式(3-158)：

$$\lambda\left(t\middle|Z(t)\right)=\frac{2.03}{34.1}\left(\frac{t}{34.1}\right)^{1.04}\exp\left(0.155Z_1+0.394Z_2\right) \tag{3-158}$$

计算对应的失效率，得 $\lambda_{\min}$=0.0000200952，$\lambda_{\max}$=0.000324802，则可以建立如下的空调系统拆换控制限，并绘制维修决策图，如图 3-21 所示：

$$y=\sum_{k=1}^{p}\hat{\gamma}_k Z_k=11.908-1.317\ln t,\quad y=\sum_{k=1}^{p}\hat{\gamma}_k Z_k=9.1249-1.317\ln t \tag{3-159}$$

式中，p 为决策点个数。

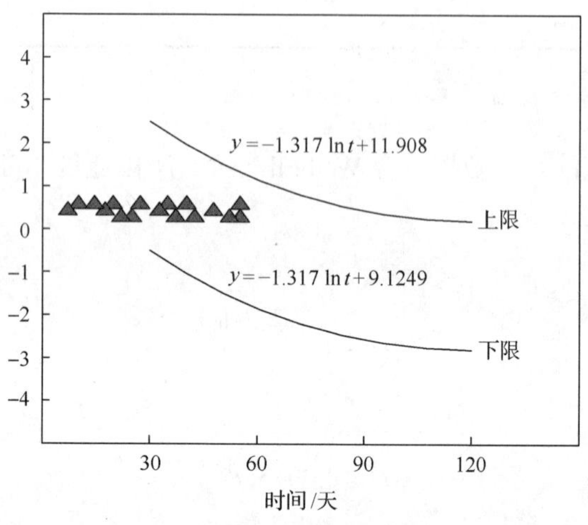

图 3-21　空调系统维修决策

决策 1：点位于下限下方表示在役安全，位于上限上方意味着性能衰退，需要拆换做事后维修活动。

决策 2：点位于中间，属于过渡状态，需要重点监控，或做预防性维修活动。

六、自动扶梯系统服役状态与维修决策分析

目前地铁车站自动扶梯承载了大部分的乘客流通量，自动扶梯在运行过程中会发生故障，如梯级逆转导致的电梯逆行、扶手带速度慢于梯级而导致的乘客跌倒；还有一类是自动扶梯和建筑物对不遵守电梯安全乘坐的乘客存在安全盲点，容易发生坠落、挤压事故。自动扶梯作为地铁关键设备，其服役状态对地铁监控部门和维修部门至关重要。

1. 检修数据的地铁自动扶梯系统可靠性分析

运用 Minitab 统计分析软件对所选失效数据进行分布拟合，得到自动扶梯系统服从 Weibull 分布，对模型进行极大似然估计和假设检验，得到 Weibull 分布的参数为形状参数 $\beta=1.0222$，尺度参数 $\eta=13.8664$，则地铁自动扶梯系统不可靠度函数为 $F(t)=1-\exp\left(-(t/13.8664)^{1.0222}\right)$，可靠度函数为 $R(t)=\exp\left(-(t/13.8664)^{1.0222}\right)$。

2. 比例风险模型的地铁自动扶梯系统可靠性分析

设车站的客流量为 V，客流量大用 1 表示，客流量小用 0 表示，把 V 当作协变量来计算环境条件对可靠性指标的影响。

由于自动扶梯的检修数据服从 Weibull 分布，利用参数估计可得所求参数的极大似然估计 $\beta=1.0222$、$\eta=13.8664$ 和 $\gamma=-2.425$，求得不同环境条件下的自动扶梯系统在工作环境下工作 30 天的可靠度。

3. 指标计算

因为自动扶梯系统的故障数据符合 Weibull 分布，所以通过 Weibull 模型可以得到自动扶梯系统的可靠性参数。

(1) 可靠度：

$$R(t)=\mathrm{e}^{-\left(\frac{t}{13.8664}\right)^{1.0222}}$$

(2) 失效率：

$$\lambda(t)=0.139t^{0.0222}$$

(3) 平均寿命：

$$E(T)=13.8664T(1+1/1.0222)$$

(4) 可靠寿命：

$$t_R=13.8664(-\ln R)^{1/1.0222}$$

4. 决策评判

假设自动扶梯系统拆换是事后维修，平常的在役维护为预防性维修，决策原则与空调系统一样。

将自动扶梯系统的拆换历史记录回代入式(3-160)：

$$\lambda\left(t\middle|Z\left(t\right)\right)=\frac{1.0222}{13.8164}\left(\frac{t}{13.8164}\right)^{0.0222}\exp\left(-2.425Z\right) \tag{3-160}$$

计算对应的失效率，得 $\lambda_{\min}=0.002714$，$\lambda_{\max}=0.004865$，则自动扶梯拆换控制限如下：

$$y=\sum_{k=1}^{p}\hat{\gamma}_k Z_k=10.301-0.907\ln t,\qquad y=\sum_{k=1}^{p}\hat{\gamma}_k Z_k=8.2194-0.907\ln t \tag{3-161}$$

决策 1：点位于下限下方表示在役安全，位于上限上方意味着性能衰退，需要拆换做事后维修活动。

决策 2：点位于中间属于过渡状态，需要重点监控，或做预防性维修活动。

第四节 城市轨道交通事故致因分析和风险预测方法

对于事故的致因分析和风险研究，本节在研究城市轨道交通路网列车运营故障数据的基础上，通过提取事故影响因素，利用因果图对其进行事故致因分析，并基于模糊概率传播的涌现机制对事故故障进行推演，从而得出事故演变的过程网，最后利用多因素时间序列模型对其进行事故发生的风险预测，输出风险值，为实际现场的事故故障处理提供指导。

基于图论思想，本节将城市轨道交通路网中影响列车运营的事故抽象为由若干节点、有向边构成的网络模型，主要是构建路网中不同事故类型的要素网。其中事件因素用节点表示，各要素之间的作用关系用边表示，本节基于事故发生的因果关系，将城市轨道交通事故中的事件分为三类，构建了城市轨道交通事故致因网络模型，如图 3-22 所示。

(1) 在城市轨道交通路网中，列车运营过程中发生的列车掉线、清人等事件称为重大事故，如图 3-22 中的椭圆(粗线)节点，一般用符号 T 表示。

(2) 在城市轨道交通路网中，导致重大事故发生的事件或是任何有原因的事件称为中间事件，如图 3-22 中的椭圆(细线)节点，一般用符号 X 表示。

(3) 在城市轨道交通路网中，任何没有原因或不追究其原因的事件，并且它至少为一个中间事件的原因，称为基本事件。且各基本事件之间是相互独立的，即任何一个基本事件都不可能是另一个基本事件的原因，如图 3-22 中的方框节点，一般用符号 B 表示。

一、事故致因网络模型的构建

这里将影响城市轨道交通事故的要素作为网络节点，要素间作用关系映射为连接边，构建了事故致因网络模型，其形式化表达与概念描述如下。

定义 1 事故致因网络 $G(X,E)$，由众多事故影响要素构成，事故影响要素表示为节点的集合 $X=\{X_1,X_2,\cdots,X_n\}$，要素之间的关系表示为边的集合 E。

定义 2 节点用来表征城市轨道交通路网中发生的影响列车运营的重大事故和引发事故的原因，即上述模型中的节点包括 T 事件、X 事件以及 B 事件。

模型中节点的三个特征包括：节点状态、节点属性、节点安全可靠度。

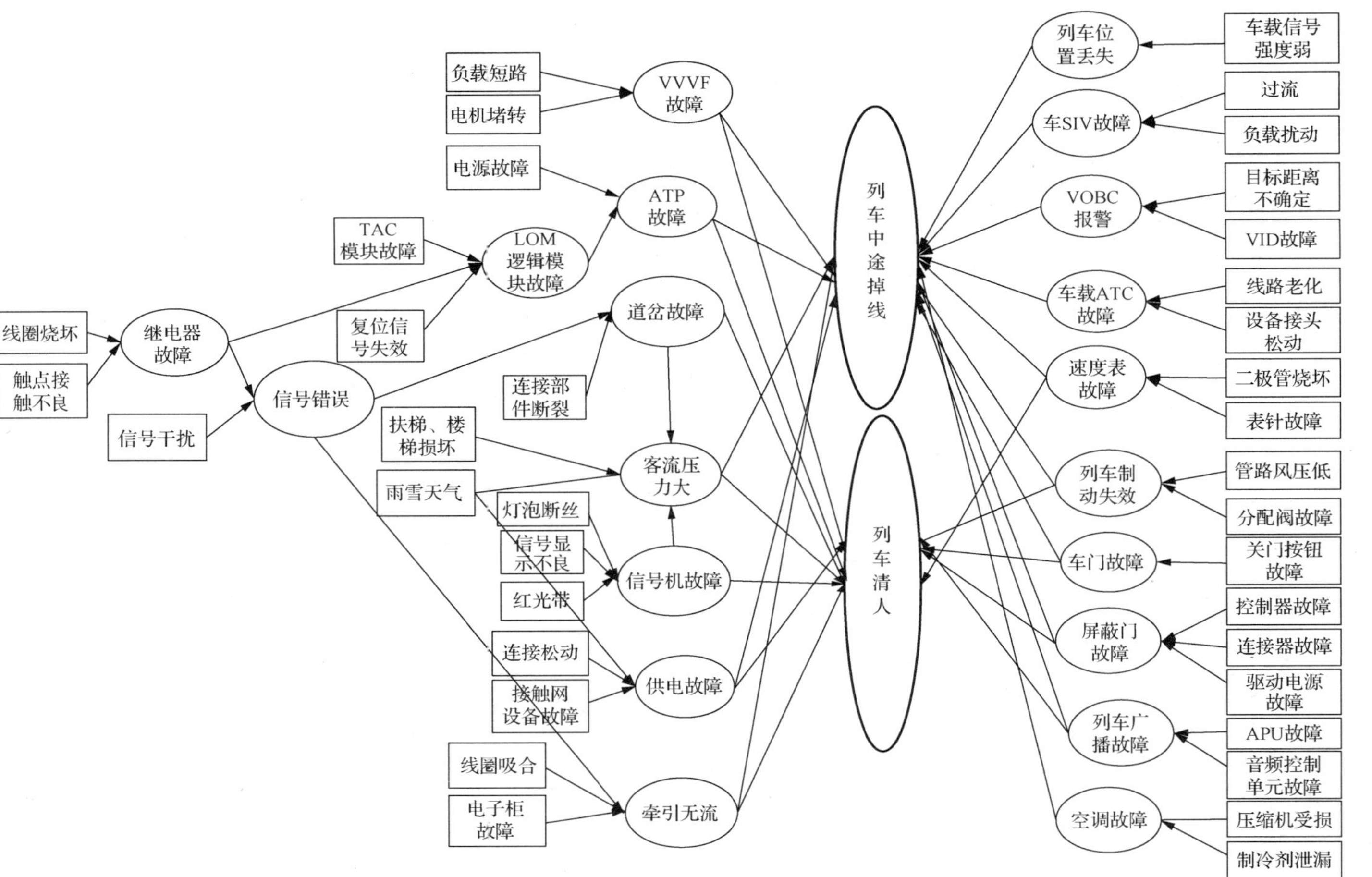

图 3-22　城市轨道交通路网事故致因网络模型

1. 节点状态

在城市轨道交通事故致因网络模型中，节点只有两个状态：正常态与触发态。正常态即没有迹象表明它会受影响或者影响到其他要素的状态；触发态指事故影响要素本身突然改变自己的状态，或者受其他要素的影响被迫改变自己的状态，使自己处在事故演化网中。赋予节点触发参数 $X_i(t)=\tau,\quad \tau\in\{0,1\}$，表示节点 X_i 在 t 时刻的状态，$\tau=\begin{cases}0,\text{节点处于正常态}\\1,\text{节点处于触发态}\end{cases}$。

2. 节点属性

网络节点分为“数值连续型”节点 X_α 和“0-1 型”节点 X_β 两种基本类别。X_α 表征该节点的特征值，表现为可以连续取得，或有多个离散数值。X_β 节点的特征状态只有两种，状态为“0”表示正常，状态为“1”表示不正常。

3. 节点安全可靠度

在城市轨道交通事故致因网络模型中，一个节点 X 能够表现其安全状态的概率为节点的安全可靠度。要素随着时间在一定范围内波动处于正常态，即要素存在一定的阈值。

定义 3　边是由原因事件指向结果事件的有向边，用箭头表示，其中箭尾为原因事件，箭头为结果事件，用来表征事故传播的机理。边的属性：其用来表征由原因指向结果。

定义 4　扩散概率，在城市轨道交通事故致因网络模型中，作用边 E_f 和结合边 E_j 被赋予不同的权重(组合边 E_c 和结合边 E_j 的权重可默认为 1)，以强调安全要素之间关联的紧密程度。

从一个节点的不安全状态开始，通过某条边影响另一个节点的状态的概率，称为扩散概率。通常认为，扩散概率可以从故障历史数据中提取，也可以根据系统参数进行估计。基于因果图理论中条件概率的定义，可知在数据可得的前提下，当有事件发生时，其他事件发生的概率，即扩散概率定义如下：

$$P(V_i|E)=\frac{P(V_iE)}{P(E)} \tag{3-162}$$

式中，E 为证据，是已经发生的事件；$P(E)$ 为证据 E 发生的概率；$P(V_iE)$ 为 E 与 V_i 同时发生的联合概率。

二、事故致因网络关联属性分析

下面搜集影响事故发生的要素，提出组合的概念，对要素间的关联属性进行分析。组合的作用类似于分类器，其类型可分三种。

(1)独立组合：指组合中要素间无作用关系，要素状态不随组合中其他要素的改变而改变。单因素即可导致事故发生，组合起到增强(或减弱)影响的作用。

(2)因果组合：指组合的要素之间存在因果关系，要素状态的改变会引起其他要素的变化，从而改变组合的安全状态。

(3)关联组合：指组合中有两个或两个以上要素同时处于不正常状态时，才能导致另外一些要素状态的变化，体现出要素结合才能共同导致的结果。

网络中各组合的概念通过边的作用体现，如表 3-26 所示。

表 3-26　组合及形式化表达

组合类型	边的概念	边的功效	形式化表达
独立组合	组合边 E_c：节点之间没有直接的联系，但组合中某个节点的异常可能导致事故发生	当整个组合被触发时启动，组合通常起到增强或减弱影响的作用	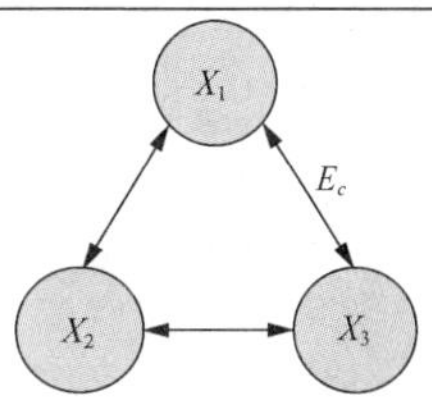 X_1 E_c X_2 X_3
关联组合	结合边 E_j：表示节点组合内部节点之间的关联 边 E_j'：表示节点组合触发后才能导致的后果	当整个组合被触发时启动，组合后能够触发单个节点无法触及的节点	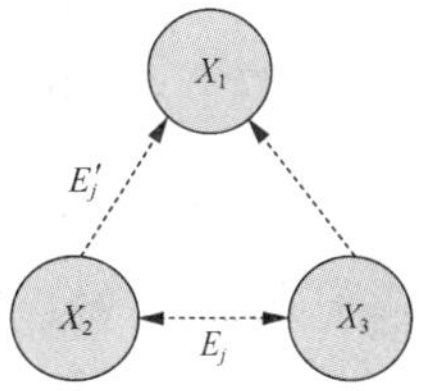 X_1 E_j' X_2 X_3 E_j
因果组合	作用边 E_f：表示点之间的因果关联	依次启动，起到传播不安全状态的作用。当与边相邻的一个节点被触发时，触发状态通过作用边扩散到该边另一个节点	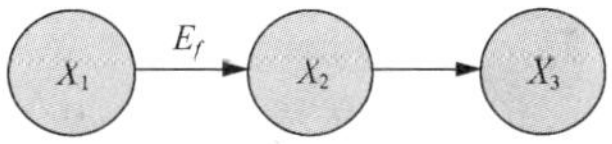 X_1 E_f X_2 X_3

定义 5　在城市轨道交通事故致因网络中，由一个节点的状态改变开始，经过时间步 Δt 以扩散概率大小进行路径选择，导致各个组合的不正常状态，或次生因素与组合因素共同作用导致系统处于不安全状态，称为事故演变过程网。

三、事故致因模型算法

1. 模糊概率算法

由于在实际情况中，对于列车运营事故进行因果分析时，一部分基本事件的精确概率可以依据统计资料来确定，而有的基本事件受其概念的模糊性、不确定性，其行为发生的复杂性、自然气候、人失误等多种因素的影响，需获得精确概率是比较困难的，所以选用三角模糊数来描述事件的模糊概率。三角模糊数[76]用区间取值表示概率，即其对于所取值有一个波动的范围，形如 $P(l,m,u)$，其中 m 为各基本事件的概率值，l 为其下限值，u 为其上限值。

1) 有统计资料的模糊概率

对于有具体统计资料的事件，对其精确值进行模糊处理，根据专家经验给出其发生概率的一个上下波动范围，将其转化为三角模糊概率 $\tilde{P}(l,m,u)$ 的形式。

2) 无统计资料的模糊概率

对于那些无统计资料的事件，采用 3σ 准则求其模糊概率值，即假设估计概率值服从正态分布，则值落在区间 $[m-3\sigma,m+3\sigma]$ 的概率为 99.74%。具体方法如下：组织由 3 人以上组成的专家小组，每位专家依据自己的知识经验给出各基本事件发生概率的估计值，从而可以求得各基本事件概率估计的均值为 m，标准差为 σ。依据 3σ 准则，设 $l=u=3\sigma$，所以将其转化成三角模糊概率 $P(3\sigma,m,3\sigma)$ 的形式。

在事故致因网络模型研究中，基于因果图理论，其扩散概率的算法主要分为 4 个步骤。

(1) 中间(节点)事件的一阶割集表达式：仅用相邻的事件表示。

(2) 中间(节点)事件的最终割集表达式：仅用基本事件和连接事件表示。

(3) 中间(节点)事件的不交化割集表达式：$X=\bigcup_{i=1}^{m}C_i$，其中 C_i 是一个割集，则 X 的不交化割集表达式为 $X=C_1+C_2\bar{C_1}+C_3\bar{C_1}\bar{C_2}+\cdots+C_m\bar{C_1}\bar{C_2}\cdots\bar{C}_{m-1}$。

(4) 在给定证据 E 条件下，计算其波及后续事件的扩散概率 $P(V_i|E)$。

2. 路径选择机制分析

在给出组合的概念之后，结合事故链的特征及扩散概率，下面对城市轨道交通事故致因网络模型中的路径选择机制进行分析。

1) 路径选择原则

(1) 权重优先原则：权重即(条件)扩散概率 $P(V_i|E)$，是根据上述算法描述在事故的传播中计算的，遵循权重大则被选择成为演化路径的可能性相应增加的原则，这是路径选择最基础也最根本的原则。

(2) 随机原则：现实事故传播的路径不完全沿着可能性最大的边传播，也会出现小概率的不确定性变化，在权重优先原则的基础上，需要加入随机原则，即通过概率 $\zeta(p)$ 选择最大权重路径。这是真正使得路径选择变得多变、动态的主要原因。

(3) 关联组合优先原则：关联组合意味着组合中的两个要素被触发后，通过结合边连接能够起到特殊的作用，关联组合需要以权重优先原则进行判断，并以

$\mu(p)$ 的概率实施。

2) 初始状态

在城市轨道交通事故致因网络模型中，当某 $k\ (k \geqslant 1, k \in N)$ 个节点被触发时，状态由正常状态转变为不正常状态。

3) 事故链形成与终止规则

(1) 以时间步 Δt 为单位计算时间。

(2) 每个时间步 Δt 中，每个节点可以向外延长一个连接，即触发另一个节点。

(3) 演化扩散时间 T 可以人为规定，以便解决无穷时间演化没有收敛的矛盾。

(4) 时间终止即视为事故链扩散停止，此时被触发的节点称为时间终点。

(5) 规定时间内遇到物理终点或环路时，也被视为事故链扩散停止。

(6) 可规定当条件扩散概率 $P(V_i|E) < \rho, \rho \in (0,1)$ 时，该条预演化路径停止演化。

4) 路径选择机制

(1) 遍历第一个被触发的节点的出边。

(2) 若没有，则是遇到了影响点或者物理终点，跳至步骤(19)。

(3) 若有一条出边，则选择此边前进，记录扩散概率为 $P(V_i|E)$。

(4) 若有多条出边，则选择边权最大的边，以 $\zeta(p)$ 的概率依此边前进，同时标记此边；以 $1-\zeta(p)$ 的概率选择其余的任意一条边前进，同时标记此边。

(5) 下一个节点被触发。

(6) 遍历第二个被触发的节点的出边。

(7) 若没有，执行步骤(2)。

(8) 若有，判断是否有关联组合中的结合边。

(9) 若有，判断邻点是否被触发。

(10) 若被触发，以 $\mu(p)$ 的概率选择相应边前进，标记两点的作用边。执行步骤(5)。

(11) 若判断概率为 $1-\mu(p)$，执行步骤(13)。

(12) 若未被触发，执行步骤(13)。

(13) 若有一条出边，选择此边前进，同时标记此边。

(14) 若有多条出边，已知每条出边的边权，并在第一条边成立的条件下求出每条边的条件边权(条件扩散概率) $P(V_i|E)$，若 $P(V_i|E) < \rho$，则忽略该边，当 $\{P\}$ 均符合该条件时，跳至步骤(19)，否则执行步骤(4)。

(15) 执行步骤(5)～步骤(14)。

(16) 准备触发第 N 个节点，观察节点状态。

(17) 若节点 N 已经被触发，不改变其状态，遍历其所有的出边。

(18) 执行步骤(6)～步骤(14)。

(19) 直到符合终止规则。

路径选择机制如图 3-23 所示。

开始
节点$\tau=1$
遍历出边
$N_{out}=\text{tra}(X_{out})$
$N_{out}\geqslant 1$
是
否
是否有结合边
否
是
否
邻点$\tau=1$
是
判断
Random()
$\mu(p)$
$1-\mu(p)$
所有$P<\rho$
$N_{out}\geqslant 1$
否
是
选择该边前进，标记边
找出边权最大的边
否
判断
Random()
$1-\zeta(p)$
等概率选择其他出边前进，标记边
是
$\zeta(p)$
求出P_{ij}条件边权
前进，标记边
第二个节点
是
节点$\tau=1$
否
改变节点
$X_i(t)=\tau=1$
$t=T$
终止
结束

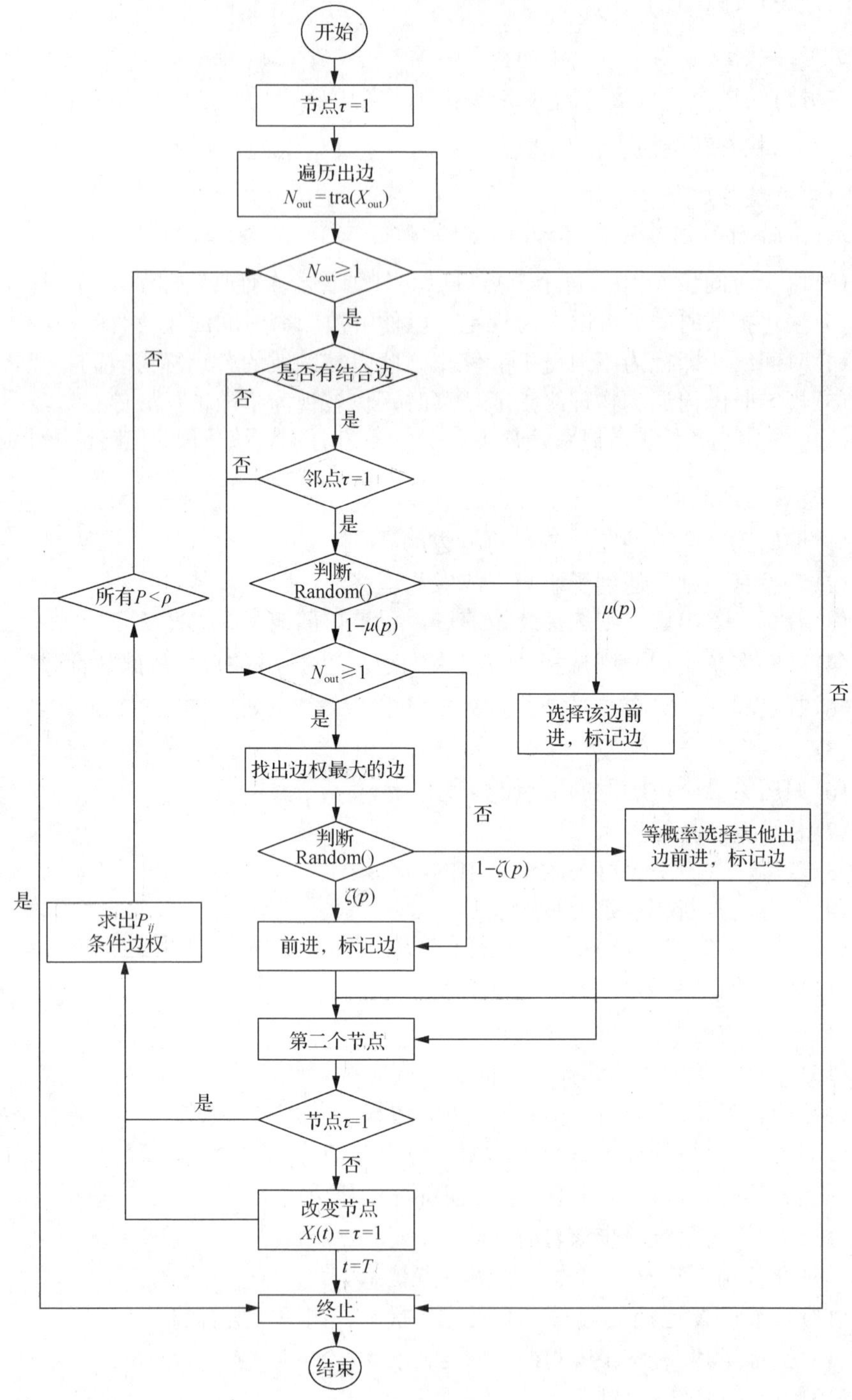

图 3-23　路径选择机制

5) 时间终点设置

模型的事故演变时间终点$T=\sum\Delta t$需要人为地控制，当事故致因网络模型已经逐渐呈现出一个有显示事故特征或者经历一定数量的独立组合时，便可以考虑停止演化而着重于采取哪种策略去预防和制止。

四、交通事故风险预测模型

由于事故的发展通常不是由单个因素决定的，往往是许多错综复杂的因素综合作用的结果，且由于事故的发生本身具有时间序列性，为了能将影响事故发展的众多因素结合起来进行综合预测和相关因素的预测分析，本书采用多元回归的原理建立多因素时间序列的灰色预测模型。这样既克服了时间序列的随机因素影响，又考虑了影响事物发展的多种因素，从而达到提高预测精度和增加预测结果可靠性的效果。

单因素时间序列法是进行多因素时间序列分析的前提和基础。设$Y=(Y(1),Y(2),\cdots,Y(t))$表示事物发展的特征因素时间序列，$X_i^{(0)}=(X_i^{(0)}(1),X_i^{(0)}(2),\cdots,X_i^{(0)}(t))$ $(i=1,2,\cdots,p)$表示影响事物发展的单因素时间序列。

1. 单因素时间序列的GM(1,1)模型

灰色预测是一种对含有不确定因素的系统进行预测的方法。灰色预测通过对原始数据进行生成处理来寻找系统变动的规律，生成有较强规律性的数据序列，然后建立相应的微分方程模型，从而预测事物未来的发展趋势。

这里对于影响事故发生的因素采用单因素时间序列法进行预测，即对于第i个事故影响因素在t时刻的预测值$X_{t,i}(i=1,2,\cdots,n)$采用以下方式确定。

设$X^{(0)}$为非负序列：$X^{(1)}=(x^{(1)}(1),x^{(1)}(2),\cdots,x^{(1)}(n))$，$X^{(1)}$为$X^{(0)}$的累加生成序列，见式(3-163)：

$$X^{(1)}=(x^{(1)}(1),x^{(1)}(2),\cdots,x^{(1)}(n)) \tag{3-163}$$

式中，$x^{(1)}(k)=\sum_{i=1}^{k}x^{(0)}(i)$。

$Z^{(1)}$是$X^{(1)}$的紧邻均值生成序列，见式(3-164)～式(3-167)：

$$Z^{(1)}=(z^{(1)}(1),z^{(1)}(2),z^{(1)}(3),\cdots,z^{(1)}(n)) \tag{3-164}$$

$$z^{(1)}(1)=x^{(1)}(1) \tag{3-165}$$

$$z^{(1)}(k)=0.5(x^{(1)}(k)+x^{(1)}(k-1)),\quad k=2,\cdots,n \tag{3-166}$$

$$Y=\begin{bmatrix} x^{(0)}(2) \\ x^{(0)}(3) \\ \vdots \\ x^{(0)}(n) \end{bmatrix}, \qquad B=\begin{bmatrix} -z^{(1)}(2) & 1 \\ -z^{(1)}(3) & 1 \\ \vdots & \vdots \\ -z^{(1)}(n) & 1 \end{bmatrix} \tag{3-167}$$

最小二乘法技术列满足 $\alpha=(B^{\mathrm{T}}B)^{-1}B^{\mathrm{T}}Y$ 。

$\hat{x}^{(1)}(k+1)$ 的预测公式见式(3-168)：

$$\hat{x}^{(1)}(k+1)=\left(x^{(1)}(0)-\frac{u}{a}\right)\mathrm{e}^{-at}+\frac{u}{a}, \quad k=1,2,\cdots,n \tag{3-168}$$

2. 多因素时间序列预测

多因素时间序列预测模型将单因素时间序列预测模型与线性回归模型结合起来，将影响事故发展的众多因素结合起来进行考虑，具体模型见式(3-169)：

$$Y_t=a_1X_{t,1}+a_2X_{t,2}+\cdots+a_nX_{t,n}+a_t \tag{3-169}$$

式中，Y_t 为事故在 t 时刻的预测值；$X_{t,i}(i=1,2,\cdots,n)$ 为应用 GM(1,1) 模型求得的第 i 个事故影响因素在 t 时刻的预测值；a_i 为各事故影响因素的自回归系数；a_t 为白噪声序列。

依据最小二乘理论及偏导函数理论，结合消元法计算 a_i，再代入各影响因素的预测值，即可得出事故的预测值。

五、交通事故风险预测模型实例

下面以路网运营公司某年 1～10 月的运营数据及其一些调研和仿真的数据为例进行研究，以列车掉线为例，运用事故致因网络模型与风险预测模型进行预测分析。

利用因果关系体现出了基于涌现的事故演化网演变过程。在此利用 MATLAB 软件对其进行动态仿真，与轨道交通实际运营情况进行比较验证。假设事故影响要素集网中的节点 X_3 (继电器故障) 被触发，状态由正常态转变为触发态。根据平均路径，设置时间终点 $T_\omega=5$，$\zeta(p)=80\%$。按照扩散概率和事故演化网的涌现规则，由 MATLAB 求得预演化路径，见式(3-170)：

$$A_1=\{X_3\to X_8\to X_{13}\to T\} \tag{3-170}$$

式中，X_3 为继电器故障；X_8 为学习物件元资料(learning object meta-data，LOM)模块故障；X_{13} 为列车自动防护系统(automatic train protection，ATP)故障；T 为列

车掉线。

利用上述演化路径，基于GM(1,1)单因素时间序列预测模型分别对演化路径中各因素值进行预测，如表3-27所示。

表3-27　某年8～10月单因素预测比较

因素变量		8月	9月	10月
预测值	X_3	71	58	42
	X_8	62	43	47
	X_{13}	60	56	63
实际值	X_3	76	65	46
	X_8	67	47	53
	X_{13}	65	59	66
相对误差$\left(\frac{实际值-预测值}{实际值}\right)$	X_3	0.066	0.108	0.087
	X_8	0.075	0.085	0.113
	X_{13}	0.077	0.051	0.045

通过对表3-27的检验，可发现对X_i (i=3, 8, 13)所建立的GM(1,1)预测模型是合格的，因此可用它们的预测值对Y进行预测。所以，基于多因素时间序列预测模型，利用最小二乘参数估计方法，并利用SPSS20软件进行多元线性回归分析得到的结果如表3-28所示。

表3-28　多因素时间序列预测模型相关参数

模型	相关系数R	回归方差F	显著性系数Sig.	变量系数
模型参数	0.883	7.091	0.21	—
常量	—	—	—	1.648
X_3	—	—	—	0.939
X_8	—	—	—	0.899
X_{13}	—	—	—	0.788

由表3-28可知，该模型中的相关系数R比较接近于1，说明线性回归方程的拟合效果很好；回归方差F的值为7.091，显著性系数Sig.=0.21，在0.05的显著性水平拒绝原假设，表明因变量Y与多因素变量X之间存在高度的显著线性关系。

最后，将依据表3-27得出的单因素时间序列预测模型预测值X代入上述模型，即可得到某年8～10月列车掉线的预测值，并且与该时期的实际值进行比较，如表3-29所示。

表3-29　某年8～10月列车掉线预测比较

列车掉线次数/次	8月	9月	10月	平均相对误差
实际值	177	132	123	—
预测值	171	139	131	—
相对误差	0.034	0.053	0.065	0.051

由表 3-29 可知，8～10 月全路网列车掉线的预测值分别为 171 次、139 次、131 次，相对误差分别为 0.034、0.053、0.065，平均相对误差为 0.051。可见这一结果是比较理想的，同时说明所建立的多因素时间序列预测模型是可行的。

第五节　城市轨道交通客流状态实时检测分析设备

1. 设备研制内容

随着我国城市化进程的加速，城市轨道交通快速发展，建设规模迅速扩大。网络化运营已成为我国城市轨道交通发展的必然趋势，也成为公共交通可持续发展的重大战略需求。随着城市轨道交通网络化运营进程的加速，地铁站每天都承担着较大的客流量，对客流进行有效的监管，会给地铁部门的安全运营提供有力的保障；若管理不当，则很容易因客流量较大而引发各种影响运营的突发情况。若突发情况发生后再采取措施应对，不仅会耗费大量的人力物力，更有可能会造成人员伤亡。因此，实时监控地铁站的客流量，并以监控数据为基础及时采取妥当的应对措施，是避免站内客流事故发生的有效措施[77]。

客流状态实时检测分析设备是基于客流检测视频分析技术研制的一套装置，可实现对地铁车站出入口、站厅、站台、上下车等客流密集区的客流数量及密度信息的检测，从而达到对整个车站的实时进出站客流检测、站厅客流检测、站台滞留乘客检测、上下车客流检测、换乘客流检测以及站台拥挤度检测，并在此数据基础上通过模型算法，实现对下阶段客流预测、预警及报表的功能，以支持地铁主管部门的科学决策、线网规划、运营管理等工作，满足轨道交通运营企业提高网络化运营管理水平的需要。

客流状态实时检测分析设备包括检测器、接入节点、区域节点三部分，如图 3-24 所示。

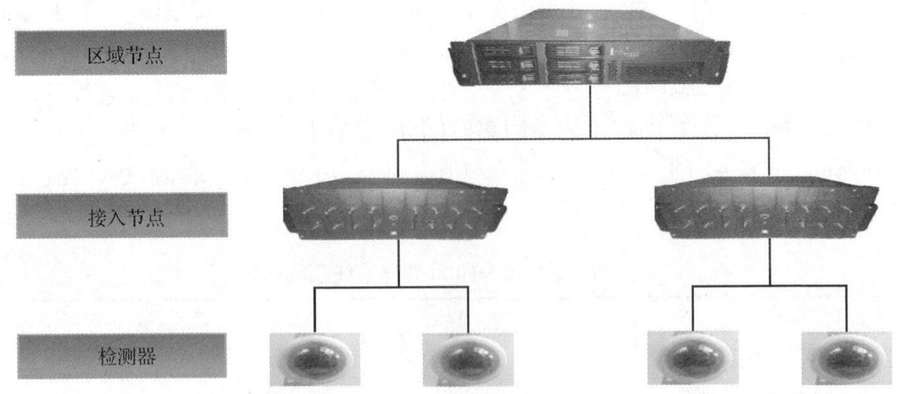

图 3-24　客流状态实时检测分析设备

(1) 检测器主要实现客流视频信息的采集。

(2) 接入节点实现视频流的接入和数据发送，同时完成客流状态实时检测分析，得到客流数量、密度及事件信息，并上传检测结果。

(3) 区域节点实现检测数据接入、数据存储、应用服务和数据对外发布。

2. 各部分功能及实现方法

检测器是视频摄像头，主要完成地铁车站出入口、通道、站台、站厅等处的客流视频的采集，将视频数据发给接入节点的视频服务模块进行进一步处理。

接入节点由视频服务模块、客流状态实时检测分析模块和数据处理与发布模块组成。视频服务模块采用视频编解码、流媒体服务等技术，实现视频接入、编解码和视频发布服务。客流状态实时检测分析模块在高密度客流检测视频分析方法的基础上，通过算法编程实现，应用视频访问接口调用视频服务模块的视频流进行视频分析，得到视频分析检测结果信息。数据处理与发布模块实现对视频分析检测结果数据的整合处理，并以 TCP/IP (transmission control protocol/internet protocol) 报文的方式发布检测结果。

区域节点由数据接入服务、检测监控、数据库、应用系统和数据发布几部分组成。数据接入服务模块完成检测结果的报文接收、数据筛选、入库处理，采用 Socket 编程实现。检测监控模块通过界面完成检测结果的实时展现。数据库完成检测结果的存储，并为应用系统提供数据支撑。应用系统是开发的 B/S (browser/service) 结构的客流状态实时检测与预警系统，主要实现了实时检测、统计分析和系统管理等功能，为用户提供应用操作的各种功能。数据发布模块对检测数据进行整理，对外提供检测统计结果数据。

3. 设备组成结构

客流状态实时检测分析设备能实时获得站厅、站台或换乘通道内的人员数量、密度信息等；车站客流突发事件自动检测监控设备通过对客流信息的实时检测和智能分析，获取客流的拥挤、逆行等突发事件。

客流状态实时检测分析设备按分层结构设计：检测器完成视频采集；接入节点完成视频服务、视频检测分析等；区域节点完成数据接入、检测监控、数据存储、应用服务、数据发布。设备总体结构如图 3-25 所示。

设备物理组成结构图如图 3-26 所示。

如图 3-26 所示，首先由安装在地铁车站出入口、通道、站台、站厅等处的客流状态检测器检测客流信息，然后将检测信息及视频发送给接入节点；接入节点将检测信息根据时间、空间、类型等维度进行汇总存储，并将数据发送给客流状态实时检测的区域节点；区域节点将接入节点上传的数据根据业务需要进行综合分析并展示。

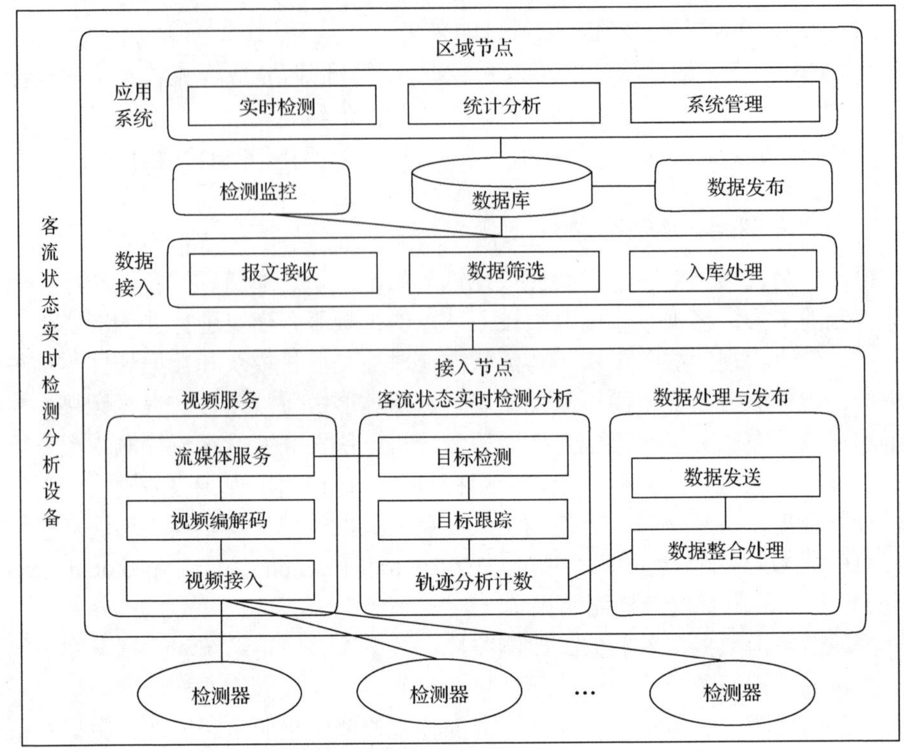

图 3-25　设备总体结构

4. 设备部署

设备部署时可以根据实际需要进行设计，设备可以构成三层结构，如图 3-27 所示。每个车站要设置一个区域节点，可以接多个接入节点，接入节点数量要根据距离、检测器数量等因素设计，每个接入节点最多可接入 32 个检测器。

客流状态实时检测分析设备接入网络后，要保证网络的连通。该网络应为本系统每个客流状态采集器分配一个 IP 地址。

把检测器的专用摄像头部署到站厅、站台、换乘通道、出入口的顶部，通过视频线及网线连接到值班室的接入节点就可以正常运行。

出入口、换乘通道客流人数统计：检测器需要垂直安装，高度在 2.5m 以上，吸顶或做吊杆均可，电源可就近取 220V 市电或集中供电，视频线采用 75Ω 同轴电缆，连接到值班室的接入节点，网络超过 100m、视频超过 185m 时需要增加中继器，延长传输距离。

上下车客流人数统计：将检测器安装在屏蔽门站台一侧，与屏蔽门水平距离为 5～10cm，下端向屏蔽门方向倾斜 10°～15°，采用吊杆方式安装，高度在 2.5m 以上。

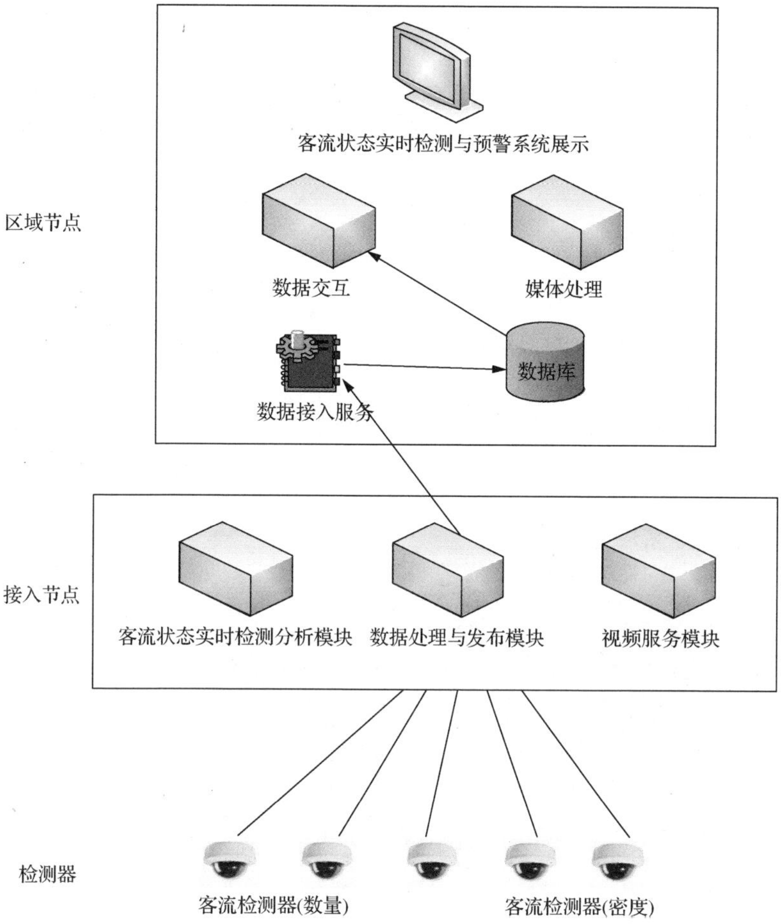

区域节点
客流状态实时检测与预警系统展示
数据交互
媒体处理
数据库
数据接入服务
接入节点
客流状态实时检测分析模块
数据处理与发布模块
视频服务模块
检测器
客流检测器(数量)
客流检测器(密度)

图 3-26　设备物理组成结构

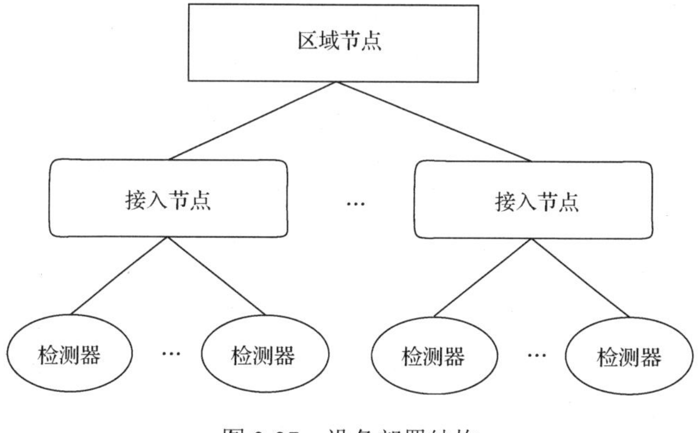

图 3-27　设备部署结构

站台密度统计：将检测器安装在站台上下台阶的地方，覆盖站台内 2m、站台边缘安全线向内 1m、垂直距站台边缘 4m 处等区域，取景 $2m^2$，当三个区域密度达到一定值时，就可估算出站厅客流密度，采用吊杆方式安装。

把接入节点安装到车站值班室，配置好后连接入网就可以正常运行。

5. 系统功能界面

通过检测监控可以实时查看检测结果数据，同时可以调用实时视频进行人工对比，确定视频检测分析的正确性。系统界面如图 3-28 所示。

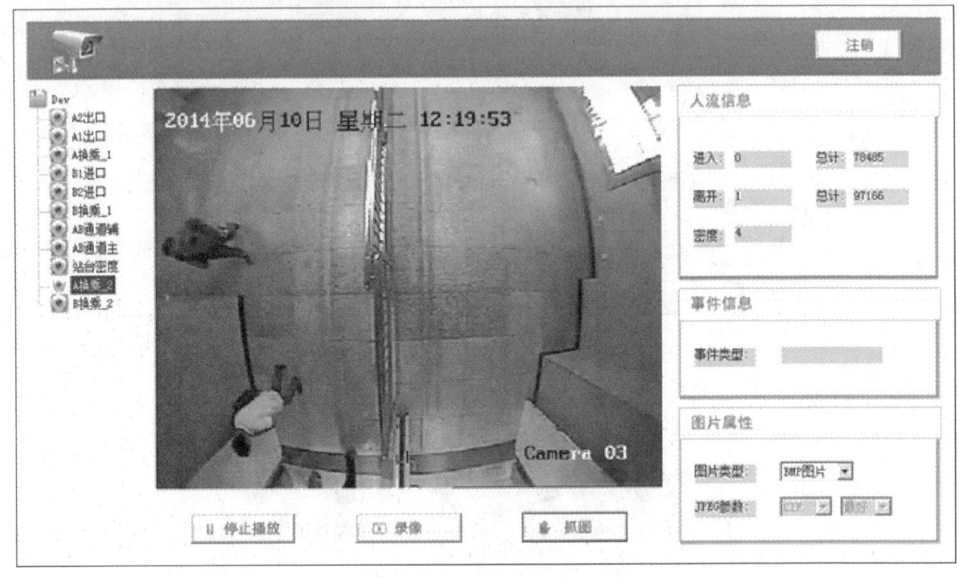

图 3-28　检测监控系统界面

应用系统是开发的 B/S 结构的客流状态实时检测与预警系统，用户可以通过浏览器进行访问，包括主界面示意图展示、实时检测和统计查询三部分功能。用户通过应用系统可以监控整个区域节点(车站)所有检测器检测的结果，包括站厅、站台和换乘通道内人员数量，密度信息，非法区域侵入、逆行等事件信息，同时通过统计分析可以查看一段时间内客流汇总数据。系统功能如图 3-29 所示。

主界面示意图展示如图 3-30 所示，以车站站内结构示意图为基础，展示客流检测器的安装位置及当前检测到的客流数量、速度值及密度值；并以列表的形式对安装于各个位置的客流检测器的检测数据进行集中展示。

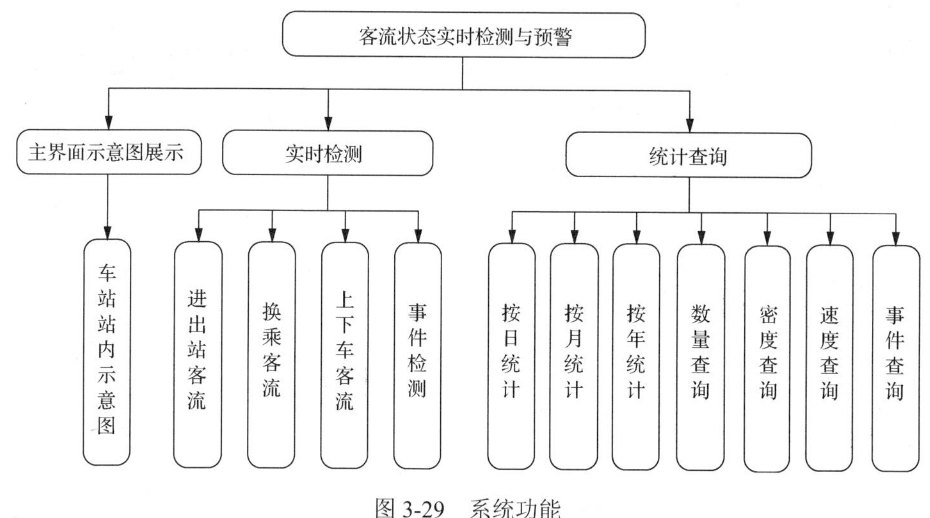

图 3-29　系统功能

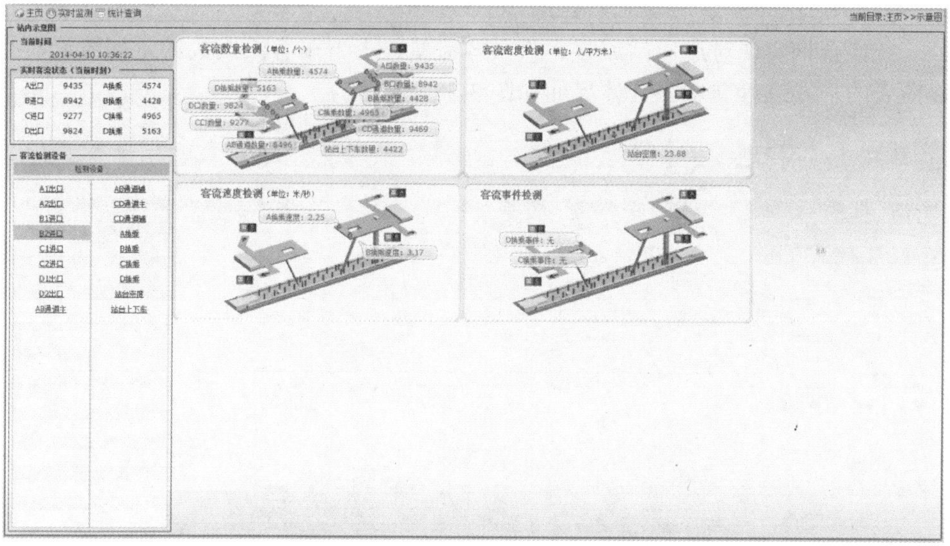

图 3-30　主界面示意图展示

实时检测实现站厅、站台、换乘通道和进出站口客流实时检测，换乘客流实时检测以及上下车客流实时检测的功能，包括客流数据检测、客流密度检测、客流速度检测和客流事件检测几部分，具体界面如图 3-31 所示。

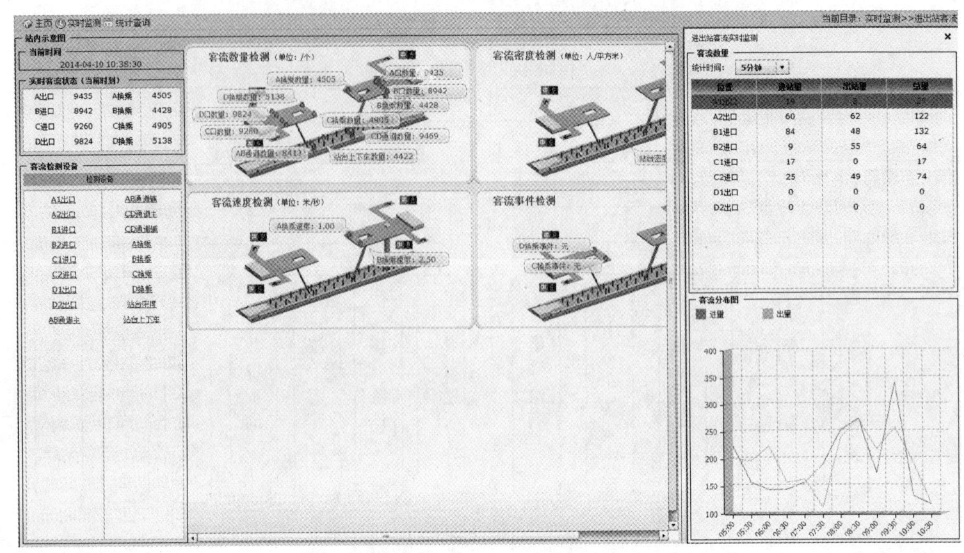

图 3-31　实时检测

统计查询实现对进出站流量、换乘客流量、上下车客流人数的定期统计，并以图表的形式进行展示。具体界面如图 3-32 所示。

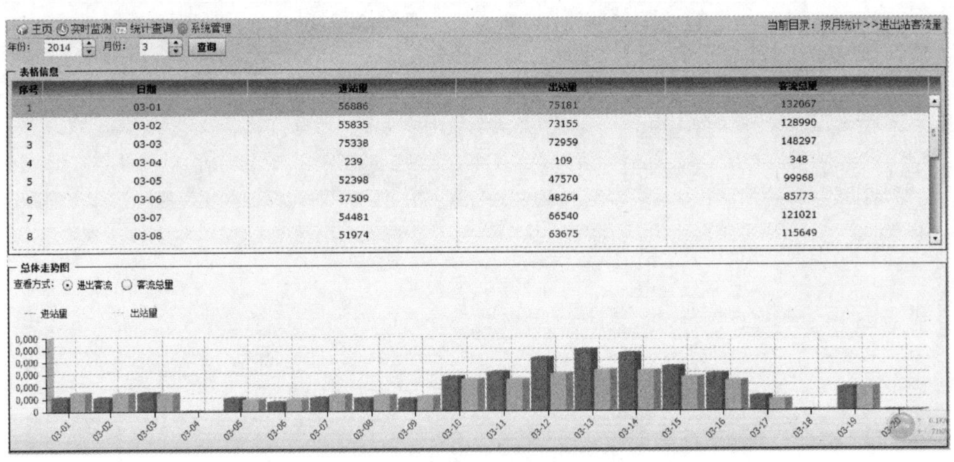

图 3-32　统计查询

6. 设备实施部署

在客流状态实时检测分析设备部署时有以下重点工作。

(1) 检测器部署的吊顶、取电和视频线的布线。

(2) 系统网络环境准备、IP 分配。

(3) 检测器的角度和视野调整。

(4) 视频检测分析模块的参数标定、精度调整。

(5) 应用系统部署、接入和联调等。

第六节　城市轨道交通路网运营安全综合监控与预警系统

1. 系统设计分析

1) 系统目标客户分析

城市轨道交通路网运营安全综合监控与预警系统的目标客户为城市轨道交通路网指挥中心运营调度指挥人员。

2) 系统业务目标分析

本书以城市轨道交通系统网络化运营为背景，围绕城市轨道交通复杂网络化运行环境下的信息共享、综合安全监控预警等迫切需求，研究城市轨道交通路网设施设备与客流状态实时获取、运营安全状态评估与预警等关键技术，研制具有自主知识产权的路网运营安全综合监控与预警系统。

3) 系统项目范围分析

本书以城市轨道交通路网为研究对象，建立满足城市轨道交通路网中心相关业务部门要求的城市轨道交通安全综合监控与预警系统。

4) 系统开发工具选取

前台界面开发工具：Flex 3.5[78]。

后台数据库开发工具：Oracle 10g。

地图开发工具：ArcGIS 10.1。

2. 系统建立

1) 系统业务功能需求

城市轨道交通路网运营安全综合监控与预警系统主要从路网运营安全角度出发，具备对客流数量、密度等实时状态显示及拥挤、入侵、逆行等异常行为信息实时报警的功能；具备对城市轨道交通路网运营列车监察数据、路网客流数据的可视化综合展现功能；具备对路网运营安全状态不同层次(微观、中观、宏观)进行综合评估的功能；具备重要事故致因分析和风险预测分析的功能；具备根据路网安全评估结果出具路网运营日报的功能。各功能概括为信息监察与报警、综合安全评估、运营安全风险预测、运营风险日报四大功能，具体功能结构图如图 3-33 所示。

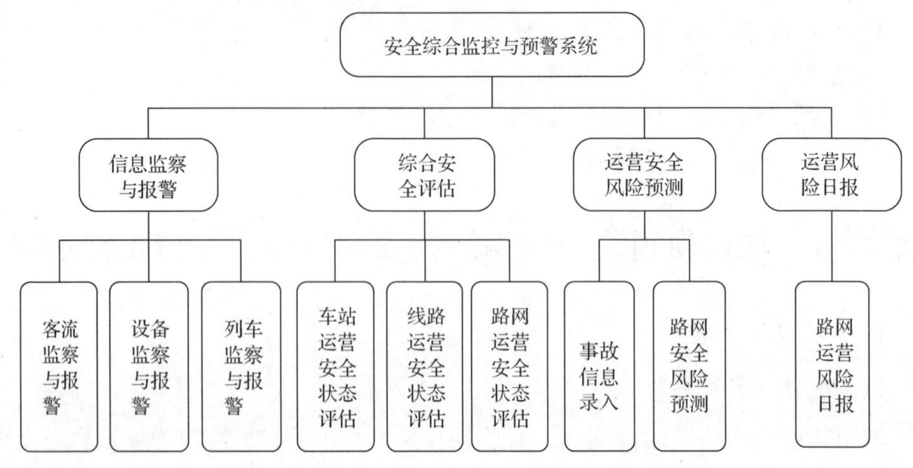

图 3-33　安全综合监控与预警系统功能结构图

(1)信息监察与报警。信息监察与报警功能主要包括对客流信息、设备信息和列车信息的监察与报警。在此功能模块实施过程中，需要确定报警的阈值，阈值应根据规范确定，没有规范作为依据的，可通过专家经验值或者现行系统的阈值确定，如果没有专家经验值或现行系统的阈值，则可以通过现场调研的方式确定。

(2)综合安全评估。综合安全评估模块主要实现对不同空间粒度(车站、线路、路网)、不同时间粒度(时刻、时段)的路网运营全过程的安全态势评估，主要包括车站运营安全状态评估、线路运营安全状态评估和路网运营安全状态评估等子功能。

①车站运营安全状态评估，以车站实时统计客流数据、设备运行状态实时数据、综合环境数据及其他相关数据为基础，评价车站的运营安全状态，并输出车站安全状态评价值和评价等级，当车站安全状态评价值达到警戒值和警戒等级时，系统自动报警。

②线路运营安全状态评估，以线路实时统计客流数据、设备运行状态实时数据、综合环境数据、列车运行数据、线路上车站的安全状态评价值及其他相关数据为基础，评价线路的运营安全状态，并输出线路安全状态评价值和评价等级，当线路安全状态评价值和评价等级达到警戒值和警戒等级时，系统自动报警。

③路网运营安全状态评估，以路网实时统计客流数据、综合环境数据、路网中各线路的安全状态评价值及其他相关数据为基础，评价路网的运营安全状态，并输出路网安全状态评价值和评价等级，当路网安全状态评价值和评价等级达到警戒值和警戒等级时，系统自动报警。

(3) 运营安全风险预测。运营安全风险预测将城市轨道事故因果图的各个节点分为征兆事件层和基本事件层。层次中征兆节点、基本事件节点通过模型中不确定性的传播和合成，在几种诱因的条件下预测事故发生的概率。

(4) 运营风险日报。为了满足北京城市轨道路网中心对路网每日运营风险状况的关注需求，系统能提供运营风险日报，提供风险日报的在线查看及导出到本地的功能。风险日报的内容包括路网中心关注的车站级、线路级及路网级指标值报表以及重点关注的趋势图。

2) 系统设计

应根据任务书要求及系统的功能需求说明书，开展系统概要设计和界面设计及数据库设计等工作。系统设计主要考虑到功能的全面性以及用户操作的便捷性及界面的简洁美观。

3) 系统界面展示

(1) 信息监察与报警，如图 3-34 所示。

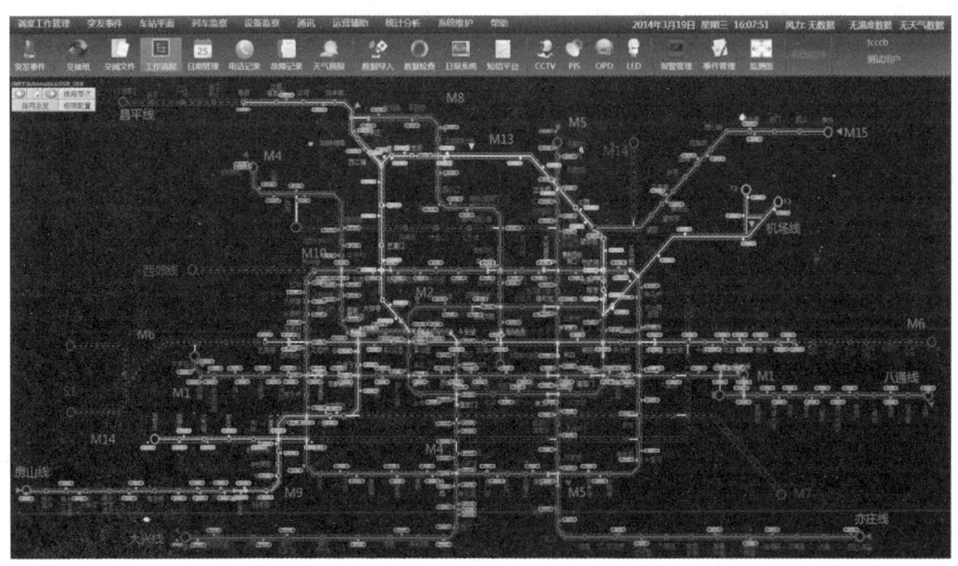

图 3-34 信息监察与报警界面

(2) 安全评估与预警，如图 3-35 所示。

(3) 运营风险日报，如图 3-36 所示。

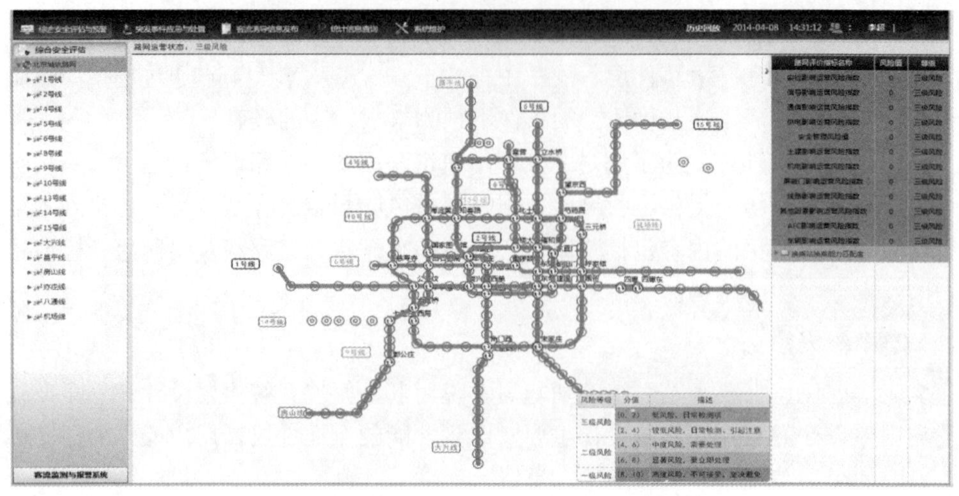

图 3-35　安全评估与预警界面

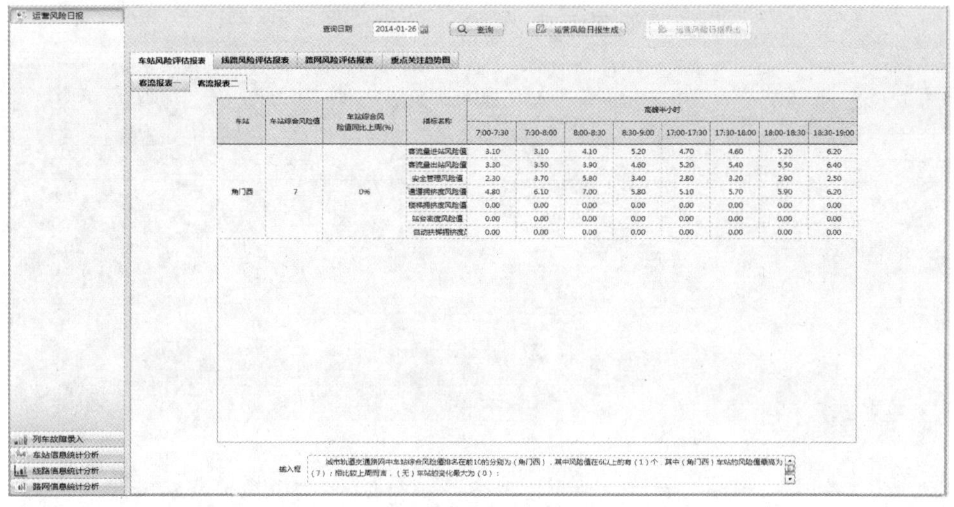

车站	车站综合风险值	车站综合风险值同比上周(%)	指标名称	高峰半小时							
				7:00-7:30	7:30-8:00	8:00-8:30	8:30-9:00	17:00-17:30	17:30-18:00	18:00-18:30	18:30-19:00
角门西	7	0%	客流量进站风险值	3.10	3.10	4.10	5.20	4.70	4.60	5.20	6.20
			客流量出站风险值	3.30	3.50	3.90	4.60	5.20	5.40	5.50	6.40
			安全管理风险值	2.30	3.70	5.80	3.40	2.80	3.20	2.90	2.50
			通道拥挤度风险值	4.80	6.10	7.00	5.80	5.10	5.70	5.90	6.20
			楼梯拥挤度风险值	0.00	0.00	0.00	0.00	0.00	0.00	0.00	0.00
			站台密度风险值	0.00	0.00	0.00	0.00	0.00	0.00	0.00	0.00
			自动扶梯拥挤度	0.00	0.00	0.00	0.00	0.00	0.00	0.00	0.00

图 3-36　运营风险日报

第四章　城市轨道交通路网突发事件应急处置关键技术研究

城市轨道交通路网突发事件应急处置关键技术主要包括路网多级应急预案的数字化模型及流程化建模方法、突发大客流对路网运营及协同疏导的影响以及路网客流诱导信息发布规则与内容的研究。

第一节　城市轨道交通应急预案管理方法

一、轨道交通应急预案概述

应急预案又称应急计划，是针对可能的事故或灾害，为保证迅速、有序、有效地开展应急与救援行动，降低事故损失而预先制定的有关计划或方案。它是在辨识和评估潜在的重大危险、事故类型、发生的可能性、发生过程、事故后果及影响严重程度的基础上，对应急机构与职责、人员、技术、装备、设施设备、物资、救援行动及其指挥与协调等方面预先做出的具体安排。它明确了在突发事件发生之前、发生过程中以及刚刚结束之后，谁负责做什么、何时做，以及相应的策略和资源准备等。

城市轨道交通应急预案的管理就是在对轨道交通运营过程中可能遇到的突发事件及其发展规律进行分析、预测的基础上，制定一系列应急预案并对其进行管理和控制的过程。预案管理有利于提高应急预案的实用性和科学性，完善应急预案体系，加强城市轨道交通应急管理能力。下面分别从城市轨道交通风险源分析、城市轨道交通应急预案的分级分类、应急预案内容以及基于生命周期的应急预案管理方法四个方面进行阐述。

1. 城市轨道交通风险源分析

编制城市轨道交通应急预案前，应对地铁线路、车站环境的危险源进行细致的分析。一般而言，轨道交通风险源分为六种：物理性危险源，化学性危险源，生物性危险源，生理、心理性危险源，行为性危险源，其他危险源。物理性危险源主要为设备设施的缺陷、防护缺陷、机械噪声、静电以及其他电危害、振动危害、电磁辐射、运动物危害、作业环境不良、信号不良或者无信号设施等缺陷、无标志或应设标志而无标志等危险；化学性危害源主要是指易燃易爆物质、自然性物质、有毒物质、腐蚀性物质和其他化学性危险；生物性危害源主要是指致病微生物、传染病媒介物、致害动植物以及其他生物性危险；生理、心理性危害源主要是指易引起疲劳、劳损、伤害等的超负荷工作，健康状况异常，从事禁忌作业，心理异常，辨识功能缺陷以及其他生理、心理性危险；行为性危险源主要是指作业人员的指挥错误、操作错误、监护失误以及其他行为性危险；其他危险源是指除上述五种危害外的所有危险。

2. 城市轨道交通应急预案的分级分类

在对危险源识别的基础上可总结城市轨道交通中可能发生的突发事件类型，然后进一步确定编制预案的类型、等级等。总结世界各国地铁已经发生过或可能发生的事故(灾害事件)，其对应应急预案的类型可以分为以下 17 种：火灾、列车救援、列车脱轨、接触轨无电、道岔故障、照明故障、地外伤害、车站封闭、换乘站无法换乘、爆炸、恐怖袭击、恶劣天气、区间疏散、列车清人、长时间无车、异物侵害、自然灾害。结合我国地铁现状，比较容易发生的事故按其性质相似性可分为以下四大类：火灾(含爆炸)，列车脱轨(包括倾覆)，重大设施、设备故障(如电梯故障)，恐怖袭击。

按照预案的针对性可以将其分为综合预案、专项预案和现场预案。综合预案是对应急的一个总的管理和策划；专项预案是针对某一具体事故的应急处置预案，规定了一个具体事件的应急工作的具体措施、方法和责任，其结构形式与综合预案大体相同，是综合预案的重要补充，也是城市轨道单位具体处置相应事件的指导性文件；现场预案是针对具体的装置、场所或设施所制定的应急措施。

根据事件造成的人身财产损失情况，将预案划分为五个等级，依次表示了事件的严重程度从轻到重，预案等级的划分便于相应的处置措施的选取。

同一事件应急处置涉及不同的部门，因此预案按照使用部门可以进一步细化，以广州地铁为例，处置层级包括专业中心、线路运行控制中心(operating control center，OCC)、线网中心、运营事业部、总公司。除了总公司层级只有一个预案，其他层级不同部门可以制定具有针对性的应急预案。

3. 应急预案内容

城市轨道交通应急预案的内容需要涵盖以下几个方面。

(1)总则，主要说明本预案的编制目的、编制依据、工作原则、适用范围。

(2)危险源识别，包括对危险源的调查、了解，分析其危险程度与可能导致的事件和事件的影响范围及后果。

(3)组织结构和职责，包括各类应急组织机构和职责、组织体系框架。

(4)预防和预警，包括预防预警行动、预警级别的确定和发布。

(5)应急响应，它可以分解为分级响应、医疗救护、人员安全防护、事件调查分析、后果评估、新闻发布等。

(6)后期处置，包括善后处置、报价保险、经验教训总结和改进建议。

(7) 保障措施，包括通信和信息、救援装备、应急队伍、交通运输、医疗卫生、治安、物资、资金、技术储备等方面的保障。

(8) 突发事件应急处置专业队伍的建设、培训和演练。

(9) 附件 1，包括预案管理与更新、奖励与责任等。

(10) 附件 2，涵盖应急救援工作流程图、应急人员联系方式、风险分析和应急能力评估结果等。

4. 基于生命周期的应急预案管理方法

城市轨道交通应急预案的程序化管理，能够增强应急预案的科学性、针对性和可操作性，使应急救援工作更加及时、有序和有效；能够提高城市轨道各层级处置突发事件的能力，使应急预案管理工作更符合现代应急管理的需求。为了便于熟悉、掌握应急预案管理的基本程序，本书提出了基于生命周期的应急预案管理流程，即应急预案的编制、应急预案的内部评审和会签、应急预案的修改、应急预案的评审与发布、应急预案的培训演练及使用、应急预案的修订。

1) 应急预案的编制

(1) 成立应急预案编制小组。成立应急预案编制小组是指以单位主要负责人为领导，将各有关职能部门人员、各类专业技术人员聚集到一起，明确编制任务、职责分工、工作计划，从而有效地保证应急预案的准确性、完整性和实用性。

(2) 资料收集。收集应急预案编制所需的各种资料（相关法律法规、应急预案、技术标准、国内外同行业突发事件案例分析、本单位技术资料等）。

(3) 风险分析与应急能力评估。在危险因素分析及事故隐患排查、治理的基础上，确定本单位的风险源、可能发生事故的类型和后果，进行事故风险分析，并指出事故可能产生的次生、衍生事故，形成分析报告，分析结果作为应急预案的编制依据。

依据风险分析的结果，对已有的应急资源和应急能力进行评估，明确应急救援的需求和不足，并结合本单位实际，加强应急能力建设。应急资源包括应急人员、应急装备、应急物资等；应急能力包括人员的技术、经验和接受的培训等。

(4) 编制应急预案。针对可能发生的事故，结合危险分析和应急能力评估结果等信息，按照《国家突发公共事件总体应急预案》、《国务院办公厅关于印发〈省（区、市）人民政府突发公共事件总体应急预案框架指南〉的函》（国办函〔2004〕39 号）和《生产经营单位安全生产事故应急预案编制导则》（AQ/T9002—2006）等有关规定和要求编制应急预案。

应急预案编制过程中，应注重编制人员的参与和培训，充分发挥他们各自的专业优势，使其均掌握危险分析和应急能力评估结果，明确应急预案的框架、应急过程行动重点以及应急衔接、联系要点等。同时，编制的应急预案应充分利用社会应急资源，考虑与政府应急预案、上级主管单位以及相关部门的应急预案相衔接。

2) 应急预案的内部评审和会签

应急预案草稿形成后，应急预案编制小组进行内部评审，内部评审通过后组织预案中涉及的相关部门进行会签，最终形成会签意见，决定预案返回修改还是提交上级审批。

3) 应急预案的修改

应急预案的修改是指预案内部评审或会签或上级审批不通过后将审批意见作为直接参考对预案中不符合要求的部分进行修改完善的过程。

4) 应急预案的评审与发布

为确保应急预案的科学性、合理性以及与实际情况的符合性，应急预案编制单位或管理部门应依据我国有关应急的方针、政策、法律、法规、规章、标准和其他有关应急预案编制的指南性文件与评审检查表，组织开展应急预案评审工作，取得政府有关部门和应急机构的认可。重大事故应急预案经评审通过后，应由最高行政负责人签署发布，并报送有关部门和应急机构备案。

上级部门对预案评审后无异议即可发布预案，并生成预案的版本号，如车辆段火灾事件应急处置预案 1.0。

5) 应急预案的培训演练及使用

为了确保预案的有效性，预案发布后还应进行应急预案宣传、教育和培训，应急资源的定期检查落实，应急演习和训练，应急预案的实践，应急预案的电子化，事故回顾等工作。如果在培训演练中未发现问题则该预案即可应用到日常应急处置工作中。

6) 应急预案的修订

修订一般包括实时修订和定期修订。实时修订指按照应急预案实际使用和应急预案演练中发现的问题，以及出现的新局面、新情况、新特点，国家法律法规的变化等进行重新修改。定期修订指周期性修订，按照不同的应急预案级别设置不同的应急预案修订周期，以满足实际需要。例如，《国家突发公共事件总体应急预案》规定应急预案的更新期限为三年。

这部分工作建立在编制的基础上，延续之前的程序，依次进行内部评审会签、上级审批或修改，直至发布，这时需要更新预案的版本号。

二、轨道交通多级应急预案的数字化模型

下面主要介绍应急预案数字化建模以及应急处置流程的生成方法：首先，抽取文本预案中的处置要点，对处置要点进行多维度分解，构建轨道交通应急预案数字化模型；其次，采用基于相似度匹配的分析方法，逐一对比处置要点中维度的信息与接警事件维度信息，构建处置要点集合，对处置要点进行评估和排序，最终生成

处置方案，下面对该方法中的关键技术点分别进行阐述。该方法流程如图 4-1 所示。

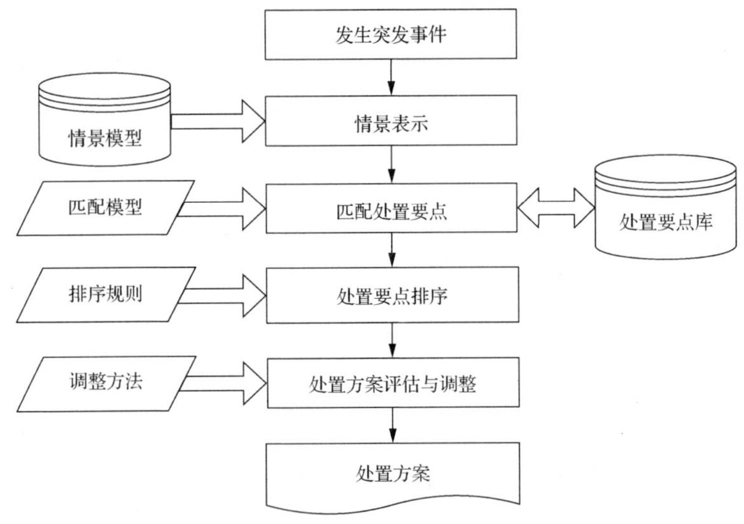

图 4-1 应急预案数字化建模以及应急处置流程的生成方法

1. 抽取处置要点

城市轨道突发事件应急预案是一个包含多个处置要点的整体方案。要对应急预案进行建模，首先必须将应急处置过程中所要执行的全部处置要点从各类突发事件的应急预案文本中提取出来。

处置要点的提取流程：从文本预案中梳理出应对各类突发事件的处置流程，对处置流程进行分解，提取出所有的基本操作单元作为处置要点，如图 4-2 所示。

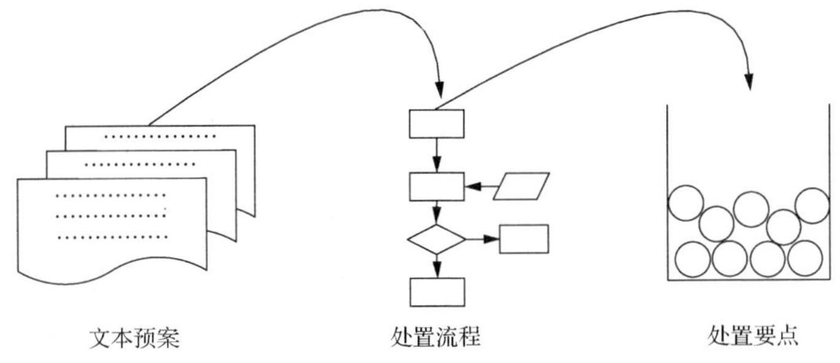

图 4-2 处置要点提取流程

城市轨道路网突发事件应急处置措施包括车站应急广播、组织清人、限制客流、紧急疏散、封闭换乘通道、封闭车站、区间停运等。这些处置措施按应急处置过程中的执行顺序及各自的作用可以进一步细分为接警、先期处置、通知报告、指挥与处置、续警、续报、后期处理、终报等步骤，每个步骤可能涉及多个不同的操作，也就是处置要点，要对处置要点进行分析，必须首先将所有突发事件应急处置所要执行的全部处置要点梳理出来。

根据处置要点本身的内容及其所关联的信息，对其进行多维度分解：

Action= <Event, Time, Location, Environment, Operator, Information>

Action 表示处置要点，它是可以执行的处置措施的最小单位。

Event 指事件特征维度，又可以具体分为事件类型、事件级别、事件衍生阶段。事件类型的值域是城市轨道交通系统内可能发生的各种突发事件类型；事件级别的值域为{Ⅰ,Ⅱ,Ⅲ,Ⅳ}；事件衍生阶段分为前期、中期、后期三种。

Time 指时间特征维度，又可以分为处置阶段、是否高峰、是否节假日。处置阶段包括接警、先期处置、通知报告、指挥处置、续警、续报、后期处理、终报等；是否节假日与是否高峰取值为是或否，这两个属性针对节假日或大客流的应急预案中的处置要点。

Location 指地点特征维度，描述突发事件的发生地点，包括车站、区间、列车三种。

Environment 指环境特征维度，包括实时天气、是否滞留乘客等。实时天气包括大风、降雪、暴雨等，针对恶劣天气相关预案中的处置要点；是否滞留乘客取值为是、否，该属性根据突发事件后人员滞留启动公交接驳计划的处置要点而设定。

Operator 指执行主体维度，包括适用处置层级、适用岗位、适用部门。处置层级由低到高分为现场级(车站或区间)处置、线路级(运营分公司)处置、运营企业级处置和路网中心级处置；适用岗位一般是执行处置要点的具体岗位、人员，如售票员、司机、车站综控室、值班站长、行车调度员等，也可以是组织机构；适用部门指车务部、车辆段、机务段等，对于同一事件，不同的部门可能会有不同的预案，这决定了该属性设置的必要性。

Information 指信息交互维度，应急处置中涉及不同层级之间的信息传递、协作，因此需要设定该维度使相关的处置要点具有某种联系。该维度信息包括是否需要反馈、反馈源、反馈内容、关联处置要点。是否需要反馈是一个反映各级处置人员的协同交互情况的处置要点属性，表示的是该处置要点执行后，是否需要得到其他相关人员的反馈信息，如果是，则用反馈源这个属性来表示需要的反馈信息来自哪些部门或人员，反馈内容则描述反馈源反馈的建议、命令、状况等信息。关联处置要点是一个处置要点集合，表示该处置要点执行后或执行的同时必须执行的其他处置要点，是由一条处置要点触发另一条或多条处置要点的按钮属性。

以上所有属性基本可以分为两类：情景相关要点、处置执行相关要点。情景相关要点直接与突发事件的接警信息相呼应，用于与突发事件匹配，从而决定该处置要点是否可以被筛选出；处置执行相关要点用于对处置要点的具体执行进行说明。

处置要点多维度分解示例如表 4-1 所示。

表 4-1　处置要点多维度分解示例

序号	处置要点	事件特征维度			地点特征维度			时间特征维度			执行主体维度			环境特征维度		信息交互维度			
		事件类型	事件级别	事件衍生阶段	车站	列车	区间	处置阶段	是否高峰	是否节假日	适用处置层级	适用岗位	适用部门	实时天气	是否滞留乘客	是否需要反馈	反馈源	反馈内容	关联处置要点
1	请求接触轨停电	火灾、爆炸、道岔故障、恶劣天气	通用	前期、中期	—	—	区间	通知报告	通用	通用	现场级	行车值班员	车务部	通用	通用	是	电调	是否同意接触轨停电	接触轨停电
2	通知相邻站切换AFC至紧急疏散	火灾、爆炸、恐怖袭击	通用	前期、中期	通用	通用	通用	通知报告	通用	通用	现场级	综控员	车务部	通用	通用	否	—	—	无
3	开启 FAS 广播	通用	通用	通用	通用	通用	通用	指挥处置	通用	通用	现场级	综控员	车务部	通用	通用	否	—	—	无
4	本线发布解除信息	通用	通用	后期	通用	通用	通用	后期处理	通用	通用	线路级	行车调度员	OCC	通用	通用	否	—	—	通知车站工作人员解除封站
5	巡查道岔状况，判断是否影响道岔的搬动	恶劣天气	通用	通用	—	—	—	指挥处置	通用	通用	现场级	综控员	车务部	降雪	通用	否	—	—	无
6	报告路网中心	通用	通用	通用	通用	通用	通用	通知报告	通用	通用	总调级	值班经理	车务部	通用	通用	否	—	—	无
7	启动公交接驳	通用	通用	中期、后期	通用	通用	通用	指挥处置	通用	通用	路网中心	路网调度员	TCC	通用	是	否	—	—	无
⋮	⋮	⋮	⋮	⋮	⋮	⋮	⋮	⋮	⋮	⋮	⋮	⋮	⋮	⋮	⋮	⋮	⋮	⋮	⋮

2. 处置要点与突发事件匹配方法

当突发事件发生时，值班人员接到警情信息(烟雾报警器、监控视频等设备接收到的警情或者现场人员报告的警情)时，迅速掌握突发事件的情景信息(包括事件类型、时间、地点、事件的影响范围等)，运用基于相似度的匹配规则从数字化预案库中匹配出相应的处置要点。

处置要点情景相关的属性用于实现与情景信息的匹配，包括适用事件类型、适用事件级别、事件衍生阶段、适用事件地点、是否高峰、是否节假日、实时天气、是否滞留乘客。

假设用于实现匹配过程的情景元素属性有 m 个，处置要点属性有 n 个，则情景元素与处置要点的匹配过程可以用图 4-3 表示(图中 $m=n=5$)。

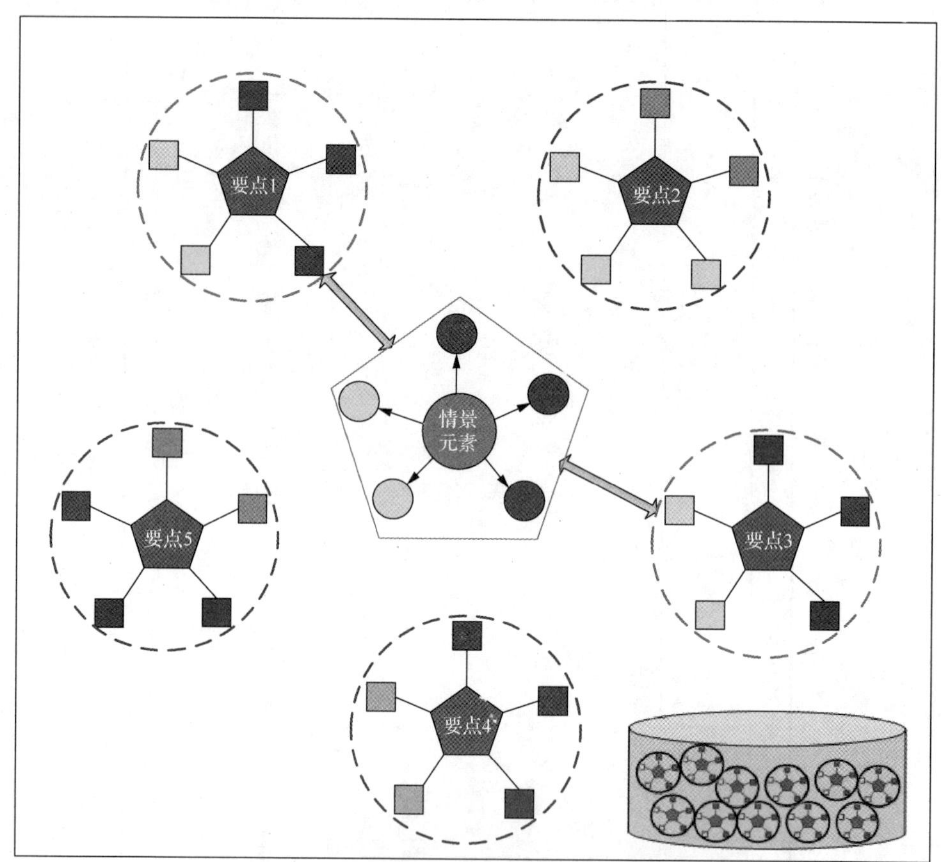

图 4-3　情景元素与处置要点的匹配示意图

图 4-3 中，中间的图形表示情景元素，周围的图形表示处置要点，位于对应位置的情景属性和处置要点属性是相匹配的。当情景元素的五个属性分别与某处

置要点的对应属性都匹配成功(图中用对应位置的属性颜色相同表示匹配成功，颜色不同表示匹配失败)时，该处置要点被匹配出来，加入被匹配出的处置要点集合(右下角的容器)。

本书中采用基于 K 近邻算法的相似度计算，目标事件 $x=(x_1,x_2,\cdots,x_n)$ 与处置要点 $y=(y_1,y_2,\cdots,y_n)$ 各有 n 个属性维度，全局相似度计算公式如下：

$$\mathrm{SIM}(x,y)=\sum_{i=1}^{n}\omega_i\mathrm{sim}(x_i,y_i) \tag{4-1}$$

式中，ω_i 为属性 i 的权重，且 $\sum_{i=1}^{n}\omega_i=1$，越重要的属性赋予的权值越大，如事件类型；$\mathrm{sim}(x_i,y_i)$ 为单个属性的相似度，即局部相似度，鉴于属性取值类型的不同，相似度的计算方法也不同，本方法中将取值分为两种，分别为连续型和离散型。

离散型属性：

$$\mathrm{sim}(x_i,y_i)=\begin{cases}1, & x_i=y_i\\ 0, & x_i\neq y_i\end{cases}$$

连续型属性：

$$\mathrm{sim}(x_i,y_i)=1-\frac{|x_i-y_i|}{|\max_i-\min_i|}$$

式中，x_i、y_i 为目标事件 x 和处置要点 y 在属性 i 上的取值；$\max_i$ 和 $\min_i$ 分别为属性 i 取值的最大值与最小值。

目标事件 x 与处置要点 y 的事件全局相似度 $\mathrm{SIM}(x,y)$ 和属性的局部相似度 $\mathrm{sim}(x_i,y_i)$ 的取值范围均为[0,1]，取值越高表示相似程度越高。

3. 处置要点评估方法

处置方案评估和调整实际上是对生成的每一个处置要点进行评估和调整。因此，在模型中仅是一种流程化的描述，对于如何具体调整列车、控制客流等，往往需要调度人员和现场工作人员根据相关规定及自身经验判断是否执行以及如何执行，这个过程实际上就是在进行方案评估，具体的评估和确定流程如图 4-4 所示。该处置要点是否能够完全满足应急需求，需要从以下三个方面进行子方案的调整和完善。

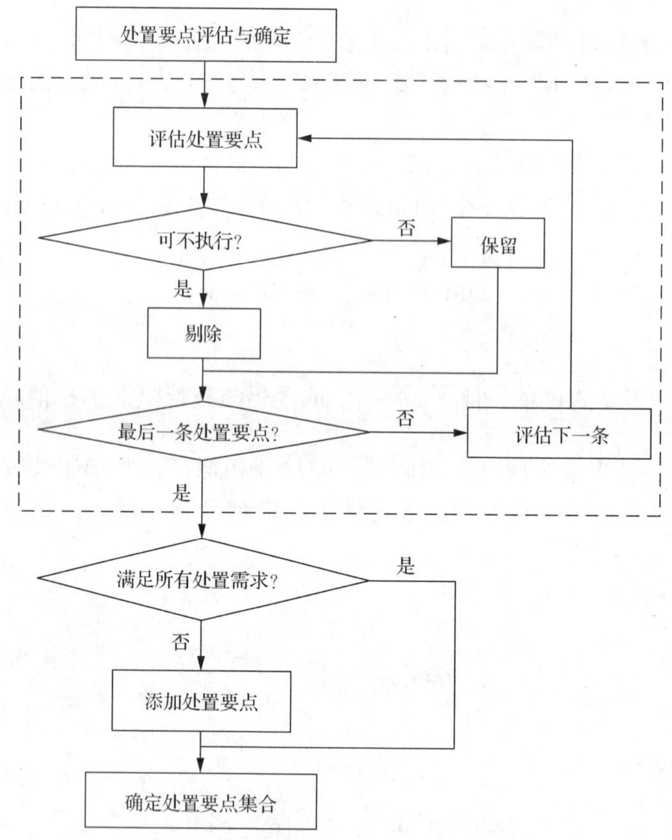

图 4-4　处置要点评估与确定流程

剔除不必要的处置要点。当出现同时匹配出的多个不同的处置要点实际上只执行其中一个即可满足需求时，可将其他多余的处置要点从子方案中剔除。

添加新的处置要点。当出现现有的预案中没有考虑过，且没有先例可寻的情景时，采用处置要点库中匹配出的处置要点可能无法完全实现处置目的，这时需要上级领导或现场工作人员及时作出应变，采取处置要点库中没有提到的新处置要点，并将其添加到处置要点库中，完善数字化处置要点库。

细化处置要点内容。虽然处置要点是应急处置过程中的最小执行单位，但是某些处置要点太过细化且具体的操作没有必要一一列出，可以由一个代表性的或综合性的处置要点进行流程化的描述，因此某些处置要点可能包含多个同类型的具体操作，对于如何具体实施，往往需要调度人员和现场工作人员根据相关规定及自身经验判断是否执行以及如何执行。例如，车站综控员在指挥现场采取限流措施时，可以采取的具体做法有地面导流、分批放行、单进单出、只出不进等，在模型中只提供处置要点参考，无法明确规定应该采取何种做法，在实际的处置方案中，需要人为确定具体采取何种做法或同时采取哪几种做法。

4. *处置要点排序方法*

根据情景属性匹配出的处置要点经过人工添加或剔除过程处理之后，确定了一个包含所有处置要点的集合，但此时还没有形成一套完整的处置方案，因为各处置要点的执行顺序还没有确定，而在实际实施应急处置救援的过程中，所要执行的任务总是有先后次序的，或是依据处置过程，或是按照各处置要点的重要程度来执行，因此，对生成的处置要点进行排序也是处置方案生成必不可少的一步。

将突发事件应急处置级别分为现场级、线路级、运营企业级和路网中心级，对于同一层级的处置人员而言，处置要点的排序一般是依照其所属分组，由处置过程的时间先后顺序来决定的，即按照接警→先期处置→通知报告→指挥与处置→续警→续报→后期处理→终报的顺序，通常情况下，同一分组中的处置要点并不强调先后顺序，但也并非完全如此。例如，综控员“通知车站工作人员解除封站”属于现场级“后期处理”这一分组，而车站工作人员“解除封站，打开出入口”也属于现场级“后期处理”这一分组，显然这两条处置要点之间是有先后顺序的，这时，同一级别的不同处置人员之间就需要进行沟通协调，协同处置。

对于不同层级的人员，在应急处置过程中，其处置要点的执行往往需要即时沟通互动，不能简单地按照所属分组进行排序。例如，综控员“通知行调”属于现场级“通知报告”这一分组，而行调“接警”属于线路级“接警”这一分组，这两条处置要点却是从不同的执行者的角度描述的同一措施，是同时进行的。属于这种情况的处置要点通常存在着“命令-执行”“报告-接收”“请求-回应”等需要不同处置人员进行沟通交换信息的关系，这就产生了某一处置要点的执行必须先于或后于另一处置要点的关系。

为了使生成的处置方案体现出这些特殊情况下的执行顺序关系，可以借助处置要点中“关联处置要点”这一属性，只要处置要点直接具有反馈关系或者先后顺序，则均属于相互关联的处置要点，为了便于对生成的处置方案中的各处置要点进行排序，可以统一规定某一处置要点的该项属性表示的是在该处置要点执行完成后必须执行的处置要点。

总结以上分析，对于由情景匹配出来的处置要点集合，首先要将各项处置要点依次按照处置级别、所属过程、所属过程的分组分开放置，再进行排序过程。处置要点排序规则及执行过程如下。

(1) 考虑不同处置级别或相同处置级别的不同处置人员之间的处置要点排序，根据“关联处置要点”所触发的处置要点随后执行的顺序来进行排序。

(2) 考虑同一执行人员的处置要点排序，按照处置要点的所属过程进行排序，即接警→先期处置→通知报告→指挥与处置→续警→续报→后期处理→终报。

(3) 考虑同一所属过程的不同处置要点排序，按照所属过程的分组优先顺序进行排序，即 1→2→3……

(4)同一执行人员所属过程相同且处于同一分组的处置要点之间不强调先后顺序。

三、案例分析

下面结合 *A* 市轨道交通路网 *B* 号线 *D* 站的一次火灾事故，对以上研究方法进行应用。

假设案例突发事件基本信息及处置过程如下。

某年 9 月 9 日 17:37，*B* 号线 *C* 站站务员发现下行 1221 次在 *C* 站出站时第四节车厢冒烟，通报本站综控员，综控员立即上报 *B* 号线行车调度。

17:39，*B* 号线行车调度将 1221 次列车扣停于 *D* 站下行站台，命令 *D* 站综控员对车厢进行确认，然后 *D* 站综控员报 1221 次第四节车厢顶部已有明火，现启动火灾应急预案，开始进行应急处置；现场处置主要包括救火、清人、通知邻站、限制乘客进站、封闭换乘通道等，行调主要处置为 *B* 号线全线扣车、通知邻线，行调、总调、路网中心逐级上报。

17:45，火势无法控制，车站工作人员报火警 119；现场处置主要包括对乘客进行紧急疏散、封闭车站、通知邻线进行紧急疏散、派专人迎候消防人员等，行调、总调、路网中心逐级续报，路网中心的主要处置为发布乘客信息，协调公交支援。

17:51，现场发现有 5 名乘客有烧伤，车站工作人员报急救 120；现场处置主要包括对伤员的前期救治、派专人迎候急救人员等，行调、总调、路网中心逐级续报。

18:04，消防人员、急救人员陆续到达，现场指挥权移交，现场、行调、总调、路网中心逐级上报。

18:17，现场重伤人数上升到 10 人，被困人数增加，事故等级升为Ⅱ级；现场、行调、总调、路网中心逐级上报。

18:36，消防处置结束，行调组织后续 1222 次列车担任救援车，将 1221 次救援回段。

18:40，1221 次列车被救援回段，现场判断具备开通条件，恢复运营；行调组织列车恢复正常运行，向本线发布解除乘客进站限制信息，现场及各受影响封闭车站列车恢复运行后同时开通，邻线通过车站恢复正常停站，行调、总调、路网中心逐级上报，路网中心发布解除乘客进站限制信息，解除公交支援，处置结束。

1)收集情景信息

根据对事件情况的描述，提取用于处置要点匹配的事件要素。

某年 9 月 9 日 17:37～18:40 为中秋节休假前一天的晚高峰时间段，查阅当日相关的客流统计数据可知，17:37*C* 站→*D* 站 1221 次列车上的乘客数约为 990 人。(仅列出情景一及情景二)

情景一，17:37，站务员发现事件，为突发事件情景的第一个时间点：

EEvent=＜车厢冒烟，，，，，初始情景＞

ETime=＜(9-9, 17:37:00)，0，(9-9, 17:37:00)，晚高峰，＞

ELocation=＜*B* 号线下行，*C* 站，非换乘站，1221 次，离站列车 4 车厢＞

EEnvironment=＜990，，，，，，＞

情景二，17:39，列车到达 *D* 站，*D* 站综控员确认火灾事实，预计恢复时间(预计运营中断时间)为 30min，需启动III级火灾应急预案进行应急处置，事件情景发生变化：

Range=(30min，，，，，)

EEvent=＜火灾，III，(30min，，，，，)＞

ETime=＜(9-9, 17:37:00)，2min，(9-9, 17:39:00)，晚高峰，＞

ELocation=＜线路下行，*D* 站，换乘站，1221 次，车厢 4＞

EEnvironment=＜990，，，，，，＞

2) 基于情景的处置要点生成

针对前面建立的情景模型，运用情景-处置要点匹配规则，匹配出对应的处置要点。

(1) 情景一表明了事件发现人员(*C* 站站务员)发现第四节车厢冒烟，列车可能出现火情，事件信息尚未确定，对应的处置要点有“上报综控员”→综控员“接警”→综控员“上报行调”→行调“采取扣车措施”→行调“通知西单站综控员(令其确认情况)”。

(2) 情景二已经确认列车发生火灾，城市轨道路网突发事件处置过程由此展开。由情景二匹配得到现场级的处置要点有如下几个(仅列出部分岗位)。

综控员：①接警；②报告行调；③报告环调；④报告值班站长；⑤通知邻线综控室，提出配合请求；⑥通知本线相关站扣车；⑦汇报生产值班室；⑧汇报公安；⑨汇报站区；⑩请求接触轨停电；⑪开启通风系统；⑫开启 FAS 广播；⑬发布事故信息；⑭宣传疏导乘客；⑮将 FAS 设备转制联动。

值班站长：①接警；②赶赴现场。

3) 处置要点评估与确定

以上过程实现了由各阶段情景匹配出相应的处置要点集合，经评估，所有处置要点均满足本次火灾事故应急处置的需求，所以可以确定为处置方案所包含的所有处置要点集合。经过了由各阶段情景匹配出相应的处置要点集合，并且对各阶段情景处置要点进行排序之后，生成了一套完整的处置方案。

4) 处置要点排序

参照处置要点排序规则对上述处置要点进行排序，生成最终可以直接使用的处置方案，如图 4-5 所示。

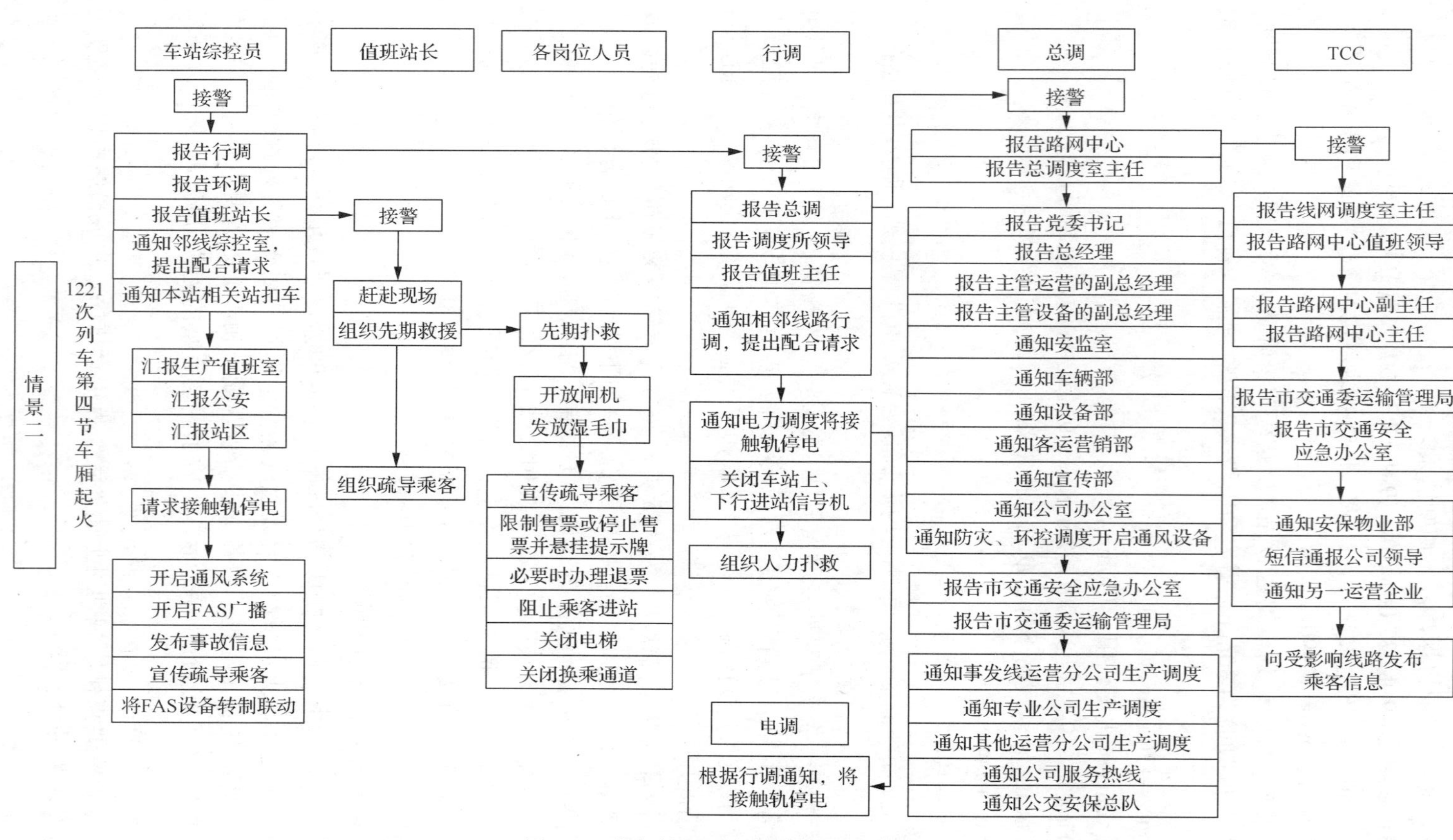

图 4-5 应急处置要点排序结果示意图

第二节　城市轨道交通突发大客流传播机理

本节分析城市轨道交通网络化运营的特点，将路网发生大客流的情况分为由大型活动引起的可预测的客流，以及由事故造成的大客流两种情况，并主要对路网部分区间中断情况下的客流影响分析方法进行研究，通过仿真计算得到的客流数据统计结果来分析突发事件对路网运营及协同疏导的影响。

通过设计多因素影响的阻抗计算方法，以及有效路径的计算方法，可得到路网 *OD* 对间多路径分配比例，并按照比例对客流进行加载。然后结合历史同期客流分布规律，通过客流在路网中的推演获得客流的全状态，并结合突发事件的信息从中筛选出受影响的客流。对受影响的客流按照重分配规则处理后，对客流指标进行统计从而得到最终的计算结果。其流程如图 4-6 所示。

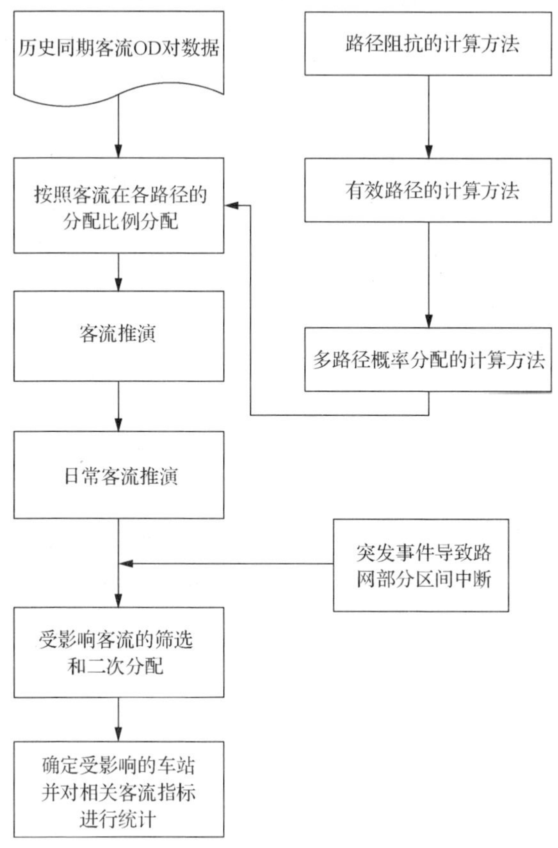

图 4-6　基于历史客流规律的路网部分区间中断情况下客流影响分析方法流程

一、突发大客流特征分析

1. 大型活动引发的大客流

这种形式的大客流是指各类大型活动(如大型文化体育活动、商业会展等)或重要节假日期间，轨道交通车站在某一时段内候车、停留的乘客超过了该站日常旅客运输组织所能承担的客流量时的客流。其突发性主要体现在大量客流的聚集与消散通常是在很短时间、很小范围内发生的，主要表现为车站拥挤、乘客流动速度缓慢以及站内客流交叉干扰严重等。相对于日常客流而言，大型活动引发的大客流具有以下特点[79]：①客流总量较大；②客流集散时间相对集中；③客流时空分布不均衡，峰值明显；④突发大客流对交通的影响具有传递性，但持续时间较短。

主要受影响的站点包括以下四种情形：①与其他交通方式相连的站点，如与火车站、大型汽车站或大型公交枢纽相连的站点，如广州地铁广州东站；②轨道交通换乘站，如几条地铁线的交汇处，如北京地铁西直门站；③与沿线景点和商业中心相连的站点，如北京地铁王府井站、西单站、天安门东站、天安门西站；④站点客流吸引区域内举行重大集体社会活动，如在北京奥运会期间，比赛场地附近的轨道交通站点将成为客流突发点。

大型活动引发的大客流，其客流的到达特征可以选择埃尔朗分布(Erlang distribution)，通过调节参数 L 的取值来反映实际客流的拥挤程度。

埃尔朗分布的概率密度函数如下：

$$P(t)=\lambda \mathrm{e}^{-\lambda t}\frac{(\lambda t)^{L-1}}{(L-1)!},\quad L=1,2,\cdots,n \tag{4-2}$$

式中，$P(t)$ 为乘客间到达时间间隔小于计数间隔 t 的概率；λ 为单位时间间隔的乘客平均到达率；t 为每个计数间隔的持续时间；e 为自然对数的底，取值为 2.71828；L 为表征客流拥挤程度的参数，取整数，L 取值越大代表客流拥挤程度越高。在实际分析时，L 可由观察数据的均值 m 和方差 s^2（$L=\frac{m^2}{s^2}$）估算。

2. 突发事件引发的大客流

在城市轨道交通网络系统中，常常会有各种原因导致列车在区间或者车站中无法通行，从而使得一个或者多个车站不得不中断运营。常见的可能导致部分区间中断运营的突发事件主要有以下几种：列车失去动力、跳轨事件、水淹等自然灾害、供电故障、钢轨或辙叉故障。

这里对受影响客流定义如下：如果不发生中断，在正常运行条件下会在中断时间内经过中断区间的客流。根据其具体特征还可以分为以下几种类型：无法到达目的地的客流；需要绕行的客流；路径拥挤度提升，服务水平下降的客流；出行未受到中断区间影响的客流。

二、多因素影响的路径阻抗计算方法

对于乘客综合出行阻抗的计算是研究乘客出行路径选择问题的重要一环，是进行路径筛选和客流分配的基础。准确地计算出乘客出行所选择路径的综合出行阻抗是后续分析、计算可靠的前提和保障。下面在已有乘客综合出行阻抗计算方法的基础上，结合实际乘客出行选择的心理过程和判断依据，创新性地进行乘客分类讨论，并分别给出相应的综合出行阻抗计算方法，而且对于参数的获得进行说明。

1. 时间阻抗

(1) 列车运行时间。列车运行时间是指乘客在城市轨道交通列车上的时间，它包含区间运行时间和停站时间两部分：

$$T_k^{a,b} = \sum T_{i,j} + \sum T_s \tag{4-3}$$

式中，$T_k^{a,b}$ 为从 a 站到 b 站这一 OD 对第 k 条路径的列车运行时间；$T_{i,j}$ 为路径 k 上 i 站到 j 站的区间运行时间；T_s 为列车经过中间站的停站时间。

(2) 换乘时间。换乘时间指乘客在换乘站列车以外所花费的时间，它包括换乘走行时间和换乘候车时间两部分：

$$T_k^{\text{tr}} = \alpha_1 \sum T_{k,\text{tr}}^{m,n} = \alpha_1 \sum_{h=1}^{H} (T_{h,\text{walk}}^{m,n} + T_{h,\text{wait}}^{m,n}) \tag{4-4}$$

式中，T_k^{tr} 为 a 站到 b 站这一 OD 对第 k 条路径的总换乘时间；H 为路径 k 中换乘车站的数量；$\sum T_{h,\text{tr}}^{m,n}$ 为路径 k 上从 m 号线换乘到 n 号线的换乘时间；$T_{h,\text{walk}}^{m,n}$ 为从 m 号线换乘到 n 号线的换乘走行时间；$T_{h,\text{wait}}^{m,n}$ 为从 m 号线换乘到 n 号线的换乘候车时间；α_1 为换乘时间的惩罚系数。

换乘走行时间的计算公式为

$$T_{h,\text{walk}}^{m,n} = D_h^{m,n} / V_h^t \tag{4-5}$$

式中，$D_h^{m,n}$ 为在换乘站 h 从 m 号线换乘到 n 号线的走行距离；V_h^t 为 t 时段在换

乘站 h 从 m 号线换乘到 n 号线的平均步行速度。

换乘候车时间的计算公式为

$$T_{h,\mathrm{wait}}^{m,n} = H^n / 2 \tag{4-6}$$

式中，H^n 为换乘线路 n 的发车间隔。大量的统计数据表明，在较小的行车间隔条件下，乘客的到达独立于列车时刻表，呈现随机正态分布，对于总体客流的平均候车时间而言，其值将趋近于行车间隔的一半。

(3) 进站和出站时间。进、出站时间为

$$\Delta T_k^{a,b} = \Delta T_k^a + \Delta T_k^b \tag{4-7}$$

式中，ΔT_k^a、ΔT_k^b 分别为进站闸机至起点站 a 站台的走行时间、下车至终点站 b 站台的出站闸机走行时间。

2. 拥挤度阻抗

拥挤度是旅行舒适度的重要指标，反映了乘客对于拥挤的敏感程度，是乘客对于旅行时间感知的放大。一般有两种方式表示拥挤度：一是通过问卷调查或评估方式，得到一个相应的放大系数；二是根据列车满载率和座位情况计算拥挤度。

首先根据满载率将车厢的拥挤度分为三个等级：1 级为车厢内乘客人数小于座位数，此时没有不舒适的感觉；2 级为车厢内人数介于座位数和车厢定员之间，此时会感到一定程度的拥挤；3 级为车厢内人数大于车厢定员，此时车内极其拥挤，乘客感到十分不舒适。

满载率计算公式如下：

$$\delta = \frac{P}{D} = \frac{P}{nYB} \tag{4-8}$$

式中，δ 为列车满载率；P 为客流量，通常指单位时间内的断面客流量；D 为运输能力，一般指单位时间内的断面运输能力；n 为单位时间内列车开行数量；Y 为车辆定员，B 为列车编组数量，YB 也就是整列车定员。

拥挤度阻抗：

$$Q(\delta) = \begin{cases} 0, & \delta \leqslant \delta_0 \\ (\delta - \delta_0)A, & \delta_0 < \delta \leqslant 1 \\ (1 - \delta_0)A + (\delta - 1)B, & \delta > 1 \end{cases} \tag{4-9}$$

式中，$Q(\delta)$ 为轨道交通网络中某区段上的拥挤度阻抗；0、A、B 分别对应三个等级的拥挤系数，其中 A 为一般拥挤时的额外时间开销系数，B 为过度拥挤时的额外时间开销系数；δ_0 为当车内乘客人数等于座位数时的满载率，当车内人数等于定员时，满载率为 1。

3. 换乘惩罚

在城市轨道交通中，很少存在乘客出行 OD 对刚好在轨道交通一条线路上的两个站点的情况，一般都需要经过地铁内两条或以上线路的换乘，或者将轨道路段作为出行路径的中间路段，出站后还需要其他公共交通、自行车交通或者步行交通的换乘。由于城市规模的变大，人们的平均出行时间越来越长，换乘次数越来越多，换乘通道过长和候车时间过长也是人们不愿意换乘的原因。因此，除了前面介绍的时间阻抗和乘客在列车内的舒适度阻抗，乘客在路段上的换乘次数也是影响乘客选择出行路径的一个重要因素。

由于乘客在换乘时不仅要花费时间成本，还需要花费在换乘通道走行的体力成本、拥挤成本，在站内寻路的精神成本，以及二次候车成本，乘客在时间相差不多的情况下，更倾向于选择换乘次数较少的路径。特别是一些老年人或者其他特殊群体，他们甚至对时间效用的要求小于对换乘次数的要求，当某些路径不需要换乘时，乘客都趋于选择此条路径；当需要一次及以上次数的换乘时，乘客选择该路径的概率就变小，用公式表示如下：

$$Z = \alpha_2 H_k^w \tag{4-10}$$

式中，H_k^w 为第 w 个 OD 对之间第 k 条路径的换乘次数；α_2 为换乘时间的惩罚系数。

4. 留乘问题

在轨道交通运营的大客流、超高峰或者突发事件情况下，有些乘客可能会因为过度拥挤无法登上列车，但只考虑拥挤度阻抗是在列车具有足够大的运输能力条件下，认为无论多拥挤乘客都可以登上列车，显然这种假设在现实中并不成立，在国内外一些大城市的轨道交通中，由于列车容量的限制，发生拥挤的现象比较常见，为描述这一问题，引入附加拥挤系数 γ，附加拥挤系数可以用指数形式表示：

$$\gamma = \eta \left(\frac{x_i}{c} \right)^{\varphi} \tag{4-11}$$

式中，η 和 φ 为参数；x_i 为到达 i 站的客流量；c 为列车最大载客量。

留乘时间除了与附加拥挤系数有关，还与发车间隔相关，它是附加拥挤系数和发车间隔的函数，形式如下：

$$T_i^{\gamma}=\begin{cases}0, & x_i \leqslant c \\ H_i^n \gamma_i, & x_i > c\end{cases} \tag{4-12}$$

式中，T_i^{γ} 为 i 站的留乘时间；γ_i 为 i 站的附加拥挤系数；H_i^n 为在 i 站候车开往 n 号线方向的发车间隔。

所有车站总留乘时间为

$$T^{\gamma}=\sum T_i^{\gamma} \tag{4-13}$$

5. 乘客综合出行阻抗

综合考虑，可以得到乘客综合出行阻抗函数，表示为

$$T_{k,\text{total}}^{a,b}=(1+Q(\delta))\times(T_k^{a,b}+T_k^{\text{tr}})+\Delta T_k^{a,b}+Z+T^r \tag{4-14}$$

三、基于 *K* 短路算法的有效路径筛选方法

1. *K* 短路搜索实现

搜索 K 短路通过在有向图中已有的最短路径上删除某条弧，并寻找替换的弧来寻找下一条可选的最短路径。其核心是基于最短路算法的“删边法”算法。删边法实际上是通过在有向图中增加附加节点和相应的弧来实现的。算法描述如下。

(1) 利用 Dijkstra 算法求得有向图 (N,A) 中以开始节点 s 为根的最短路径树，标记从开始节点 s 到结束节点 t 之间的最短路径为 p_k。

(2) 如果 k 小于要求的最短路径的最大数目 K，并且仍然有候选路径存在，则令当前路径 $p=p_k$，转步骤(3)。否则，程序结束。

(3) 找出当前路径 p 中从第一个节点开始的入度大于 1 的第一个节点，记为 n_h。如果 n_h 的扩展节点 n_h' 不在节点集 N 中，则转步骤(4)，否则找出路径 p 中 n_h 后面的所有节点中对应的扩展节点不在 N 中的第一个节点，记为 n_i，转步骤(5)。

(4) 为节点 n_h 构建一个扩展节点 n_h'，并把其添加到集合 N 中，同时从图 (N,A) 中所有 n_h 的前驱节点连接一条到 n_h' 的弧，弧对应的权重不变，添加这些弧到集

合 A 中，但 n_h 在 p 中的前一个节点 n_h–1 除外。计算从开始节点 s 到 n'_h 的最短路径，并记 n_i=n_h+1。

(5)对于 p 中从 n_i 开始的所有后续节点，不妨记为 n_j，依次执行如下操作：添加 n_j 的扩展节点 n'_j 到节点集合 N 中。除了路径 p 中 n_j 的前一个节点 n_j–1，分别连接一条从 n_j 前驱节点到其扩展节点 n'_j 的弧，弧上的权值保持不变，并把这些弧添加到集合 A 中。另外，如果 p 中 n_j 的前一个节点 n_j-1 具有扩展节点 n'_j-1，则也需要连接一条从 n'_j-1 到 n'_j 的弧，权值和弧 (n_j-1,n_j) 的权值相等。计算从开始节点 s 到 n'_j 的最短路径。更新当前最短路径树，求得从开始节点 s 到结束节点的当前扩展节点 $t(k)'$ 之间的最短路径为第 k 条最短路径，令 k=k+1，转步骤(2)继续。

2. 有效路径集的确定

通过路径搜索算法得到的 K 条渐短路径中，一些不合理的路径可以认为乘客不会选择，不参与客流的分配，同时考虑到不同轨道交通线路运营时间的限制，需要对 K 条路径的合理性进行判断，从而生成有效路径集。

1)运营时间判断

在某个时间段内，如果 K 条可选渐短路径集合中的某条路径在运营时间之外，则该路径不作为有效路径参与客流的分担，不能包含在有效路径集中。路径的运营时间可通过该路径的起点站有效运营时间来表示，起点站有效运营时间为起点车站的首末班时间和该路径中各换乘站首末班时间反推起点站进站时间的交集。

2)出行阻抗阈值判断

通过路径搜索算法得到的 K 条渐短路径中，一些不合理的路径可以认为乘客不会选择，不参与客流的分配。路径的有效性检验主要通过出行阻抗阈值来判断。假设两站之间的 K 条可选渐短路径集合中，最短路径的阻抗值为 $T_{\min}^{f}$，如果次短路径或者次次短路径的阻抗值与最短路径的出行阻抗值相比超过某一个范围(大于 $T_{\max}^{f}$)，则认为该次短路径或次次短路径不合理。可以合理地假定，当 $T_{\min}^{f}$ 较小时，$T_{\max}^{f}$ 与 $T_{\min}^{f}$ 呈正比；当 $T_{\min}^{f}$ 足够大时，出行阻抗值的容许区域上界固定。可以表示为

$$T_{\max}^{f}=\min(T_{\min}^{f}(1+\xi),T_{\min}^{f}+U) \tag{4-15}$$

$$T_{\text{range}}^{f}=\min(T_{\min}^{f}\xi,U) \tag{4-16}$$

式中，$T_{\max}^{f}$ 为有效路径出行阻抗值的上界；T_{range}^{f} 为有效路径超过最短路径出行阻抗值的最大容许值；ξ 为一个比例系数；U 为一个常量。它们的取值可通过乘客出行调查来确定。

四、基于时间阻抗的多路径分配和客流推演方法

1. 基于时间阻抗的多路径概率计算

在这一步中，路径的客流分配比例是以各路径的确定性阻抗，即时间阻抗为基础，根据一定的统计规律及概率分布模型来确定的。当有效路径集合的元素唯一时，该有效路径承担100%的客流；当有效路径集合的元素不唯一时，就产生了客流如何在各条路径中分配的问题。

设 OD 对之间的 k 条有效路径集为 $L_{\{k\}}^{f}$，选择路径 L_i^f 的概率为 P_i（i=1,2,…,k）。显然，P_i 是关于路径综合出行阻抗的函数。设各有效路径的综合出行阻抗分别为 T_i^f（i=1,2,…,k），并满足 $T_1^f \leqslant T_2^f \leqslant \cdots \leqslant T_k^f$，那么对于 P_i 有如下特性。

(1) $\sum_{i=1}^{k} P_i = 1$，即一对车站之间全部有效路径客流分配的比例之和等于 1。

(2) 若 $T_i^f = T_j^f$，则 P_i=P_j，即阻抗值相等的路径被选择的概率相等。

(3) $1 \geqslant P_1 \geqslant P_2 \geqslant \cdots \geqslant P_k \geqslant 0$，即阻抗值越大的路径被选择的概率越小，其中最小阻抗值路径被选择的概率最大。

(4) 若 T_i^f 非常接近 T_1^f（最短路径阻抗值 $T_{\min}^{f}$），则 P_i 应该很接近 T_1^f，当阻抗在 T_1^f 附近时，P_i 的下降速率很小。也就是说，乘客对乘坐时间在 T_1^f 附近的变化不太敏感。

(5) 随着阻抗值的增加，P_i 的递减速率将迅速增加，即路径被选择的概率将迅速减小。

通过乘客出行调查分析，也基本可以验证上述几条特性。由于 OD 对间有效路径的数目不确定，可通过计算各路径参与客流分担的一个效用值 S 来确定各路径客流分配的比例。路径的客流分配效用值越大，其客流分配比例也越大，假定最短路径参与客流分担的效用值最大，且 S=1。一般来说，路径客流分配效用与其综合出行阻抗超出最短路径综合出行阻抗的程度 x 有关。路径的综合出行阻抗超过最短路径综合出行阻抗越多，该路径客流分配效用值越小，从而分担 OD 对客流的比例也越小。通过对客流调查的结果分析，可以得到两者之间的相互关系，如图 4-7 所示。路径客流分配效用值的正态分布曲线如图 4-8 所示。

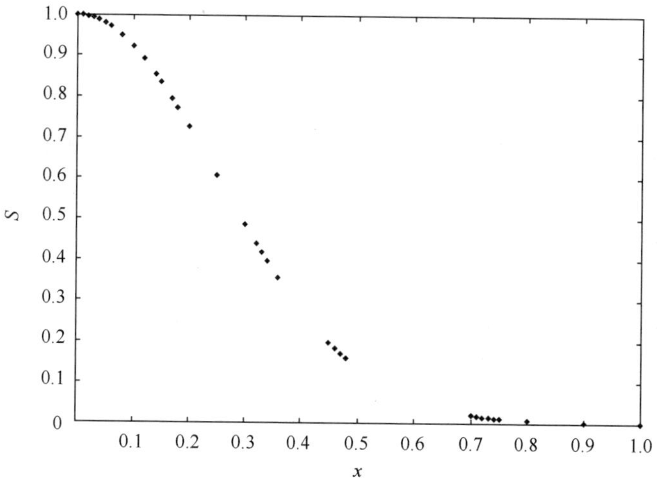

图 4-7　路径客流分配效用值的客流调查结果统计

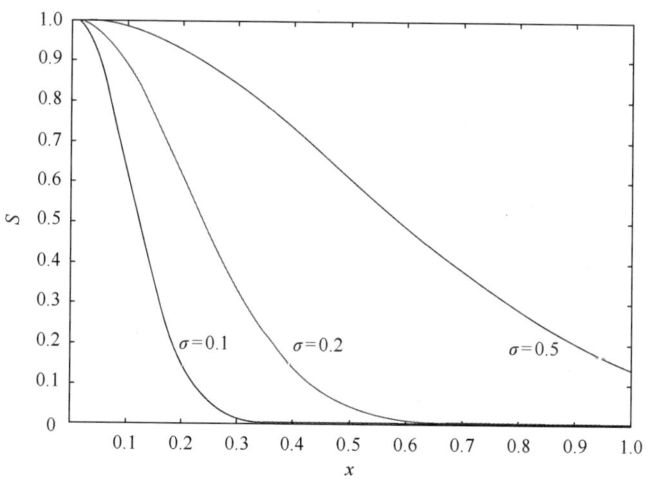

图 4-8　路径客流分配效用值的正态分布曲线

从图 4-7 和图 4-8 不难看出，路径客流分配效用值 S 分布图形与正态分布的图形相似。考虑到正态分布能够很好地满足上述五条要求，而且已经广泛地应用于群体行为特征的统计研究中，因此本书采用正态分布来描述乘客的出行路径选择行为，正态分布函数的公式如下：

$$x=\frac{T_i^f-T_{\min}^f}{T_{\text{range}}^f} \tag{4-17}$$

$$P(x)=\frac{1}{\sqrt{2\pi}\sigma}\mathrm{e}^{-\frac{(x-\mu)^2}{2\sigma^2}} \tag{4-18}$$

式中，μ 为得到概率最大期望值的 x 值，这里是 0；σ 为一个常量，它的值将决定正态曲线的陡峭程度。由于不可能有权值 T_i^f 小于最小阻抗值 $T_{\min}^f$ 的路径，因此只需要取正态分布曲线 $x \geqslant \mu$ 的正半部分。可以认为参数 σ 对于所有 OD 对都是一个常量。它在数学上的意义非常明确，可以通过乘客出行调查的结果来分析拟合。一般而言，σ 越小，说明乘客对阻抗的敏感度越强。路径的客流分配比例通过式(4-19)～式(4-21)来计算：

$$x=\frac{T_i^f-T_{\min}^f}{T_{\text{range}}^f} \tag{4-19}$$

$$S_i=\mathrm{e}^{-\frac{x^2}{2\sigma^2}} \tag{4-20}$$

$$P_i=\frac{S_i}{\sum S_i} \tag{4-21}$$

2. 基于旅行时间的路网客流推演模型

通过前面的多路径概率计算，可以得到路网中每一个特定的 OD 对之间若干条路径被乘客选择的概率。然而，乘客在路网中的旅行过程是一个随着时间变化的动态过程，仅依靠静态的路径选择方法，无法完全掌握乘客在路网中的全状态。这里设计了基于旅行时间的路网客流推演模型。

这里假设一个完整乘客乘车行为：从乘客从起点站刷卡进入车站开始，到乘客到达终点站刷卡出站终止，乘客在路网中的旅行状态包括从闸机到站台的走行时间、候车时间、乘车旅行时间、换乘走行时间、换乘候车时间、乘车时间和从站台到闸机的走行时间。

因此，客流在路网中的推演模型如下：

$$t_i=t_O+\Delta T_O+T_O^{\text{wait}}+\sum_{ab\in M}T_{ab}+\sum_{s\in N}T_s+\sum_{h\in H}T_{h,\text{tr}}^{m,n} \tag{4-22}$$

式中，t_i 为乘客从 O 站出发到达 i 站的时间点；t_O 为乘客从 O 站刷卡进站的时间点；T_O^{wait} 为乘客在 O 站的候车时间；T_{ab} 为列车在区间 ab 的运行时间，M 为区间集合；T_s 为列车在车站 S 的停站时间，N 为车站集合；$T_{h,\text{tr}}^{m,n}$ 为乘客在 h 站从线路 m 换入线路 n 的换乘时间。

利用式(4-22)，结合客流的乘车路径和阻抗矩阵，可以推演出乘客在路网中的全部状态，为突发事件发生时受影响客流的筛选奠定基础。

五、受影响客流的筛选和重分布计算方法

1. 突发大客流的定义和分类

在轨道交通日常运营工作中，常常会发生各种原因导致列车在区间或者车站中无法通行，从而使得一个或者多个车站不得不中断运营的情况。常见的可能导致部分区间中断运营的突发事件主要有以下几种：列车失去动力、跳轨事件、水淹等自然灾害、供电故障、钢轨或辙叉故障。

这里将受影响客流定义为如果不发生中断，在正常运行条件下会在中断时间内经过中断区间的客流。根据以上定义，利用前面提到的客流推演模型和突发事件信息就可以筛选出受影响的客流，从而获知突发事件的影响范围。

与突发大客流情况不同，突发区间中断情况的研究主要关注路网客流总量并不会发生突变时，客流如何在已经变化了的路网上进行重分布，以及重分布之后的客流对路网的影响范围及不同断面的影响程度。不同类型的突发大客流在进行重分布计算时有不同的处理方式，因此需要对故障状态下路网中乘客的特征进行分类。

这里将突发事件发生时路网中的客流分为无法到达目的地的客流；需要绕行的客流；路径拥挤度提升，服务水平下降的客流；出行未受到中断区间影响的客流。

1) 无法到达目的地的客流

区间中断会使得部分客流丧失可达性，当路网未被中断区间割裂时，无法到达目的地的客流仅包括起点或讫点位于中断区间内部的客流；当路网被中断区间割裂为多个互不连通的子路网时，无法到达目的地的客流除了前述客流，还包括出行起讫点位于不同子路网的客流。

若出行起点在中断区间，因为其出发站往往处于封闭状态，这部分客流只能选择地面公交出行，所以这部分客流属于突发事件损失的客流，需要从客流总量中剔除。

若出行讫点在中断区间内，则需要分情况进行讨论：若事故发生时乘客已经处于初始路径上，这部分乘客往往会选择继续乘坐地铁到距离目的地最近的运营车站；若事故发生时乘客还未出发，则这部分乘客有两种选择，一种直接放弃以轨道交通方式出行，另一种则继续乘坐地铁到距离目的地最近的运营车站，这种情况原本应该分布在中断区间内部各个车站，出站的乘客会选择在距离中断区间最近的运营车站出站，对该车站造成较大的压力，需要做好运营工作。

当出行起讫点位于互不连通的子路网时，若割裂后最小的子路网也具有一定的规模，则对于大部分乘客来说轨道交通所能送达的最近车站距离目的地依旧很远，不利于短距离的换乘接驳，因此他们会更倾向于放弃轨道交通；若割裂后的最小子路网只有若干个车站，那么乘客就会选择乘坐地铁至距离目的地最近的运营车站，然后选择其他交通方式接驳。由于现有的大部分城市轨道交通路网已经很成熟，具有大量的换乘站和环路，除非出现大规模路网失效的情况，否则都应该选择后一种情况。

2) 需要绕行的客流

每一个 *OD* 对间往往存在多条可达径路，这一 *OD* 对间的大部分客流都集中在最短路径上，如果最短路径经过中断区间，那么这部分客流就需要选择次短路径、次次短路径等其他替代路径出行。这就会造成替代路径的部分区间客流量剧增，导致开行方案无法适应、车站聚集人数增多的情况。乘客在选择路径时也会存在一定的心理底线，当替代路径的出行时间期望变得不可接受时，乘客就会选择其他交通方式出行。这一底线与乘客的出行目的、年龄、性别、消费偏好等因素相关。出行成本增加与客流损失比例之间的关系则需要经过详细的客流调查得到。

对于需要绕行的客流，又需要分为事故发生时尚未进入路网的客流；事故发生后已经位于路网中，但是尚未到达中断区间的客流；事故发生后位于路网中，已经通过了中断区间的客流。在不考虑出行成本增加造成的客流损失的前提下，第一种情况下，乘客会直接选择替代路径出行；第二种情况下，在复杂的路网情况下，大部分乘客无法将路网结构铭记于心，他们在得知事故发生后往往会在下一个换乘站下车，借助站务人员的帮助或者路网示意图来重新选择路径，此时下一个换乘站就成了新的 *O* 站；第三种情况下的乘客则不受突发事件的影响。

3) 路径拥挤度提升，服务水平下降的客流

由于部分区间中断，原本需要经过中断路径的客流需要寻找替代路径进行绕行从而到达目的车站，这样就会导致替代路径的客流量大幅度增加，从而影响到正常出行的乘客的候车时间和乘车舒适度。在城市轨道交通系统中，乘客在买票进站后才能获知站台的客流情况以及乘车的舒适度等信息。研究表明，进站后很少有乘客会因为拥挤度发生改变而更改自己最初拟定的出行路线，乘客更改出行路径时会付出更大的时间和体力上的代价。因此，这部分客流的路径选择倾向并不会受到影响。

4) 出行未受到中断区间影响的客流

突发事件发生的强度和持续时间决定了事故对于路网的影响范围，事故发生后，随着时间的推移，影响范围是在逐渐变小的。在初始影响范围之外的线路和车站内的客流是不受突发事件影响的，这部分客流的客流特征与日常情况相比并不发生改变。

2. 突发事件情况下的客流重分布计算

下面分析路网在发生局部范围失效时的客流分布情形。从乘客出行的角度来看，若考虑区间中断对于乘客出行的实际影响，受影响的客流可分为两类：无法通过轨道交通换乘抵达目的地的 *OD* 对客流、出行路径发生改变的 *OD* 对客流，它们有不同的处理方法。

1) 无法通过轨道交通换乘抵达目的地的 *OD* 对客流

O 站在中断区间内的客流，直接从表中删除相关数据，不参与客流分配；事故发生后未上车的乘客和事故发生时已经在最初选择的路径上的乘客，按照最初选择的路径走到可达的最后一站，将这一站更改为 *D* 站进行客流分配。

2) 出行路径发生改变的 *OD* 对客流

事故发生后还未上车的乘客，按照新的路径选择比例进行配流；事故发生时已经在最初选择的路径上的乘客，若乘客在车站里，则将该站改为 *O* 站，按照新的路径选择比例进行配流；若乘客在区间里，则将下一个换乘站改为 *O* 站按照新的路径选择比例进行配流。

所在位置和目的车站之间有可达性，这说明原路径被破坏时，如果该乘客在车站，则将此车站作为新的 *O* 站；如果该乘客在区间 *A*～*B* 上，则将 *B* 站作为新的 *O* 站调整到替代线路上，此时需要产生新的配流比例，如图 4-9 所示。由式(4-20)可以获得某一 *OD* 对有效路径的效用值 S_i，假设某一 *OD* 对有效路径集为 *N*，$i=1,2,\cdots,N$，区间中断造成路径 *k* 不可用，根据效用值不变原则，余下的路径客流分配比例为

$$P_i=\frac{S_i}{\sum S_i},\quad i\in N,k\in N,i\neq k \tag{4-23}$$

3) 中断开始就在中断区间内的客流

如果乘车方向中断，则滞留在区间内的这部分客流可根据就近分配原则分配到中断区间内各个车站。就近分配原则是指，通过统计历史客流得到 *A* 站到 *B* 站间的断面客流量，将这部分客流加载到前方车站。

4) 中断期间通过刷卡进站和换乘的方式进入中断区间的客流

如果乘车方向中断，则滞留在区间内的这部分客流数通过统计历史客流数据得到。如果中断区间内某些车站进行了禁止进站或禁止换乘，则调整相应的统计内容。

根据区间运营中断的实际情况，在基础路网中将中断区间设置为不可用状态：在常态网络的全 *OD* 对客流分配路径信息表中删除所有途经中断区间的路径信息，根据上述原则重新生成区间运营中断条件下路网 *OD* 对的多路径客流分配比例，并进行网络动态分布客流的计算，步骤如图 4-9 所示。

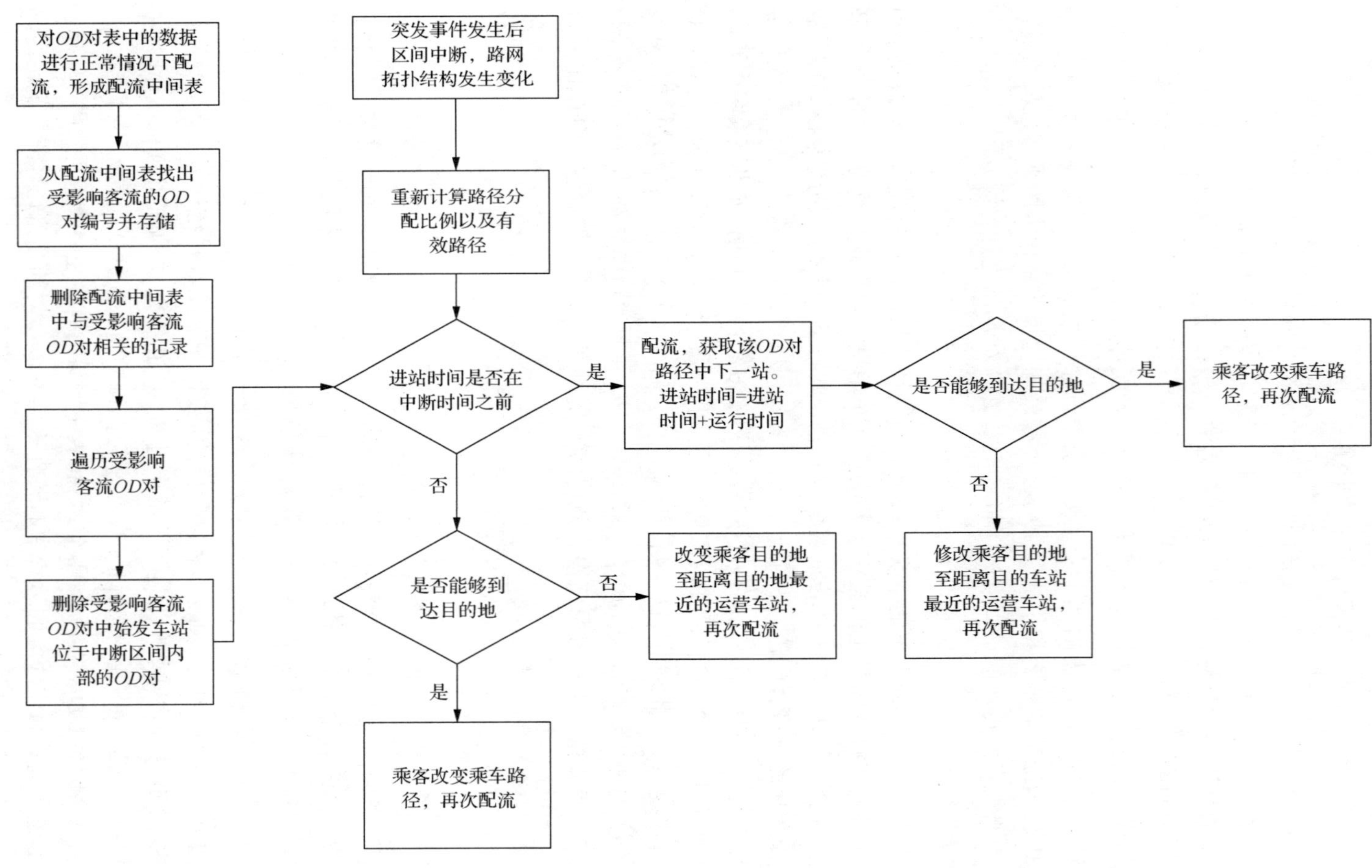

图4-9　突发事件客流分布计算过程

(1) 对原 *OD* 对表中所有 *OD* 对进行配流，配流结果存储在 *OD* 对配流中间表中。

(2) 筛选出受中断影响的 *OD* 对，保存结果集。

(3) 删除 *OD* 对配流中间表中与受影响客流 *OD* 对相关的记录。

(4) 删除 *OD* 对配流中间表中 *O* 站在中断区间内的客流记录。

(5) 重新计算路网有效路径以及分配比例，并对受影响客流 *OD* 对进行再分配，结果存储在 *OD* 对配流中间表中。

(6) 对受影响客流进行分类统计。

3. 网络客流指标计算

为满足城市轨道交通网络化运营管理的需要，下面从路网、线路、区间和车站等几个层次按照不同的时间段要求建立轨道交通网络客流的指标体系。

车站客流：5min 的进站客流、出站客流、换乘客流(换乘站)、滞留人数。

断面客流：5min 的断面客流。

1) 对位于中断区间外的受影响车站

在微观情况下，考虑列车实际运行情况，可以推算出任意 *OD* 对的乘客每一个时刻在路网中所处的位置，事实上是可以模拟仿真出路网实际的客流变化情况的，因此对于中断区间外的车站客流，其进站人数、出站人数、换乘站换入人数、换乘站换出人数都是可以直接从数据表中查询统计得到的，其中 a 为统计时段长度，与 AFC 统计系统粒度相同，可设定为 5min：

$\mathrm{In}(t-a,t)_{\mathrm{sta}}$ =进站刷卡人数

$\mathrm{Out}(t-a,t)_{\mathrm{sta}}$ =出站客流量

$\mathrm{TranIn}(t-a,t)_{\mathrm{sta}}$ =车站换入客流量

$\mathrm{TranOut}(t-a,t)_{\mathrm{sta}}$ =车站换出客流量

对位于中断区间外的受影响断面 Section 也可以直接从数据表中查询统计得到

$\mathrm{Section}(t)_{\mathrm{sta,sta-1}}$ =断面客流量

2) 对位于中断区间内的车站

站内滞留人数的计算：

$$\begin{aligned}\mathrm{Retention}(t)_i = {} & \mathrm{Retention}(t-1)_i + \mathrm{Section}(t)_{ij} + \mathrm{In}(t)_i - \mathrm{Out}(t)_i \\ & + \mathrm{TranIn}(t)_i - \mathrm{TranOut}(t)_i\end{aligned} \tag{4-24}$$

式中，$\mathrm{Retention}(t)_i$ 为 t 时段车站 i 的站内滞留人数；$\mathrm{Section}(t)_{ij}$ 为 t 时段区间 i-j

的断面客流量；$\text{In}(t)_i$ 为 t 时段车站 i 的进站刷卡人数；$\text{Out}(t)_i$ 为 t 时段车站 i 的出站客流量；$\text{TranIn}(t)_i$ 为 t 时段车站 i 的换入客流量；$\text{TranOut}(t)_i$ 为 t 时段车站 i 的换出客流量。

六、案例分析

这里将北京地铁的路网作为运算背景对研究过程进行说明。北京地铁共有 19 条运营线路。它包含 18 条地铁线路、1 条机场轨道，覆盖北京市 11 个市辖区，运营里程为 547km，拥有 345 座运营车站。

1. 大型活动引发大客流的集散分析

为了对路网大客流事件进行研究，需要选择比较典型的大型体育、娱乐活动。这里以某年北京中赫国安足球俱乐部(简称北京国安)的主场北京工人体育场工作日的体育赛事活动为例，对该部分的研究过程进行阐述，利用某月 26 日的客流数据进行分析，同时选择了它的前后两天和上周同期，也就是 19 日、25 日、27 日的客流数据作为对比数据进行研究。

26日 19:30 北京工人体育场举行北京国安为主场的比赛，结束时间约为 21:35。根据实际情况，选择对东四十条站、团结湖站、东大桥站、朝阳门站四个车站的客流情况进行分析，包括 21:30～22:20 的客流情况。

1)进出站客流分析

这里主要分析东四十条站、团结湖站、东大桥站、朝阳门站四个车站的进站客流量。首先统计出 26 日赛事结束后从 21:30 开始每 5min 的进站客流量，见表 4-2(“1”指 21:30～21:35，“2”指 21:35～21:40，以此类推)。

表 4-2　每 5min 进站客流量　(单位：人)

车站	1	2	3	4	5	6	7	8	9	10
东四十条	316	371	649	783	1020	1182	1209	1161	898	232
团结湖	204	240	263	394	551	602	581	535	417	402
东大桥	183	184	304	464	492	384	291	192	245	174
朝阳门	267	287	278	321	377	334	340	315	316	206

做折线图，见图 4-10，可以看出，进站客流高峰出现在 21:45～22:15 这半个小时内；且东四十条站客流增加得最多最快，说明更多的人选择从东四十条站乘坐地铁。

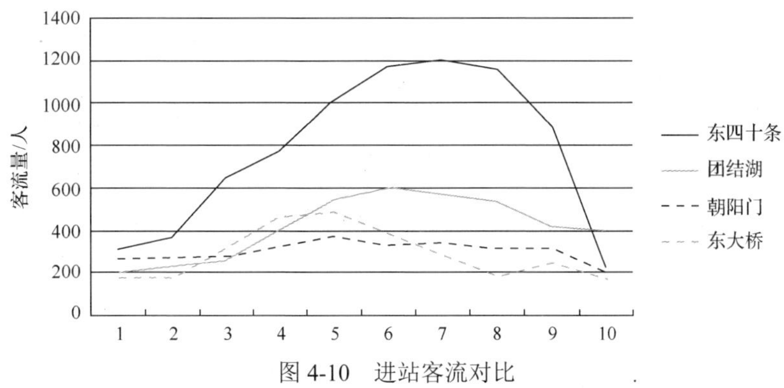

图 4-10　进站客流对比

某月 26 日、19 日、25 日、27 日 21:45～22:15 时段的进站客流总量见表 4-3。

表 4-3　进站客流总量　（单位：人）

车站	进站客流总量(21:45～22:15)			
	26 日	19 日	25 日	27 日
东四十条	6139	646	625	647
团结湖	3080	868	673	1119
东大桥	2068	568	442	684
朝阳门	2016	1052	732	1166
合计	13303	3134	2472	3616

2) 大客流的影响范围

根据 *OD* 对数据，分析 26 日活动结束后 21:45～22:15 以东四十条站为起点的 *OD* 对数据，找出出站客流量较大的十个车站，并与赛事前后两天和上周同期相比较，说明是比赛导致客流量增加的；26 日的出站客流量可以反映客流去向，见表 4-4。

表 4-4　出站客流去向信息　（单位：人）

出站编号	线路名称	站名	出站客流量(21:45～22:15)			
			26 日	19 日	25 日	27 日
205	2 号线	长椿街	256	19	23	22
218	2 号线	积水潭	172	21	13	18
209	2 号线	崇文门	122	9	8	10
103	1 号线	苹果园	97	7	11	9
201	2 号线	西直门	95	19	13	12
203	2 号线	阜成门	89	11	9	10
206	2 号线	宣武门	86	4	7	6
563	5 号线	刘家窑	82	13	8	12
1329	13 号线	上地	73	4	10	6
216	2 号线	安定门	66	6	12	10

可以看出，2 号线 *OD* 对客流量较大，大部分看球者来自市里；也有市郊看球者，他们的出行距离较长，如到苹果园、上地等站。

对于大客流的影响范围的研究，根据表 4-4 的分析结果，主要研究 2 号线相关换乘站的出站客流情况，包括积水潭、西直门、阜成门、崇文门、宣武门、建国门，以及其他换乘站，包括惠新西街南口、宋家庄、国贸、知春路、北土城、六里桥、立水桥、海淀黄庄、西二旗。其中进站为东四十条站，进站时间为 21:45～22:15。统计出的数据见表 4-5。

表 4-5 换乘站出站客流信息 （单位：人）

车站	出站客流量(进站时间 21:45～22:15)			
	26 日	19 日	25 日	27 日
积水潭	237	19	11	18
西直门	145	15	11	7
阜成门	129	10	7	7
崇文门	128	7	6	21
宣武门	98	0	7	7
建国门	35	8	2	3
惠新西街南口	30	1	6	3
宋家庄	33	6	3	4
国贸	18	2	1	2
知春路	19	2	3	1
北土城	4	1	0	0
六里桥	12	2	2	5
立水桥	27	1	5	3
海淀黄庄	0	0	0	0
西二旗	0	0	0	0

根据表 4-5 可以看出，26 日在赛事结束之后，路网中换乘站的出站量远高于它前后两天和上周同期的水平，且距离体育场馆较近的换乘站，尤其是 2 号线的换乘站，客流量差很大，客流疏导方向大致符合规律；随着距离的增加，大客流对换乘站的影响越来越小。

2. 路网部分区间中断下的客流影响分析

在北京城市轨道交通路网的基础上，下面采用中观的 *OD* 对配流算法对具体 *OD* 对进行计算，以验证之前对于乘客出行所提出的新的理论和方法。所用到的数据和参数共分三类。

(1)路网基础数据。基础数据包括车站表、线路表、区间表。

(2)路网客流数据。选用某年某月某日北京地铁的路网客流数据作为研究对象。所需数据包括：*OD* 对明细表、进出站客流统计表、换乘量统计表、列车运行计划表、换乘走行时间表和断面客流量表。

(3)计算参数。在参数标定方面，本书借鉴了文献[80]中标定的参数，这里 σ 的取值为 0.25，U 的取值为 10，θ 的取值为 60%，α_1 和 α_2 的取值均为 1.5。

模型在基于时间阻抗的基础上修正得到多路径分配概率，涉及的网络基础数据(包括区间运行时间、停站时间、线路发车间隔、换乘走行时间等)取值于北京市轨道交通的实际运营资料，其他相关参数的设置通过客流调查分析得到。下面用案例分析的方式对研究过程进行阐述。

假设中断区间为 1 号线公主坟—西单；中断时间为 9:10～9:25。中断持续 15min。仿真结果如下所示。

1)正常运营条件下路网相关数据统计

统计数据见表 4-6 和表 4-7。

表 4-6　各线路日客流量统计　（单位：人）

线路编号	线路名称	全日进站量	全日出站量	客流量	换乘量
1	1 号线	689520	712046	1401566	686509
2	2 号线	626501	624677	1251178	677841
4	4 号线	574929	582876	1157805	523140
5	5 号线	526854	528411	1055265	443889
6	6 号线	326833	324302	651135	246141
8	8 号线	129259	122558	251817	106513
9	9 号线	194103	174610	368713	212163
10	10 号线	921319	922483	1843802	816747
13	13 号线	416108	421198	837306	439235
14	14 号线	19753	18395	38148	17957
15	15 号线	82386	81596	163982	54301
93	大兴线	159074	152474	311548	
94	昌平线	88057	86975	175032	66843
95	房山线	51985	48781	100766	44654
96	亦庄线	95812	99508	195320	83762
97	八通线	195322	193357	388679	148279
98	机场线	31676	31676	63352	
路网		5129491	5125923	10255414	4567974

表 4-7 各线路最大断面客流量及其区间和时间段统计

线路名称	每 5min 最大断面客流量/人	区间	时间段
1 号线	4653	大望路—四惠	18:50～18:55
2 号线	3318	西直门—车公庄	8:10～8:15
4 号线	8563	北京南站—陶然亭	8:15～8:20
5 号线	4500	大屯路东口—惠新西街北口	8:25～8:30
6 号线	4458	金台路—呼家楼	8:30～8:35
8 号线	2991	永泰庄—林萃桥	7:50～7:55
9 号线	2880	七里庄—六里桥	7:45～7:50
10 号线	5391	国贸—双井	8:25～8:30
13 号线	4243	龙泽—西二旗	8:15～8:20
14 号线	4429	西局—七里庄	7:55～8:00
15 号线	1241	马泉营—孙河	7:50～7:55
大兴线	4429	公益西桥—新宫	7:55～8:00
昌平线	2099	生命科学园—西二旗	7:50～7:55
房山线	1359	稻田—大葆台	7:35～7:40
亦庄线	1466	肖村—宋家庄	8:10～8:15
八通线	5506	四惠东—高碑店	8:20～8:25
机场线	278	三元桥—T3 航站楼	7:45～7:50

路网换乘系数即整个路网的换乘量占线路的客流量之比，统计得整个路网中换乘量占总客流量的 45%。

对历史 *OD* 对数据在正常运营的路网下进行配流，统计各条线每 5min 最大断面客流量，得出相应的区间以及时间段，可以看出大部分线路的最大断面客流量出现在早高峰期间。

2) 中断情况下影响分析

(1) 影响范围计算。当中断区间为西单—公主坟，中断持续时间为 15min 和 30min 时，受影响的车站范围对比如表 4-8 所示。

由表 4-8 可以看出，随着中断区间的中断时间的增加，突发事件的影响范围是增大的。当中断时间只有 15min 时，受影响的线路包括 1 号线、2 号线、4 号线、9 号线和 10 号线；当持续时间达到 30min 时，6 号线上与其余线路相连接的换乘站也受到了影响。这时，相应的受影响车站就应该及时做好应对较大客流的准备，并及时向乘客发布 PIS 信息，对客流进行有效的疏导。

表 4-8 受影响的车站范围对比

中断持续时间	受影响的线路	受影响的车站
15min	1 号线	五棵松、万寿路、天安门西、天安门东
	2 号线	阜成门、复兴门、长椿街
	4 号线	灵境胡同、西单、宣武门
	9 号线	白堆子、军事博物馆、北京西站
	10 号线	莲花桥、公主坟、西钓鱼台
30min	1 号线	八宝山、玉泉路、五棵松、万寿路、天安门西、天安门东、王府井、东单
	2 号线	西直门、车公庄、阜成门、复兴门、长椿街、宣武门、和平门
	4 号线	平安里、西四、灵境胡同、西单、宣武门、菜市口、陶然亭
	6 号线	慈寿寺、白石桥南、车公庄
	9 号线	国家图书馆、白石桥南、白堆子、军事博物馆、北京西、六里桥东、六里桥
	10 号线	西局、六里桥、莲花桥、公主坟、西钓鱼台、慈寿寺、车道沟

(2) 中断情况下的客流统计结果。中断区间为 1 号线上公主坟—西单双向中断，相应的苹果园—公主坟、西单—四惠东采用小交路运营。

部分线路中断运营下和正常运营下的断面客流量对比如图 4-11～图 4-13 所示。

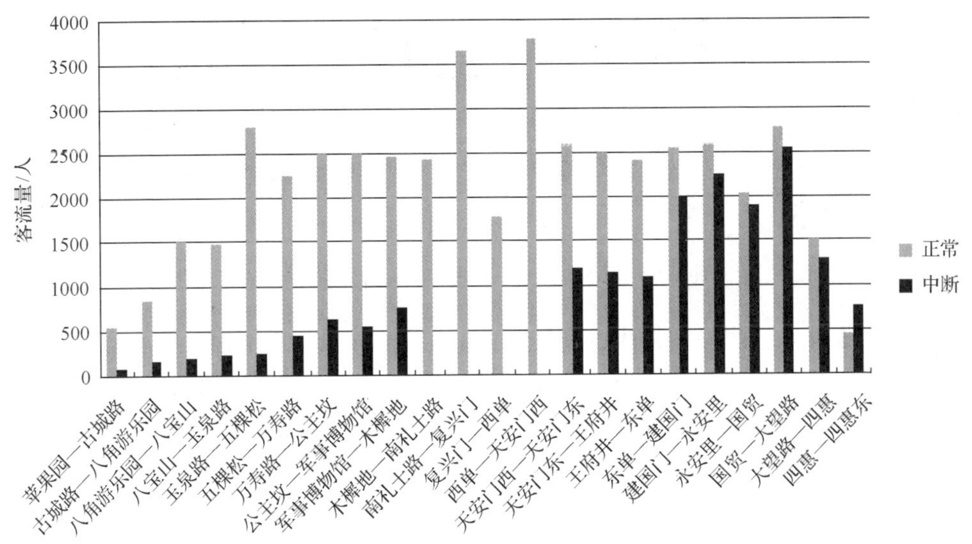

图 4-11 1 号线 9:20～9:25 正常情况和中断情况下断面客流量对比统计

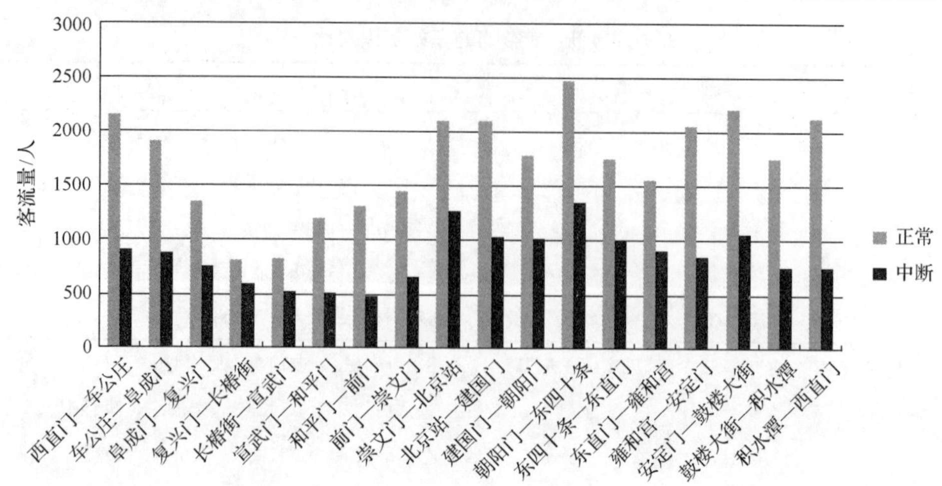

图 4-12　2 号线 9:20～9:25 正常情况和中断情况下断面客流量对比统计

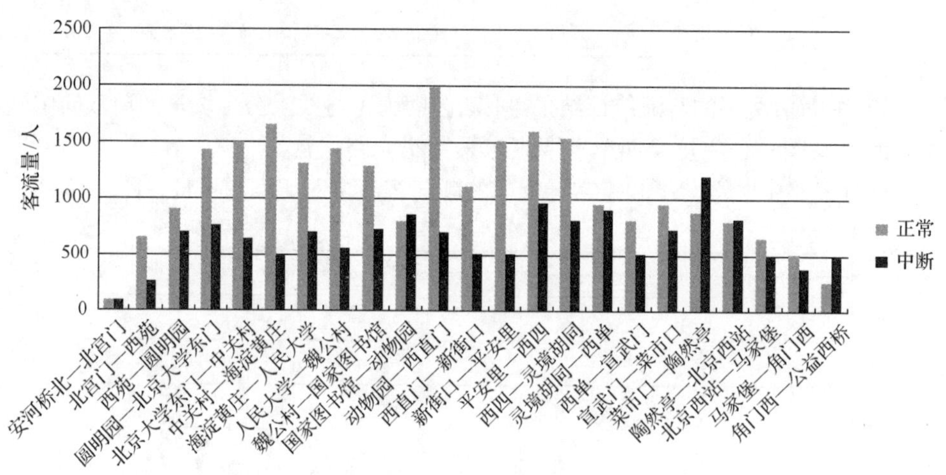

图 4-13　4 号线 9:20～9:25 正常情况和中断情况下断面客流量对比统计

中断期间，进出站量发生改变的车站情况如表 4-9、图 4-14、图 4-15 所示。

统计分析，从进站量来看，王府井和北京站相比于正常情况的进站量，在中断情况下增加了一倍以上，因此要在站点进站口进行限流控制；从出站量来看，北京站、天安门西、大望路在中断情况下的出站量比正常情况增加了一倍以上，应该及时疏导。从进出站量总体分析可以得出各个站点的影响等级，其中影响显著的车站有公主坟、天安门西、王府井、大望路、北京站和北京西站。

表 4-9　9:05～9:25 受影响车站及其进出站量统计

车站	中断-进站量/人	中断-出站量/人	正常-进站量/人	正常-出站量/人	进站量对比	出站量对比	进出站量总体对比	影响等级
万寿路	1558	2031	1190	1633	0.31	0.24	0.27	一般
公主坟	572	1303	434	977	0.32	0.33	0.33	显著
西单	886	3497	699	4345	0.27	–0.20	–0.13	无
天安门西	268	1299	143	432	0.87	2.01	1.73	显著
王府井	780	4830	292	2471	1.67	0.95	1.03	显著
东单	874	2352	538	4383	0.62	–0.46	–0.34	无
国贸	2468	7242	2877	8775	–0.14	–0.17	–0.17	无
大望路	4460	14339	2389	5881	0.87	1.44	1.27	显著
阜成门	1742	6188	1386	6201	0.26	0.00	0.05	无
复兴门	684	2311	704	6450	–0.03	–0.64	–0.58	无
长椿街	4072	3455	3245	3181	0.25	0.09	0.17	无
北京站	4382	5400	2026	2226	1.16	1.43	1.30	显著
建国门	558	3004	665	3767	–0.16	–0.20	–0.20	无
朝阳门	1038	6237	1012	7260	0.03	–0.14	–0.12	无
西单	510	3096	626	5009	–0.19	–0.38	–0.36	无
东单	588	3764	529	4252	0.11	–0.11	–0.09	无
白堆子	486	961	455	919	0.07	0.05	0.05	无
北京西站	3772	5409	2577	2776	0.46	0.95	0.72	显著

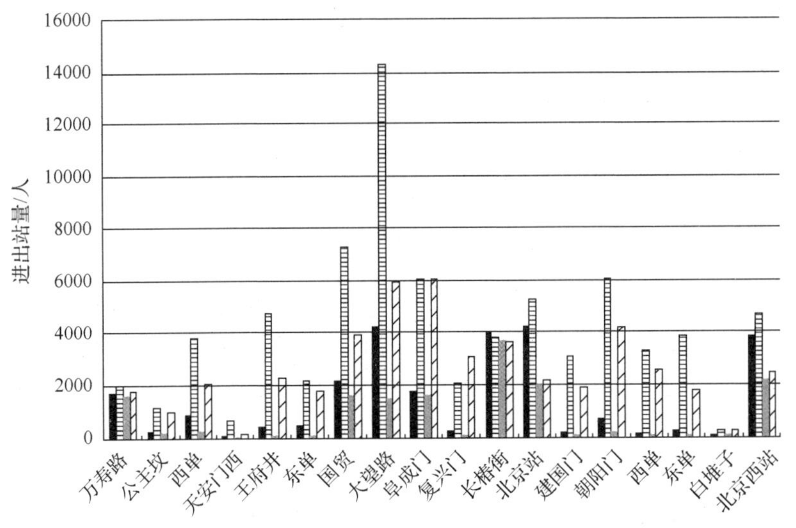

图 4-14　统计 9:05～9:25 受影响车站及其进出站量

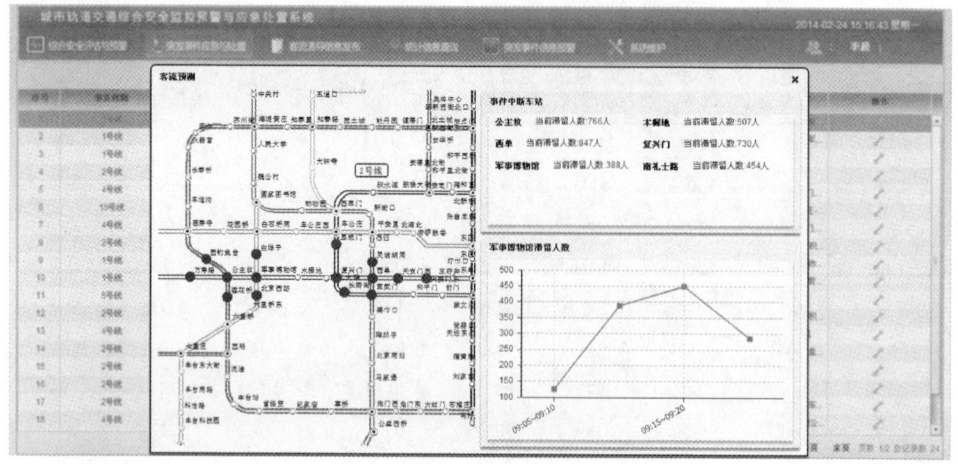

图 4-15 受影响车站在路网中的分布图(一)

中断区间内的滞留情况如图 4-16 所示。

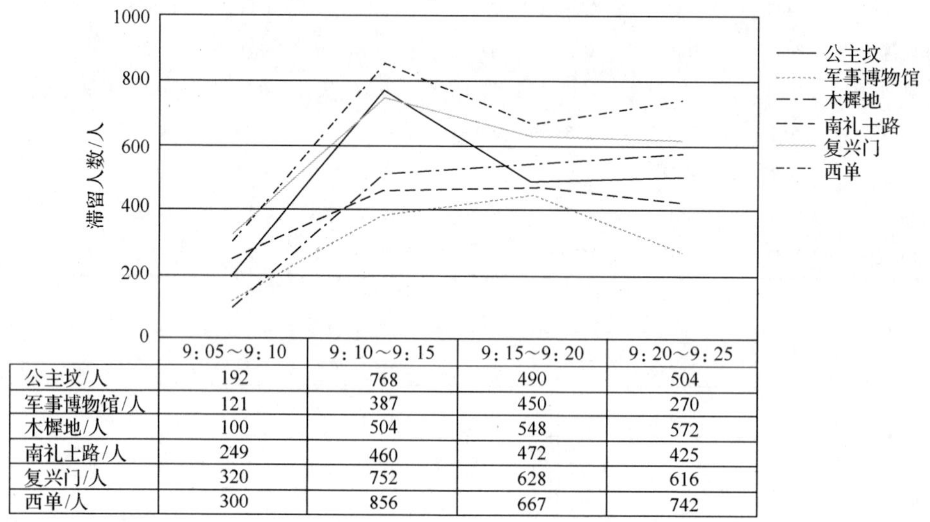

	9：05～9：10	9：10～9：15	9：15～9：20	9：20～9：25
公主坟/人	192	768	490	504
军事博物馆/人	121	387	450	270
木樨地/人	100	504	548	572
南礼士路/人	249	460	472	425
复兴门/人	320	752	628	616
西单/人	300	856	667	742

图 4-16 9:05～9:25 中断区间内滞留人数随时间分布曲线

这里的滞留人数是一个最坏的估计值，它是在站内实际的滞留人数的基础上再加上每一个时段的进站客流需求得到的，实质上是对这一时段内需要利用其他交通工具疏导的客流需求的一个最大估计值。由以上的统计结果可知，中断情况下受影响的站点在路网中的传播是围绕中断区间逐步扩散的。离中断区间发生地较远的区间比相对较近的区间所受的影响小，影响的时间也会延后。事件中，中断区间位于 1 号线上的公主坟—西单，所以 1 号线上的客流受影响最大；中断区间内的站点中，军事博物馆是 1 号线和 9 号线的换乘站，复兴门是 1 号线和 2 号线的换乘站，西单是 1 号线和 4 号线的换乘站，所以 2、4 和 9 号线邻近中断区间内站点的车站受到的影响也较大，并且逐步向该线延伸；其余线路断面受到的影响较小。运营管理部门需要根据中断区间、中断时间，以及受影响的范围及时确定新的行车调度方案以及疏导、限流等措施。以上是中断持续 15min（从 9:10 开始）的情况，同样可以在系统中变动中断开始时间、中断持续时间、中断区间等，若设置中断开始时间为 11:35，中断持续 40min，则受影响的站点分布如图 4-17 所示，可以看出，中断持续时间越长，影响范围越大。路网局部中断下客流的仿真分析结果可以用于揭示中断条件下路网的能力瓶颈，为运营管理部门采取针对性的行车组织和客运组织提供辅助决策依据。

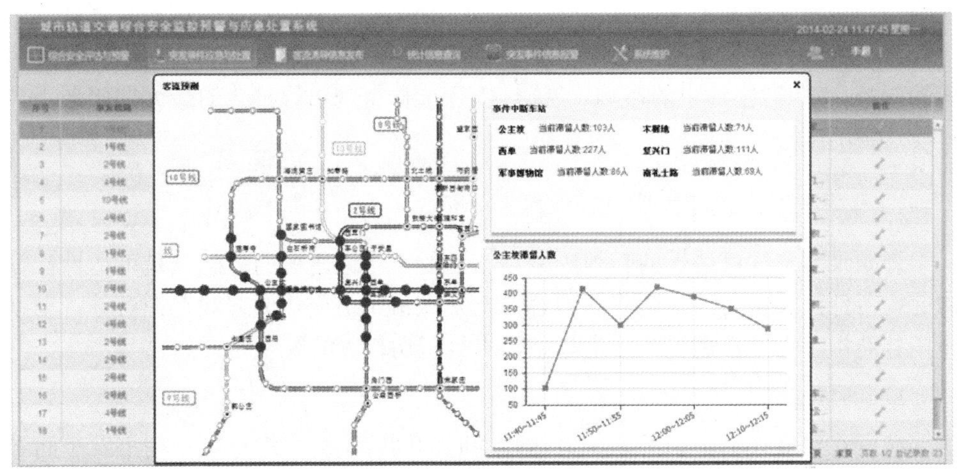

图 4-17　受影响车站在路网中的分布图（二）

第三节　城市轨道交通路网客流诱导方法

一、乘客出行可达性分析

在可达性在交通领域被提出到逐步完善的研究过程中，形成了比较一致的广义定义。据此得到的城市轨道交通可达性的广义定义就是出行者利用城市轨道交通从出行地点到达活动地点的便利程度或难易程度。从本质上分析，可达性最根本的含义就是反映交通成本的基本指标。

根据以往可达性在城市道路交通领域的研究成果[51,52,81]，并且结合轨道交通系统的运营特性，可以得出可达性在城市轨道交通领域的狭义定义。通过空间阻隔模型可知，在轨道交通系统中同样存在行程距离、出行时间和出行费用等空间阻隔特性的影响；累积机会模型提示时间阈值和费用阈值是乘客出行可达性选择的两个参考标准，出行路径的时间和费用是路段累积作用的结果；空间相互作用模型的可达性研究指出在出发点和目的地之间存在相互作用的引力，目的地吸引客流作用越强，相关线路和路段的客流聚集越明显；效用模型从乘客可达性角度指出乘客总期望通过出行选择获得最大的出行效用，个体根据自己的出行偏好选择对自己期望效用更明显的路径；时空约束模型[82,83]从个体角度出发，在特定的时空约束下，以个体能够到达的时空区域来度量可达性水平，一方面乘客需在特定的时间阈值到达目的地，另一方面路网的物理结构是空间约束的体现，决定乘客的出行路径备选集。

通过以上分析得出，可达性的狭义定义为：从出行个体角度分析，乘客可达性是指在城市轨道交通的乘客出行过程中，存在从出发点到目的地的相互作用，出行者利用轨道交通系统的资源及其赋予的活动空间，并且克服活动空间阻隔因素的影响(克服时空约束的影响)，通过出行选择得到出行机会的最大期望效用，最终达到的出行便利程度。

1. 影响乘客出行可达性的客观因素分析

影响乘客出行可达性的客观因素是路网的可达性研究的基础，是可达性计算的前提条件。其主要涉及两方面内容，一是城市轨道交通的客观存在条件，如路网拓扑结构、运营计划等；二是与乘客出行密切相关的客观因素。

1)时间因素

从运营角度分析，影响乘客可达性的时间因素是列车运行图、列车发车间隔和列车交路。

列车运行图有计划运行图和实际运行图之分。计划运行图就是提前编制的列车运行图。计划运行图要求列车严格按照运行图中规定的各车次到站、发车时间，停站时间及折返时间等运行。计划运行图是组织列车运行的基础，规定了各次列车在各个车站的到站时间、停站时间、离站时间及区间运营时间，以及列车在折返站的折返时间等，是判断一条特定路径在时间上可达的依据。而实际运行图是线路上的各车次列车按照计划运行图运行出来的结果展现，因为种种原因(如列车晚点等)，实际运行图与计划运行图有或多或少的偏差。

列车发车间隔会影响换乘站的连接线路间的列车到发时间的衔接，影响路径的总行程时间从而影响路径的可达性。合理的列车发车间隔是与全日行车计划以及客流特征相适应的。同一线路的列车发车间隔在一天的各个时段之间是不同的，因为早晚高峰时段客流量较大，在一定的时间内要保证乘客能较快离开乘车站台，避免拥挤带来的不安全因素，所以高峰时段发车间隔在一天之中是最小的。而平峰时段发车间隔较大，尤其是在首末班车时，列车发车间隔是一天之中最大的，该时间段内乘车的乘客会比其他时间乘车的乘客耗费更多的等车时间，也会影响到不同线路之间的换乘衔接时间，对乘客出行的可达性具有一定的影响。

列车交路形式规定了列车运行的折返区间，乘客乘坐小交路运行的列车往往会比乘坐大交路运行的列车耗费更多的行程时间，这是由于乘坐小交路运行的列车的乘客不能直接到达目的地或换乘节点，而给乘客带来了额外的等车时间。

从乘客整个出行过程角度分析，影响乘客出行可达性的时间因素包括候车时间、旅行时间和冗余时间。

候车时间是指乘客从到达起点站站台候车至进入列车的时间，相对于在车内的时间和换乘时间而言，其属于出行的无效时间。候车时间的影响尤其体现在首末班车时，乘客总是希望能减少出行的无效时间，使出行的有效时间相对增加。

旅行时间指的是乘客从起始站上车到终点站下车的出行花费的所有时间之和，主要包括乘车时间和换乘时间等。乘车时间由列车在区间运行的时间和列车在车站的停站时间构成；换乘时间包括换乘走行时间和换乘候车时间。有时旅行时间涵盖乘客在大小交路运行的列车间的衔接等车时间等。旅行时间一般是出行者首要考虑的因素，对路径的选择有很大的影响。当起始站到终点站间符合条件的路径不止一条时，人们通常会偏向于选择旅行时间相对短的路径。

冗余时间是指乘客提前到达的时间，属于出行的无效时间。对于要在指定时刻到达目的地的乘客而言，他们都希望能正点到达目的地，但实际的到站时间要依赖列车时刻表，提前到达必然会产生一定的到达冗余时间。

2) 便捷性

便捷性是指在特定的路网拓扑结构和运营管理模式下，乘客进行出行可达路径选择并完成行程的便利程度。便捷性包括时间因素、换乘次数和换乘方式，前面已经详细分析了时间因素的重要性。

换乘次数是从起点站到终点站的路径特性之一。每次换乘都会给乘客带来不同的身心感受，换乘次数越少越好。换乘次数超过乘客的接受能力越多的路径，被乘客选择的概率越小。

换乘方式包括通道换乘、站厅换乘、站台换乘以及组合换乘等。大部分换乘站采用组合换乘的方式，也就是说，乘客换乘时可能经过自动扶梯、楼梯、通道、站台或站厅等多种换乘设施，因此将乘客在各种换乘设施的通过时间相加，就是乘客的换乘走行时间。

3) 拥挤度

列车的拥挤度是指所乘线路列车内的拥挤程度，是乘客出行直接能感知到的舒适程度，其与该运行路段的客流量和列车的载客负荷比值呈正相关。车厢内的拥挤会给出行者带来强烈的不舒适感，不舒适感因乘客而异，但是在为乘客提供以舒适度为标准的较优路径分析时，应用断面客流量的整体效应比较不同路径的舒适程度。

4) 票制票价

如果轨道交通系统实行一票制，不同的路径出行时票价一样，那么路径选择时票价的影响忽略不计。如果采用计程票价，选择不同的路径出行时的票价可能不一样，那么出行者进行路径选择时也要考虑到票价的问题。

5) 运营状态信息

城市轨道交通运营部门全面、有效、可靠地发布客流诱导信息是乘客出行可达性的重要保障。基于 Web 的信息发布、手机客户端、语音、PIS 等信息发布形式能将出行信息高效、快捷地发布给乘客。

出行信息的有效获取能帮助乘客做好出行规划，寻求满足自身需求的出行组合方式，进而达到高效、快捷、便利、舒适的出行目的。乘客所处空间位置以及出发时刻的不同都会影响乘客的出行路径选择。例如，未进入城市轨道交通服务系统的乘客，根据获取的信息合理地调节出行路径选择；已经进入服务系统的乘客更注重利用信息来提高出行效率。

6) 物理网络结构

可达性与城市轨道交通的物理网络结构直接相关，物理网络结构主要是指线路之间的线网结构和连接关系。

城市轨道交通线网结构直接影响路网上两站之间的连通程度。轨道交通线网结构由不同的轨道交通线路组成，而轨道交通线路又有放射型、环线、半环线、割线等多种类型。在城市轨道交通线网中，两条线路之间的关系可以分为不可换乘和可换乘，不可换乘也就是说两条线路间不设换乘站，两条线路通过其他线路相连；可换乘就是说两条线路之间设一个或多个换乘站，线路间存在直接换乘关系。

轨道交通线网结构复杂性越高，线网中各个车站之间存在越多的通路，越会增强整个线网的连通性，从而提高乘客路径选择的多样性。在突发事件情况下，路网的线路连通关系和换乘关系都会被改变，复杂的线网结构增强了轨道交通系统的抗干扰性和恢复性，可为出行者提供更多的替代路径；同时在高峰客流状态下，出行者可以选择更优的路径出行；首末班车状态下存在更多的换乘可能性，显著地增强了路网上的整体连通性。

2. 影响乘客出行可达性的主观因素分析

影响乘客出行可达性的主观因素分析，立足从乘客的角度出发，提高整个城市轨道交通系统的服务水平；在系统设计过程中能够从人机系统的角度出发，帮助乘客更大程度地获取有利于出行的信息，可以提高乘客出行效率，增强乘客出行的安全性。以下是影响乘客出行可达性的主观因素。

1) 个体偏好性

乘客在利用轨道交通系统出行时，会根据自身的出行需要而进行出行路径选择，从而形成一定的出行偏好。乘客的出行偏好主要分为三类：选择较快捷的出行路径、选择换乘次数较少的出行路径、选择舒适度较高的出行路径。

起始站到终点站间存在多条符合条件的路径时，通常人们会偏向于选择旅行时间相对短的路径。对于必须在指定时间内到达目的地的乘客，时间可达性的要求比较高。例如，在早高峰期间，在上班时间的约束条件下，上班人员期望能尽快地抵达目的地，因此会偏向于整个出行过程花费时间最少的路径。

出发站与终点站之间的若干条可选较优路径集旅行时间对于乘客出行选择几乎无影响时，乘客趋向于选择换乘次数少的路径。同时，对换乘次数承受能力有限的人群，在出行选择时更偏重于那些换乘次数少且方便换乘的方式。

出行的舒适度受拥挤度和乘车环境等限制。出行者对出行舒适度的评价是通过拥挤度来反映的。拥挤度是客流量与列车载客能力间相对关系的体现，如果客流量比车内座位数少，则出行者具有很好的舒适感；相反，如果客流量远超过车内的座位数，则乘客占据的平均空间较小，致使舒适感降低。

2) 乘客换乘能力

换乘能力是乘客对于换乘次数以及换乘时间的最大忍耐程度。换乘方便性的评判标准主要由换乘时花费的时间和精力共同反映，换乘方式和车站的公共设施的情况直接影响换乘方便性。

3) 乘客行程策略

行程策略是指乘客利用轨道交通系统出行时对于出行路径的规划和安排。利用轨道交通系统出行的乘客需要经历三个阶段：进站前的准备阶段、利用城市轨道交通系统出行的行动阶段以及出站后的活动阶段。乘客在到达地铁站之前需要经历的几种交通衔接方式是步行、自行车、公交系统，有时也会利用出租车、私家车；在城市轨道交通系统内，乘客经历的几个阶段分别是上车前的走行阶段、乘车阶段、换乘阶段和下车后的走行阶段、出站后的换乘衔接阶段。由于出行者所处的位置，以及行程安排中的出发点和目的点的差异性，有时需要考虑车站的覆盖范围以充分提高乘客的出行可达性。

4) 乘客选择态度

乘客选择态度主要体现在首末班车运营场景、高峰客流运营场景、突发事件运营场景。首末班车场景受到地铁运行时间的约束，乘客更倾向于选择能保证较高出行可行性的路径，保证在运营时刻范围内完成出行；此外，早班车场景下客流量较小决定了列车发车间隔较大，因此乘客的行程时间会相对于日常运营状态有一定程度的增加。高峰客流场景下短时间内聚集的较高的客流量致使拥挤度显著增加，乘客的不舒适感更明显，乘客更倾向于选择舒适程度较高的路径；高峰客流场景乘客以对时间要求较高的上班人群为主，一方面部分乘客会选择较快捷的路径，另一方面为确保按时到达目的地，部分乘客会倾向于提前出行。突发事件场景下乘客心理波动比较大，在利用城市轨道交通系统出行时，会出现放弃、继续等待、变更路径等出行路径选择行为。

二、乘客出行可达性计算方法

1. 日常运营条件下可达性计算

1) 可达性成本计算

(1) 时间成本。

①候车时间 t_{wait}：乘客到达起始站站台等候乘车的时间与在交路端点站的等候乘车时间。

②下车冗余时间 t_{Ali}：乘客期望的到站时间与实际到达终点站的时间之差。

乘车时间包括列车运行时间和列车停站时间，是由乘客经过的所有区段运行时间和所有停站时间组成的。定义 OD 对间第 k 条路径的乘车时间为

$$t_{\text{In}}^{u} = \sum t_{ij} + \sum t_{Si} \tag{4-25}$$

式中，t_{ij} 为列车在区间 (v_i, v_j) 的运行时间；t_{Si} 为路径 u 上列车在非关键车站 v_i 的停站时间。

③换乘时间：包括换乘走行时间和换乘候车时间。乘客在路径 u 上第 k 个换乘站由线路 l_j 换乘到线路 l_m 的时间表示为

$$t_k^{j,m} = \delta_k^{j,m} + \varphi_k^m \tag{4-26}$$

式中，$\delta_k^{j,m}$ 为乘客在第 k 个换乘站由线路 l_j 站台处换乘到线路 l_m 站台处的走行时间，即换乘走行时间；φ_k^m 为乘客在线路 l_m 站台处等待乘车的时间，即换乘候车时间。

④冗余时间 ∂：可达路径以及可达范围的计算过程中，为保证乘车路径的可靠性而加入的参数。

⑤客流控制产生的进站时间 ϕ：高峰客流期实行客流管制时乘客需要等待的时间。

⑥行程时间：乘客出行路径选择影响因素中最关键的因素之一，是乘客从起点站到达终点站所需要的全部时间，包括列车在区间运行的时间、列车在车站的停站时间、换乘时间、乘客在大小交路运行的列车间的衔接等车时间等。行程时间越短，路径被乘客选择的机会越大。*OD* 对间路径 u 的行程时间 T_{Nor}^{u} 表示为

$$T_{\mathrm{Nor}}^{u}=\sum t_{ij}+\sum t_{Si}+\sum t_{Hj}+\sum t_{Wk}+\partial+\phi \tag{4-27}$$

式中，$\sum t_{ij}$ 为列车在路径 u 上各区间的运行时间之和；$\sum t_{Si}$ 为乘客所在列车在路径 u 上各站的停站时间之和；$\sum t_{Hj}$ 为乘客在路径 u 上所有换乘站的换乘时间之和；$\sum t_{Wk}$ 为乘客在路径 u 上由大小交路运行的列车间衔接带来的等车时间之和。

(2)拥挤成本。特定列车运行区段的拥挤成本函数计算公式为

$$t_{ij}^{\mathrm{Con}}=t_{ij}(1+\alpha W^{\beta}) \tag{4-28}$$

$$W=\frac{Q_{ij}}{\Gamma\xi} \tag{4-29}$$

式中，t_{ij} 为区间运行时间；α、β 为拥挤度调整参数，随着拥挤度的重要程度不同可适当取值；Q_{ij} 为实际断面客流量，为降低误差，在计算时取当前时刻所在区间与前后邻近区间的 N 个断面客流量的平均值；Γ 为列车定员，取值可通过列车定员表获得；ξ 为发车频率，即周期内发出的列车数，发车间隔取邻近 N 个时间段发车间隔的平均值。

2) 日常运营状态可达性计算过程

日常运营可达性计算主要指对于特定 *OD* 对间的可达路径计算。生成可达路径的过程分两类：一类是已知到达时间的计算，另一类是已知出发时间的计算。

对于已知到达时间的计算分两步进行：首先用逆推法推算路径的最晚进站时间；然后以最晚进站时间为参考应用标号法计算路径信息。对于已知出发时间的计算，则直接计算路径信息。生成路径信息包括各可达路径的出发时间、到站时间、换乘次数、走行时间、拥挤度、费用等。

可达性计算主要流程包括运行计划约束下的路径列车衔接及其动态的换乘、拥挤等成本的叠加。相关定义如下。

R 表示路网中指定 *OD* 对间所有可能的备选路径集合。

R_{o-d} 为关联 o 到 d 的 *OD* 对所对应的备选路径集合。

r_i 为备选路径集中的一个路径。

P_i 为 r_i 对应的最晚路径。

l_j 为 r_i 中的一条线路。

$S(r_i)$ 为 r_i 上的车站集合。

$\overline{S}(r_i)$ 为 r_i 上的车站数量。

$S_k \in S(r_i), k=1,2,\cdots,\overline{S}(r_i)$，为 $S(r_i)$ 中的一个车站。

$\mathrm{TR}_{l_f-l_w}^{S}$ 表示在 S 车站，从 l_f 换乘到 l_w 所需的时间。

v 表示 G 中运行的列车，$\mathrm{Dir}(v)$ 表示 v 车辆的行驶方向。

$\mathrm{Dir}_{S_{k-1}—S_k}$ 表示车辆行驶方向为 S_{k-1} 到 S_k。

$\mathrm{ta}_{l_j}^{S_k,v}$ 表示 v 在 l_j 上的 S_k 的到达时间。

$\mathrm{td}_{l_j}^{S_k,v}$ 表示 v 在 l_j 上的 S_k 的出发时间。

TD_{P_i} 表示 P_i 的出发时间。

TA_{P_i} 表示 P_i 的到达时间。

$\mathrm{VD}_{l_j}^{S_k}(t)$ 表示线路 l_j 上的车站 S_k 在 t 时刻出发的列车。

SO_v 表示 v 的起点。

SD_v 表示 v 的终点。

$\mathrm{VN}(S_k,v)$ 表示紧接着 v 到达 S_k 之后的第一列车。

$\mathrm{VP}(S_k,v)$ 表示在列车 v 到达 S_k 之前紧邻的第一列车。

$\mathrm{VD}(l_j,S_k,t)$ 表示不早于时间 t 到达 S_k 的第一列车。

$\mathrm{VA}(l_j,S_k,t)$ 表示不晚于时间 t 到达 S_k 的第一列车。

$\mathrm{BTR}(S_k)=1$ 表示乘客在车站 S_k 换乘。

$\overline{\mathrm{TR}}_{P_i}$ 表示换乘次数。

TA_S 表示进站时间。

$C_{P_i}(t)$ 表示计算路径的综合费用函数，为时间成本、拥挤成本、走行成本、费用成本等的加权。

临时变量：产生的临时最晚路径 $\tilde{V}$，临时的时间 $\tilde{t}$。

(1)最晚出发时间计算。到达时间已知时的最晚出发时间计算步骤如下。

步骤 1：初始化，$j=\overline{L}(r_i)$，$\overline{\mathrm{TR}}_{P_i}=0$。

步骤 2：循环计算路径 r_i 途经各车站的衔接时间：

```
for k:=S̄(r_i) downto 1{
    if(k=S̄(r_i) && BTR(S_k)=1)
        j=j−1,k=k−1;
    t=t−TR^{S_k}_{l_j−l_{j+1}} continue;
```

```
    if(k=S̄(r_i)) V:= VA(l_j, S_k, t);
    else{
        if(BTR(S_k)=1) {
            j=j-1,
            if(Dir(V)≠Dir(S_{k-1}, S_k))
                Ṽ :=VA(l_j, S_k, ta_{l_{j+1}}^{S_k,v} - TR_{l_j-l_{j+1}}^{S_k});
        }
        else  while(S_k =SO_v) V:= VP(S_k,V);
    }
}
```

步骤 3：得到最晚出发时间 $\mathrm{TD}_{P_i}=\mathrm{td}_{l_j}^{S_k,v}$ 。

(2) 可达路径生成计算。

可达性计算流程如下。

步骤 1：初始化，$\overline{\mathrm{TR}}_{P_i}=0;j=0;$ $\mathrm{TA}_S:=\mathrm{TA}_{S_k}$ ； $t:=t+\mathrm{TA}_{S_k}$ 。

步骤 2：对备选路径中的每个车站循环计算可达性，考虑换乘发生在起点、中途和中途小交路等多种情况：

```
for k:=1 to S̄(r_i) {
    C_{p_i} (ta_{l_{j-1}}^{S_k,v} + TR_{l_{j-1}-l_j}^{S_k});
    if(k=1&& BTR(S_k)=1)
        TR̄_{P_i} := TR̄_{P_i} +1, j:=j+1, k:=k+1, t:=t + TR_{l_{j-1} l_j}^{S_k}
        Continue;
    if  k=1
        V := VD(l_j, S_k, t);
        C_{p_i} (ta_{l_{j+1}}^{S_k,v});
    if  BTR(S_k)=1
        {   j:=j+1;
        if(Dir(V)≠Dir(S_{k-1}, S_k))
            {TR̄_{P_i} := TR̄_{P_i} +1;
            Ṽ :=VD(l_j, S_k, ta_{l_{j-1}}^{S_k,v} + TR_{l_{j-1}-l_j}^{S_k});
            }
        else{
```

while($S_k = \mathrm{SD}_{\tilde{v}}$)

$\overline{\mathrm{TR}}(r_i) := \overline{\mathrm{TR}}(r_i) + 1,\ \tilde{V} := \mathrm{VN}(S_k, \tilde{V})$; }

}

}

步骤 3：得到可达性成本，$T_{P_i} = T_{P_i} = \mathrm{ta}_{l_j}^{S_k,\tilde{v}} - \mathrm{TD}_{p_i} + \mathrm{TA}_s; C_{p_i}(\mathrm{ta}_{l_{j+1}}^{S_k,\tilde{v}})$。

2. 末班车条件下可达性计算

末班车条件下的可达性计算包括路网可达性、OD 对可达性和路径可达性的计算。

路径可达性指经特定路径能否从 O 到达 D；此处使用途经车站的有序集合 $\{O, S_0, \cdots, S_n, D\}$ $(n \geqslant 0)$ 表示路径 R；使用 F_R 表示路径 R 的可达性，F_R=1 表示路径 R 可达，F_R=0 表示路径不可达。假设 OD 对间的所有物理连通的路径的集合为 AS_{O-D}，对于任意路径 R（$R \in \mathrm{AS}_{O-D}$），F_R 会随时间发生从 1 到 0 的阶跃变化。

在此定义 F_R 从 1 到 0 跃变的时间点为路径 R 的最晚可达时间，用 TL_R 表示，若乘客不晚于 TL_R 到达 O 点站台(后续将到达 O 点站台的时间称为待发时间，用 TA_O 表示)，则可搭乘列车经路径 R 到达目的地，若乘客待发时间晚于 TL_R，则错过路径 R 上的末班车，无法经路径 R 到达 D 点。F_R 与待发时间关系如下：

$$F_R(\mathrm{TA}_O) = \begin{cases} 0, & \mathrm{TA}_O > \mathrm{TL}_R \\ 1, & \mathrm{TA}_O \leqslant \mathrm{TL}_R \end{cases} \tag{4-30}$$

OD 对可达性指能否从 O 通过路网到达 D，及其可达的便捷程度。使用 F_{O-D} 表示 OD 对间能否可达，$F_{O-D} = 1$ 表示 OD 对可达，$F_{O-D} = 0$ 表示 OD 对不可达；使用 C_{O-D} 表示 OD 对之间的便捷程度，对于乘客来说从 O 点到达 D 点的成本越低则越便捷，因此 C_{O-D} 用 OD 对间的可达路径集 RS_{O-D} 中的最优可达路径的成本来衡量，即 $C_{O-D} = \min\{C_R \mid R \in \mathrm{RS}_{O-D}\}$，其中 C_R 为路径 R 的成本，同时使用 RO_{O-D} 表示最优路径集合。

在此定义 OD 对的最晚可达时间，用 TL_{O-D} 表示，若乘客待发时间晚于 TL_{O-D}，则通过 OD 对间的任何路径都无法到达目的地 D，若待发时间不晚于 TL_{O-D}，则存在路径 R（$F_R = 1 \cap R \in \mathrm{AS}_{O-D}$）可以从 O 到达 D。因此，可以得到 OD 对最晚可达时间和路径最晚可达时间的关系一定满足式(4-31)：

$$\mathrm{TL}_{O-D} = \max\{\mathrm{TL}_R \mid R \in \mathrm{AS}_{O-D}\} \tag{4-31}$$

1) 可达范围

末班车开行条件下，需要向乘客传递的可达性信息集合如下所示：

$I(O,D,\ \mathrm{TA}_O,\ \mathrm{TG})=\{\mathrm{TL}_{O\text{-}D},\ C_{O\text{-}D}(\mathrm{TL}_{O\text{-}D})|\mathrm{RO}_{O\text{-}D}, F_{O\text{-}D}(\mathrm{TA}_O), C_{O\text{-}D}(\mathrm{TA}_O)|\mathrm{RO}_{O\text{-}D},\ \mathrm{GR}_O(\mathrm{TA}_O)\}$

式中，O 为计划出发车站；D 为计划到达车站；TA_O 为计划待发时间；TG 为列车运行计划网络，它们共同作为诱导方案的输入参数；$C_{O\text{-}D}(\mathrm{TL}_{O\text{-}D})|\mathrm{RO}_{O\text{-}D}$ 为最晚出发的最优可达路径信息，$C_{O\text{-}D}(\mathrm{TL}_{O\text{-}D})$ 为成本，$\mathrm{RO}_{O\text{-}D}$ 为对应的路径集合，为乘客出行前调整行程提供参考；$F_{O\text{-}D}(\mathrm{TA}_O)$ 表示 TA_O 时刻 OD 对能否可达，$C_{O\text{-}D}(\mathrm{TA}_O)|\mathrm{RO}_{O\text{-}D}$ 表示 TA_O 时刻的最优可达路径信息，作为乘客确定正确的可达路径的参考；$\mathrm{GR}_O(\mathrm{TA}_O)$ 表示 TA_O 时刻的 O 点的路网可达范围，在乘客集合目的地不可达的情况下，选择替代目的地时的参考。

依据上述可达性信息集合，其主要的求解流程如下。

(1) 加载列车运行计划网络 TG、车站节点集合 GS，计算所有 $\mathrm{TL}_{O'-D'}$（$O'\in \mathrm{GS}$，$D'\in \mathrm{GS}$，$O'\neq D'$）。

(2) 初始化 $\mathrm{GR}_O(\mathrm{TA}_O):=\{D\}, F_{O\text{-}D}(\mathrm{TA}_O):=0,\ C_{O\text{-}D}(\mathrm{TA}_O)|\mathrm{RO}_{O\text{-}D}:=\varnothing$；读入 O、D、TA_O；计算 $C_{O\text{-}D}(\mathrm{TL}_{O\text{-}D})|\mathrm{RO}_{O\text{-}D}$；如果 $\mathrm{TA}_O=\mathrm{TL}_{O\text{-}D}$，则 $C_{O\text{-}D}(\mathrm{TA}_O)|\mathrm{RO}_{O\text{-}D}:=C_{O\text{-}D}(\mathrm{TL}_{O\text{-}D})|\mathrm{RO}_{O\text{-}D}$，$F_{O\text{-}D}(\mathrm{TA}_O):=1$ 结束；如果 $\mathrm{TA}_O<\mathrm{TL}_{O\text{-}D}$，$F_{O\text{-}D}(\mathrm{TA}_O):=1$ 并转步骤(3)；如果 $\mathrm{TA}_O>\mathrm{TL}_{O\text{-}D}$，转步骤(4)。

(3) 计算 $C_{O\text{-}D}(\mathrm{TA}_O)|\mathrm{RO}_{O\text{-}D}$。

(4) $\mathrm{GR}_O(\mathrm{TA}_O):=\varnothing$，临时集合 $\mathrm{GS}':=\mathrm{GS}\backslash\{O,D\}$。

(5) 如果 $\mathrm{GS}'=\varnothing$，则结束；否则转步骤(6)。

(6) $\mathrm{GS}':=\mathrm{GS}'\backslash\{D'\}$，如果 $\mathrm{TA}_O\leqslant \mathrm{TL}_{O-D'}$，则 $\mathrm{GR}_O(\mathrm{TA}_O):=\mathrm{GR}_O(\mathrm{TA}_O)\cup\{D'\}$，转步骤(5)。

出发时间约束的两点间的最优可达路径求解属于时刻表约束下的最短路径求解范畴。目前的时刻表约束的最短路径求解方法集中在物理路径已知条件下对时刻表的匹配和将时间约束作为扩展条件进行路径搜索的方法。

如果 $F_R=1$，$R=\{O,S_0,\cdots,S_n,D\}$，则对于任意 $R'=\{S_i,\cdots,S_n,D\}$ $(0\leqslant i\leqslant n)$，$F_{R'}=1$，根据式(4-30)可得出 $F_R=1$ 的必要条件如式(4-32)所示，其中 TA_{S_i} 为从 O 点扩展到 S_i 的时刻：

$$\mathrm{TA}_{S_i}\leqslant \mathrm{TL}_{S_i-D} \tag{4-32}$$

已有的 OD 对最晚可达时间是在备选路径的停站列表已知的情况下匹配时刻表得到的结果。根据式(4-31)，使用这一方法如果要保证求得最晚可达时间，则需求出所有可能的连通路径，并对所有连通路径匹配时刻表求出路径最晚可达时间，比较得出最晚可达时间，这样空间和时间效率都很低，但如果缩小备选路径范围则可能使结果出现偏差。

因此，本书提出一种更加高效的递归求解最晚可达时间的方法，如式(4-33)所示：

$$\mathrm{TL}_{O-D}=\begin{cases}\max(\mathrm{TL}_{O'-D'}-\min(t_{O-O'})), & O\neq D\cap O'\in \mathrm{SN}_D\\ \mathrm{LT}_D, & O=D\end{cases} \tag{4-33}$$

式中，LT_D为车站 D 的末班列车的到达时刻；SN_D为由 D 点逆向扩展得到的节点集合；$\min(t_{O-O'})$为 O 到达相邻节点 O'的最小消耗时间。$t_{O-O'}$可根据式(4-34)得到

$$t_{O-O'}=\begin{cases}\mathrm{TTR}_{O-O'}+T_W, & \text{type}=1\\ \mathrm{TR}_{O-O'}+T_{O'}, & \text{type}=0\end{cases} \tag{4-34}$$

其中，type=1 表示车站节点 O 到 O'为换乘关系，type=0 表示为非换乘关系；$\mathrm{TTR}_{O-O'}$为换乘走行时间；T_W为等待列车到达的时间；$\mathrm{TR}_{O-O'}$为列车在区间 $O-O'$的运行时间；$T_{O'}$为列车在 O'的停站时间。此处为了满足换乘衔接，必须保证$T_W\geqslant 0$。

2)可达路径

将分支定界、Dijkstra 算法相结合并扩充为 K 短路搜索，求解受末班车开行影响下的 OD 对的最优可达路径。

假设 NS_A和 NS_C为车站节点集合，NS_B为待扩展节点集合，GS 为路网中所有车站的集合，N^S表示节点 N 对应的车站，K 表示需要求得的最优路径的条数，$N(\mathrm{in})$表示已到达 N 节点的第 in 条记录，$\mathrm{in}(N)$表示到达 N 节点的记录个数。求 OD 对的最优可达路径的主要步骤如下。

(1) $\mathrm{NS}_A:=\{O\}$，扩展节点为 N，$N^S:=O$，$\mathrm{NS}_C:=\mathrm{GS}\backslash\{O\}$。

(2) 如果$N^S\in\mathrm{NS}_A$，则转步骤(4)；否则，$\mathrm{NS}_A:=\mathrm{NS}_A\cup\{N\}$，从 N 点扩展各线路的相邻车站节点集合 NS_t，计算 N_i($N_i\in\mathrm{NS}_t$)的成本C_{O-N_i}，如果$\mathrm{TA}_{O-N_i^S}>\mathrm{TL}_{N_i^S-D}$，则转步骤(4)；如果$N_i^S\in\mathrm{NS}_C$，则$\mathrm{NS}_C:=\mathrm{NS}_C\backslash\{N_i^S\}$，$\mathrm{NS}_B:=\mathrm{NS}_B\cup\{N_i\}$，转步骤(4)；如果$N_i\notin\mathrm{NS}_C$则转步骤(3)。

(3) 如果 $\mathrm{in}(N)<K$，则$\mathrm{NS}_B:=\{N_i\}\cup\mathrm{NS}_B$，$N(\mathrm{in}+1):=N_i$；否则，若$C_{O-N_i}\leqslant C_{O-N_{i'}(K)}$($N_i^S=N_{i'}^S\cap\mathrm{TA}_S\leqslant\mathrm{TL}_{S-D}$)，则$\mathrm{NS}_B:=\{N_i\}\cup\mathrm{NS}_B\backslash\{N_{i'}(K)\}$。

(4) 如果 $\mathrm{NS}_B=\varnothing$，结束；如果 $\mathrm{NS}_B\neq\varnothing$，则 $N:=N_i(C_{O-N_i}=\min(C_{O-N_{i'}}\mid\forall N_{i'}\in\mathrm{NS}_B))$，如果$D=N\cap\mathrm{in}(N)=K$，则结束，否则转步骤(2)。

3. 突发事件下可达性计算

伴随着突发事件发展，出行可达性会发生动态变化，本书在原有 *OD* 对间可达路径的基础上引入额外等待时间和可达性影响的路网范围，来表达突发事件下的可达性。其主要计算方法如下。

1) 突发事件下额外等待时间

突发事件条件下，乘客在某一时刻选择受突发事件影响的路径出行花费的时间与正常状态下所需时间的差值用 t_{Ext} 表示。

按照出发时刻计算 t_{Ext} 的计算公式为

$$t_{\text{Ext}}=t_{\text{Res}}-(t_{DO}+t_{O\lambda})+\varepsilon \tag{4-35}$$

按照到达时刻计算 t_{Ext} 的计算公式为

$$t_{\text{Ext}}=t_{\text{Res}}-(t_{AD}+t_{O\lambda})+\varepsilon \tag{4-36}$$

式(4-35)和式(4-36)中，t_{Res} 为突发事件发生后恢复行车的时刻；t_{DO} 为乘客经由出发点乘车的时刻；t_{AD} 为乘客期望到达目的车站的时刻；$t_{O\lambda}$ 为乘客经由出发点至受影响车站的行程时间；ε 为冗余时间，一方面列车从恢复行车时刻到完全正常运行需要缓冲时间，另一方面突发事件下列车运行受到干扰，取值存在一定程度的误差。

突发事件下 *OD* 对间路径 u 的时间成本 T_{Eme}^{u} 为

$$T_{\text{Eme}}^{u}=T_{\text{Nor}}^{u}+t_{\text{Ext}} \tag{4-37}$$

式中，T_{Nor}^{u} 为正常情况下 *OD* 对间路径 u 的时间成本。

2) 可达路径

突发事件下可达路径的计算是在日常情况下实时可达路径的计算方法的基础上形成的。

正常运营条件下推荐路径集为 $R_{\text{rec}}=\{r_1^{\text{rec}},\cdots,r_i^{\text{rec}},\cdots\}$，其相应的时间成本集合为 $T_{\text{rec}}=\{t_1^{\text{rec}},\cdots,t_i^{\text{rec}},\cdots\}$。

突发事件条件下推荐路径集 R_{rec} 中受影响路径的集合为 $R_{\text{aff}}=\{r_1^{\text{aff}},\cdots,r_j^{\text{aff}},\cdots\}$，相应的时间成本集合为 $T_{\text{aff}}=\{t_1^{\text{aff}},\cdots,t_j^{\text{aff}},\cdots\}$。

突发事件下放弃受影响路径的推荐路径集合为 $R_{\text{rea}}=R_{\text{rec}}-R_{\text{aff}}=\{r_1^{\text{rea}},\cdots,r_k^{\text{rea}},\cdots\}$，其相应的时间成本集合为 $T_{\text{rea}}=\{t_1^{\text{rea}},\cdots,t_k^{\text{rea}},\cdots\}$。

考虑受影响路径形成的路径集合为 $R_{\text{com}}=\{r_1^{\text{com}},\cdots,r_\omega^{\text{com}},\cdots\}$，其相应的时间成本为 $T_{\text{com}}-\{t_1^{\text{com}},\cdots,t_\omega^{\text{com}},\cdots\}$。

(1) 判断 $r_i^{rec} = r_1^{rec} \in R_{rec}$ 是否直接受突发事件影响：①否，$r_1^{rec} \in R_{rea}$；②是，$r_1^{rec} \in R_{aff}$。

令 $i = i+1$，判断 $r_i^{rec} \in R_{aff}$ 或 $r_i^{rec} \in R_{rea}$，形成路径集合 $R_{aff} = \{r_1^{aff}, \cdots, r_j^{aff}, \cdots\}$，$R_{rea} = \{r_1^{rea}, \cdots, r_k^{rea}, \cdots\}$。

(2) 分别计算集合 $R_{aff} = \{r_1^{aff}, \cdots, r_j^{aff}, \cdots\}$ 下各路径的时间成本 t_j^{aff}，形成集合 $T_{aff} = \{t_1^{aff}, \cdots, t_j^{aff}, \cdots\}$。

(3) 突发事件下不考虑受影响路径的推荐路径集合为 $R_{rea} = \{r_1^{rea}, \cdots, r_k^{rea}, \cdots\}$，其相应的时间成本集合为 $T_{rea} = \{t_1^{rea}, \cdots, t_k^{rea}, \cdots\}$。

(4) 考虑受影响路径并且按照时间成本升序排列形成的时间成本集合为 $T_{com} = T_{aff} \cup T_{rea} = \{t_1^{com}, \cdots, t_\omega^{com}, \cdots\}$，相应的路径集合为 $R_{com} = R_{aff} \cup R_{rea} = \{r_1^{com}, \cdots, r_\omega^{com}, \cdots\}$。

(5) 从集合 R_{com} 选取前 ϖ (固定值) 条路径形成路径集合 $R'_{com} = \{r_1^{com}, \cdots, r_\varpi^{com}\}$，即突发事件下推荐的路径集。

3) 可达性受影响的路网范围

突发事件会导致路网的拓扑结构或行车组织发生变化，根据突发事件的程度以及持续时间的变化，可形成一定的受影响区域，此区域内乘客出行的可达性受到不同程度的影响。

突发事件下路网可达性的主要思想就是判断正常运营条件下的可达路径在突发事件下的时间可达性是否受到影响。

为便于分析，首先定义突发事件的三个集合。

直接受突发事件影响的车站的集合为 $S' = \{\lambda_1, \cdots, \lambda_i, \cdots\}$。

未直接受突发事件影响的车站的集合为 $S = \{\mu_1, \cdots, \mu_j, \cdots\}$。

时间可达性受到影响的所有车站的集合为 $E_\lambda = \{\eta_1, \cdots, \eta_k, \cdots\}$。

(1) 初始化，$\lambda = \lambda_1$，$\mu = \mu_1$，突发事件的持续时间为 t_{dur}。

(2) 计算车站 λ_1 到车站 μ_1 的行程时间 t_{tra}，比较 t_{dur} 与 t_{tra}：①若 $t_{tra} \leqslant t_{dur}$，则从车站 μ_1 经过车站 λ_1 的最快时间不受影响；②若 $t_{tra} > t_{dur}$，则从车站 μ_1 经过车站 λ_1 的最快时间受到影响。

重复步骤 (2)，将集合 $S' = \{\lambda_1, \cdots, \lambda_i, \cdots\}$ 中的元素分别与 $S = \{\mu_1, \cdots, \mu_j, \cdots\}$ 中的所有元素进行比较，得到时间可达性受到影响的车站的集合 $\{E_{\lambda_1}, \cdots, E_{\lambda_i}, \cdots\}$。

(3) 时间可达性受到影响的所有车站的集合为

$$E_\lambda = E_{\lambda_1} \cup \cdots \cup E_{\lambda_i} \cup \cdots = \{\eta_1, \cdots, \eta_k, \cdots\}$$

三、面向路网的多终端信息发布方法

1. 模板匹配模型

模板匹配是发布信息生成过程中的一项重要内容，能够保证事件信息准确无误地以图像和文字的形式加载到各发布终端。根据发布信息模板的内容匹配事件的各项要素，模板的语义结构及文字、图像显示的优先级情况见表 4-10。

表 4-10　模板的语义结构及文字、图像显示的优先级

大类	子类	语义结构	显示优先级	
			文字	图像
常态信息	路网线路状态	“位置”->“线路状态”	2	0
	车站状态	“累积位置”->“车站状态”	1	0
事件驱动信息	计划性事件实施前	“调整原因(Option)”->“调整时间段->”调整事件” -> Repeat[Object1,Object2] (Option)	1	1
	计划性事件实施后	“调整原因(Option)”->“调整事件”->“调整结束时间”-> Repeat[Object1,Object2] (Option)	0	0
	突发事件	“原始事件(Option)”->“事件”->“位置”->“时间段(Option)”-> Repeat[Object1,Object2(Option)](Option)->“建议(Option)”	0	0

在这些分类的基础上，信息模板由不同的语义结构组成。在语义结构中引号中的内容根据操作终端的人机交互界面获取，有(Option)关键字的为可选项，即可以不发布该内容。因为不同事件发生时有空间、时间上的重叠、替代等关系，所以模板中的发布事件为累积事件。其中位置包括线路、车站、通道、出入口。线路状态包括正常、非常拥挤。车站状态包括正常、某级别客流控制。事件的属性包括时间、地点、类别、名称、发布透明度。其中的 Repeat[Object1,Object2] 的含义是由多种事件关联发生作为一条信息发生时，重复录入事件(Object1)和时间(Object2)信息，事件的发生、发展的时空关系累积的结果通过运算才能得到。

发布信息生成之后，通过语义检查与预处理网络对发布信息进行逻辑和设施设备关系的检查，包括发布起始时间和终止时间的顺序、设施设备连接关系。

此处的语义网络包括语义要素、冗余检查、矛盾检查、完整性检查以及要素间的运算。

语义要素包括位置、线路状态、车站状态、调整原因、时间段、时间点事件、建议。

要素间的语义检查与预处理包括冗余、矛盾、完整性：冗余检查包括非独立的同类要素的存在与逻辑运行；矛盾检查包括同一对象的不同关联、时间先后关系、业务矛盾关系检查与提示；完整性检查包括对模板中的非 Option 对象的缺少的检查与提示。

2. 事件发布流程

事件发布流程如图 4-18 所示。

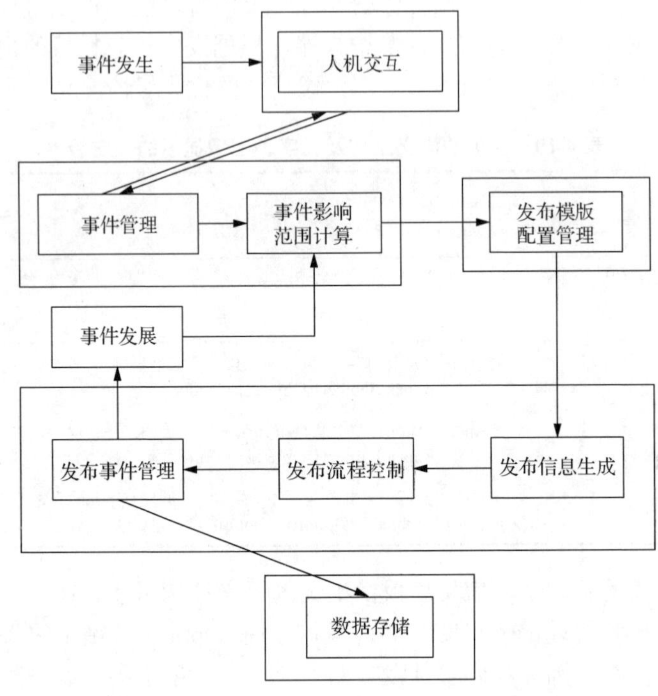

图 4-18　事件发布流程

(1) 事件发生后，利用人机交互界面将事件信息录入系统。

(2) 提取突发事件的信息，自动调用突发事件影响范围作为发布范围，根据车站是否位于影响范围内调取不同的发布模板。

(3) 对发布模板的内容进行合理性检查，按设定的时间和范围发布信息，监控发布过程。

(4) 事件发生变化时，返回步骤(2)，调用新的影响范围，自动生成新模板，继续进行发布。

(5) 事件的信息及操作信息均保存在数据库中以备查询。

3. 数据管理技术

数据管理包括数据存储和数据维护两部分内容。

数据存储模块以主流数据库软件为支撑，其中存储的内容包括路网拓扑数据库、列车运行时刻数据库、参考最短路径库、终端设备基础数据库、模板库、发布信息状态库、历史信息库等。

数据维护服务是应用平台附有的功能，实现数据的读写、同步、保护。

数据库的主要组成见表 4-11。

表 4-11　数据库的主要组成

数据库名称	数据内容
路网拓扑数据库	路网中线路与站点的位置、衔接关系等
列车运行时刻数据库	各线路列车车次、出发时刻、在各站的到达时间及出发时间等
路网动态运营状态数据库	路网中线路、车站、列车的运营状态
参考最短路径库	各 *OD* 对之间的最短路径
终端设备基础数据库	终端设备所属站点、在车站中的位置
动态信息数据库	与终端绑定的实时发布信息内容
模板库	图形图像模板及文字模板
发布信息状态库	发布信息的名称及对应状态(已解除、发布中、待发布)
历史信息库	过去所有时间内的发布事件
常态客流数据库	各个车站日常不同时段的客流数、常态高峰客流车站出现高峰的时间等信息

4. 多终端信息发布

城市轨道交通乘客诱导信息发布应用的发布终端主要有网站、手机客户端、PIS 等，其占用情况见表 4-12。

表 4-12　发布终端占用表

发布内容		发布终端			
内容	详情	网站	PIS	广播	短信
常态事件	车站限流	√	—	√	—
	高峰客流状态	√	√	—	—
突发事件	处置信息、实际车站和线路状态	√	√	—	—
	文字提示	√	√	√	√
计划调整	调整文字提示	√	√	—	—
	调整实施中的路网状态	√	√	—	—

注：“√”表示使用；“—”表示不使用。

四、案例分析

1. 末班车状态可达性诱导案例

末班车状态的可达性诱导案例应用某年某月某日的计划时刻表，选取出发车站为北京南站。

(1)指定起点的可达车站数量变化分析。如图 4-19 所示，横坐标是可达性变化的时间点，纵坐标是在时间点之后从北京南站出发可以到达的路网上车站的数量。

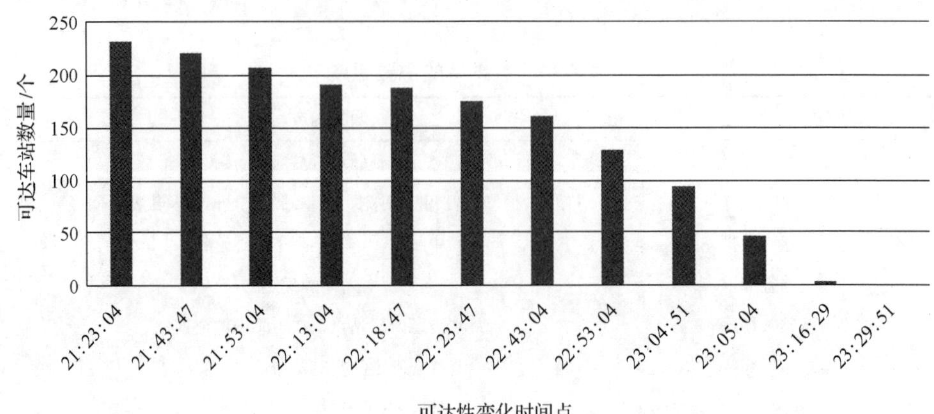

图 4-19　末班车条件下可达车站数量随时间变化图

末班车条件下，利用轨道交通出行的乘客相对较少，为避免资源浪费，发车间隔相对于其他时间段有所增加，由图 4-19 可知，随着时间的推移，由北京南站出发可以到达路网上车站的数量在不断减少。

(2)指定 *OD* 对的可达路径集和时间最优路径集分析。末班车条件下，从北京南站出发到达牡丹园的有效路径为 K_1、K_2、K_3、K_4、K_5、K_6、K_7、K_8、K_9，分别求得它们的最晚出发时间，可以看出不同路径的最晚出发时间差别比较明显，如表 4-13 所示。乘客可以根据不同的乘车时间点确定可达路径。

表 4-13　路径最晚出发时间表

编号	换乘站	经停站数/个	最晚出发时间
K_1	西直门—知春路	14	21:47:04
K_2	宣武门—鼓楼大街—北土城	16	22:13:04
K_3	西直门—鼓楼大街—北土城	17	22:13:04
K_4	海淀黄庄	19	21:59:04
K_5	宣武门—崇文门—惠新西街南口	20	22:53:04
K_6	平安里—东四—惠新西街南口	21	22:53:04
K_7	角门西	27	23:04:51
K_8	西单—国贸	25	23:05:04
K_9	平安里—呼家楼	25	23:05:04

末班车条件下，候车时间、换乘等待时间等的加长，导致行程时间有一定程度的增加，如表 4-14 所示，因此，对于乘车时间比较敏感的乘客应尽可能提前出

行以防止乘车时间的增长带来的不便。

表 4-14　已知出发时间的最优可达路径表

待发时间	最优可达路径	行程时间/min
21:59	K_4	41
22:13	K_2、K_3	53
22:53	K_5、K_6	54
22:57	K_7	63
23:05	K_8、K_9	62

2. 高峰客流状态可达性诱导案例

在高峰客流时段，客流量随着时间在路网上不断积累，给乘客出行带来不良影响，如何选择相关的客流诱导策略是案例研究的重点，以下从不同诱导策略下个体偏好性和不同时段个体偏好性两个角度进行分析。

1）不同诱导策略下个体偏好性影响分析

高峰客流状态下的诱导案例选取出发时间为 8:00，出发车站为亦庄桥、目的车站为中关村的区段。

(1) 偏重换乘次数的路径诱导。优先考虑换乘次数的诱导案例选取换乘次数均是两次的路径，分别比较各路径在不同诱导策略下的综合成本变化，进行乘客出行路径诱导，如表 4-15 所示。

表 4-15　基于换乘次数的综合成本数值

路径	综合成本/s			时间成本/min	途经线路	换乘站
	不考虑拥挤	一级诱导	二级诱导			
P_1	5439	6759	14502	1:04:39	亦庄线—10—4	宋家庄—角门西
P_2	5499	5611	5499	1:09:39	亦庄线—10—4	宋家庄—海淀黄庄
P_3	5799	6440	13620	1:14:39	亦庄线—10—4	宋家庄—海淀黄庄
P_4	10848	11900	18669	2:34:48	亦庄线—10—4	宋家庄—角门西

由表 4-15 可知，在换乘次数均为两次的四条路径里，不同的拥挤度程度下综合成本都有一定的变化，相比较路径 P_1、P_3、P_4，路径 P_2 在三种状态下综合成本均较低，而且相比路径 P_1 时间成本也没有太大的增长，建议乘客选择路径 P_2 出行。

(2) 偏重时间成本的路径诱导。优先考虑时间成本的诱导案例根据时间成本降序排列选取前六条路径，分别比较各路径在不同诱导策略下的综合成本变化。

由表 4-16 可知，在时间成本较小的六条路径中，不同的诱导状态下产生的综合成本不同，虽然六条路径在不考虑拥挤和一级诱导状态时的综合成本相差很小，但是路径 W_1、W_2、W_3、W_6 在二级诱导条件下产生的综合成本比较大，因此建议乘客选择路径 W_4、W_5 出行。

表 4-16　基于时间成本的综合成本数值变化表

路径	综合成本/s			时间成本/min	换乘次数/次	途经线路	换乘站
	不考虑拥挤	一级诱导	二级诱导				
W_1	5439	6759	14502	1:04:39	2	亦庄线—10—4	宋家庄—角门西
W_2	6219	6772	9999	1:04:39	3	亦庄线—5—6—4	宋家庄—东四—平安里
W_3	5889	6570	9669	1:07:09	3	亦庄线—5—10—4	宋家庄—惠新西街南口—海淀黄庄
W_4	6481	6920	7471	1:07:09	3	亦庄线—5—2—4	宋家庄—雍和宫—西直门
W_5	6925	7482	7915	1:07:09	3	亦庄线—5—2—4	宋家庄—崇文门—西直门
W_6	6997	7921	11407	1:07:09	3	亦庄线—5—2—4	宋家庄—崇文门—宣武门

2) 不同时段个体偏好性影响分析

(1) 不同时段时间成本变化分析。表 4-17 选取从亦庄桥至中关村的四条路径，对每条路径不同时间点的时间成本变化进行分析。

表 4-17　不同时间点各路径时间成本变化表

路径	时间						
	7:00	7:10	7:20	7:30	7:40	7:50	8:00
R_1	1:05:54	1:07:54	1:07:54	1:11:54	1:05:54	1:09:39	1:04:39
R_2	1:07:54	1:09:54	1:03:54	1:09:54	1:03:54	1:07:09	1:04:39
R_3	1:09:54	1:11:54	1:05:54	1:11:54	1:08:09	1:09:39	1:07:09
R_4	1:11:54	1:11:54	1:07:54	1:11:54	1:08:09	1:12:09	1:12:09

由表 4-17 可知，各条路径的时间成本都是随着出发时刻而改变的，且在 7:20 和 7:40 两个时刻的时间成本较低；另外，在 7:10 以前出发路径 R_1 的时间成本最低，之后路径 R_2 最低，所以乘客出行时间有 7:15～7:25 和 7:35～7:45 两个最佳时间段，并且在同一时刻出发时选择路径 R_2 的时间成本达到最优。

(2) 不同时段综合成本变化分析。表 4-18 选取从亦庄桥至中关村的四条路径，对每条路径不同时间点的综合成本变化进行分析。

表 4-18　不同时间点各路径综合成本变化表　　（单位：s）

路径	时间						
	7:00	7:10	7:20	7:30	7:40	7:50	8:00
V_1	5634	5754	5754	6009	5679	5799	5499
V_2	6174	6174	5934	6174	5949	7539	9669
V_3	6774	6894	6774	7164	6834	6969	6519
V_4	7090	7210	6850	7210	6985	7075	7915

由表 4-18 可知，不同路径的综合成本在 7:00～8:00 有一定的波动，但是可以看出，在 7:40 以后路径 V_2 的综合成本有明显上升的趋势，此时乘客出行应该避开路径 V_2；同时可以看出，路径 V_1 的综合成本整体上小于其他路径，而且比较稳定，建议乘客出行时选择路径 V_1。

3. 突发事件状态可达性诱导案例

突发事件下某一特定 *OD* 对间，途经事发地的路径受到影响，可通过对比突发事件前后的可达路径进行分析。

1) 区间中断状态路径诱导

选取 1 号线西单至东单段为中断区间，出发车站是动物园，目的车站是大望路，对区间中断前后的可达路径的换乘次数、时间成本和综合成本进行分析。

(1) 基于时间成本的路径诱导。由表 4-19 可知，在区间中断前时间成本最小的路径非常明显，乘客出行选择路径 E_1；而西单至东单的区间中断后，时间成本较优的路径有五条，整体花费的时间差不多，乘客可以选择其中的任意一条路径作为替代路径。

表 4-19　区间中断前后时间成本变化

区间状态	路径	时间成本/min	途经线路	换乘站
区间中断前	E_1	35.134	4—2—1	西直门—建国门
区间中断后	F_2	42.97	4—2—1	西直门—建国门
	F_3	43.018	4—2—1	宣武门—建国门
	F_4	44.446	4—6—5—1	平安里—东四—东单
	F_5	44.672	4—6—2—1	平安里—朝阳门—建国门
	F_6	45.034	4—6—10—1	平安里—呼家楼—国贸

(2) 基于综合成本的路径诱导。从综合成本的角度分析，如表 4-20 所示，区间中断前后均提供三条较优路径，但是区段中断后较优可达路径整体上花费的综合成本高于中断前。此外区间中断前的路径 G_2、G_3 失效，中断后乘客出行选择替

代路径 $H_4(G_1)$、H_5、H_6。

表 4-20 区间中断前后综合成本变化

区间状态	序号	综合成本/min	途经线路	换乘站
区间中断前	G_1	43.134	4—2—1	宣武门—建国门
	G_2	44.582	4—2—1	平安里—东四—东单
	G_3	45.018	4—6—2—1	平安里—朝阳门—建国门
区间中断后	H_4	45.018	4—2—1	宣武门—建国门
	H_5	46.97	4—2—1	西直门—建国门
	H_6	47.006	4—2—1	西直门—建国门

(3)基于换乘次数的路径诱导。从换乘次数的角度分析，如表 4-21 所示，区间中断前的较优路径是换乘次数只有 1 次的路径 M_1，区间中断后路径 1 失效，乘客出行的较优路径为换乘次数是 2 次的路径 N_2、N_3、N_4。

表 4-21 区间中断前后换乘次数变化

区间状态	序号	换乘次数	途经线路	换乘站
区间中断前	M_1	1	4—1	西单
区间中断后	N_2	2	4—2—1	西直门—建国门
	N_3	2	4—2—1	西直门—建国门
	N_4	2	4—2—1	宣武门—建国门

2)换乘通道封闭

选取 4 号线至 6 号线的换乘通道为封闭通道，出发车站是动物园，目的车站是金台夕照，对换乘通道封闭前后的可达路径的时间成本和综合成本进行分析。

(1)基于时间成本的诱导路径。对比换乘通道封闭前后的两组数据(表 4-22)可以发现，封闭后的较优路径的时间成本比封闭前的较优路径的时间成本有了不同程度的增加，然而此时封闭前的时间成本最小的路径 A_1 已经不能通行，但是路径 A_2 可以作为很好的替代路径，因为在封闭后优先提供的就是路径 $B_1(A_2)$，此时乘客并未花费太多的时间成本。

表 4-22 换乘通道封闭前后时间成本变化

类型	序号	时间成本/min	途经线路	换乘站
通道封闭前	A_1	35.594	4—6—10	平安里—呼家楼
	A_2	39.034	4—1—10	西单—国贸
通道封闭后	B_1	39.034	4—1—10	西单—国贸
	B_2	41.106	4—2—6—10	西直门—车公庄—呼家楼

(2) 基于综合成本的诱导路径。表 4-23 中换乘通道封闭前的推荐路径为 C_1，封闭后的推荐路径为 D_1、D_2、D_3、D_4、D_5、D_6、D_7。由表中数据可知，换乘通道封闭前综合成本最小的路径就是 C_1，其相对于其他路径具有明显的优势，因此不再提供其他备选路径；换乘通道封闭后，C_1 不可达，所以提供综合成本差距不大的七条备选路径集。

表 4-23　换乘通道封闭前后综合成本变化

类型	序号	综合成本/min	途经线路	换乘站
通道封闭前	C_1	39.594	4—6—10	平安里—呼家楼
通道封闭后	D_1	49.034	4—1—10	西单—国贸
	D_2	49.106	4—2—6—10	西直门—车公庄—呼家楼
	D_3	50.482	4—2—1—10	西直门—复兴门—国贸
	D_4	50.732	4—9—6—10	国家图书馆—白石桥南—呼家楼
	D_5	50.918	4—2—1—10	宣武门—建国门—国贸
	D_6	51.928	4—2—6—10	西直门—朝阳门—呼家楼
	D_7	51.938	4—10	海淀黄庄

换乘通道封闭后，综合考虑时间成本和综合成本的影响，对于乘客而言选取路径 B_1、B_2，即 D_1、D_2 是比较合理的。

3) 突发事件下可达程度分析

突发事件下路径可达率计算公式如下

$$L(k)=\frac{\sum_i t_i/m}{\sum_j t_j/n},\qquad i=1,2,\cdots,m,\quad j=1,2,\cdots,n \tag{4-38}$$

式中，t_i 为突发事件后的较优路径时间成本或综合成本总和，且每条路径被选择的概率相等；t_j 为突发事件前的较优路径时间成本或综合成本总和，且每条路径被选择的概率相等。

计算区间中断后的路径可达率 $L(1)$ 和 $L(2)$，可以得到此时区间中断后基于时间成本的路径可达率为 $L(1)$=80.11%，可知区间中断后 OD 对间的时间成本有一定程度的降低；此时区间中断后基于综合成本的路径可达率为 $L(2)$=95.50%，可知区间中断后 OD 对间的综合成本有一定程度的降低。

计算换乘通道封闭后的路径可达率 $L(3)$ 和 $L(4)$，可以得到此时换乘通道封闭后基于时间成本的路径可达率为 $L(3)$=93.12%，可知换乘通道封闭对于 OD 对间的时间成本可达性没有太大的影响；此时换乘通道封闭后基于综合成本的路径可达率

为 $L(4)$=78.26%，可知换乘通道封闭对于 *OD* 对间的综合成本有一定程度的影响。

4)考虑中断路径恢复过程的路径诱导分析

这里对比突发事件下与非突发事件下的可达性变化案例，过程如下。

(1)突发事件和应急处置措施。假设某年某月某日 9:16～9:19，1 号线 1107 次(422)列车在西单下行故障清人，公主坟至苹果园、东单至四惠东小交路运行，时间截止到 10:10，西单站 4 号线换 1 号线换乘通道封闭。根据事故信息，持续时间段为 9:20～10:10，1 号线东单至公主坟全线中断，中断期间西单站 4 号线与 1 号线间换乘通道封闭，复兴门站未封闭换乘通道。

(2)路网可达性分析。路网中约有 7 万对 *OD* 对，其中受影响的 *OD* 对约有 1 万对，在受影响的 *OD* 对中约 75%可以通过改变出行路径到达目的地；在受影响的 *OD* 对中，假设事发时段出行人数与同期相当，则约有 3 万人可以通过绕行到达目的地或者推迟出发时间来降低突发事件对出行造成的影响。

(3)可达路径分析。起点站为莲花桥，终点站为崇文门。

条件：按出发时间查询，时间为 09:40。

通过表 4-24 可知，在原正常运营条件下，按照较快捷目的推荐给乘客的有效路径途经 1 号线，其行程时间较短，绝大多数乘客选择此类路径出行。在突发事件下，依据较快捷目的推荐给乘客的有效路径为绕行路径，避开 1 号线的中断区间，其行程时间相对于正常条件下的较快捷路径有了明显增长。

表 4-24　可达路径属性信息表

路径类型		时间成本/min	途经线路	换乘站	到达时间
原较快捷可达路径	S_1	0:30:37	10—1—2	公主坟—复兴门	10:10:37
	S_2	0:32:39	10—1—5	公主坟—东单	10:12:39
	S_3	0:33:37	10—1—4—2	公主坟—西单—宣武门	10:13:37
	S_4	0:36:41	10—1—2	公主坟—建国门	10:16:41
事发后绕行可达路径	T_1	0:40:07	10—6—2	慈寿寺—车公庄	10:20:07
	T_2	0:41:49	10—6—5	慈寿寺—东四	10:21:49
	T_3	0:46:29	10—5	宋家庄	10:26:29
事发后需等待路径/等待时间 22min	U_1	0:30:37	10—1—2	公主坟—复兴门	10:32:37
	U_2	0:32:39	10—1—5	公主坟—东单	10:34:39
	U_3	0:36:41	10—1—2	公主坟—建国门	10:38:41

在突发事件下，绕行路径行程时间相比原正常运营条件下的快捷路径，因行程时间的增加，其到达时间推迟一些。若不采取绕行路径出行，则推荐乘客额外等待一段时间后再出发，虽然行程时间没有增长，但是等待致使到达时间推迟得更多了。

第四节　城市轨道交通路网突发事件应急处置系统

本节以城市轨道交通系统网络化运营为背景，围绕轨道交通突发事件应急处置的迫切需求，研究客流突发事件获取、数字预案管理、应急处置仿真评估、应急处置辅助决策支持与诱导信息发布等关键技术，研制以北京城市轨道交通路网指挥中心运营调度指挥人员为用户的路网突发事件应急处置系统[84]。

1. 系统业务功能需求

突发事件应急处置系统是针对目前北京市轨道交通运营线网不断扩充、运量大、行车密度大、可能发生突发事件类别多、应急处置要点信息量大等现状，为高效、快速地处置轨道交通突发事件、减小次生影响、提高轨道交通服务质量而设计的一个信息化强、集成度高的快速处置系统，该系统主要包括应急预案全生命周期管理、突发事件应急处置、突发事件下客流传播影响分析和客流诱导信息系统，如图 4-20 所示。

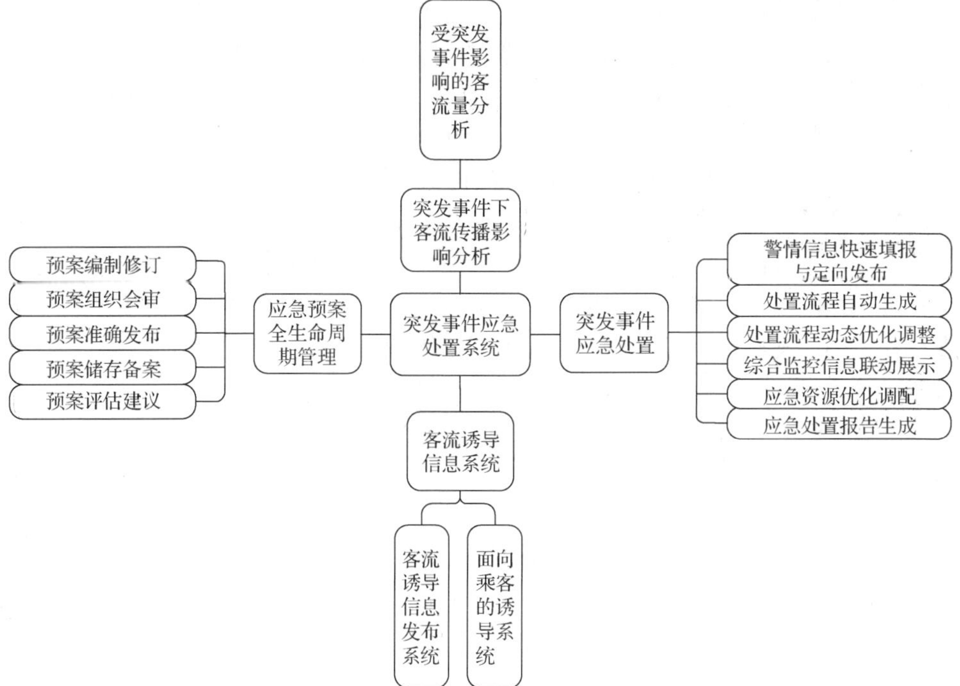

图 4-20　突发事件应急处置系统功能架构

1) 应急预案全生命周期管理

应急预案全生命周期管理主要是指在常态下从应急预案产生到废止进行全过程的日常跟踪管理，通过应急预案数字化模板的支持，实现预案的编制修订、组织会审、准确发布、储存备案和评估建议的应急预案全周期管理及维护。

2) 突发事件应急处置

应急处置是指在突发事件条件下依据数字化预案，辅以计算机，对其进行结构化和信息化处理，通过警情信息快速填报与定向发布、应急处置报告生成等过程为各层级应急岗位提供信息支持和决策依据，实现应急预案应用的动态性、科学性、追溯性、多资源信息一体性。

3) 突发事件下客流传播影响分析

突发事件下客流传播影响分析主要是指路网拓扑结构发生突变后，通过对乘客应激表现和处置措施的综合作用，分析突发事件对客流的影响和路网中客流断面的变化，估算出受影响的车站及滞留客流人数，为突发事件情况下的客流疏散、客流诱导提供依据。

4) 客流诱导信息系统

(1) 客流诱导信息发布系统。客流诱导信息发布系统是面向管理人员，对客流诱导信息的发布管理。重点是发布规则的制定。具体功能共包括信息编辑(日常发布、计划调整、突发事件)、审核管理、操作历史查看。

(2) 面向乘客的诱导系统。面向乘客的诱导系统主要由三个组成部分：乘客出行路径查询系统、发布网站终端展示、车站发布终端展示。

其中，乘客出行路径查询功能不但涵盖日常的出行路径查询，如最早出行方案查询、最晚出行方案查询、按出发时刻查询、按到达时刻查询等，并且提供突发事件下的动态出行路径查询，满足乘客等待、绕行等在突发事件下出行路径查询的各种需求。

2. 系统开发工具选取

(1) 前台界面开发工具：Flex 3.5。

(2) 后台数据库开发工具：Oracle 10g。

(3) 地图开发工具：ArcGIS 10.1。

3. 系统设计

下面根据系统的功能需求，开展系统概要设计和界面设计及数据库设计等工作。系统设计主要考虑到功能的全面性以及用户操作的便捷性及界面的简洁美观。下面是路网突发事件应急处置系统的界面。

1) 系统接警界面

系统接警界面如图 4-21 所示。

图 4-21　系统接警界面

2) 应急预案管理界面

应急预案管理界面如图 4-22 所示。

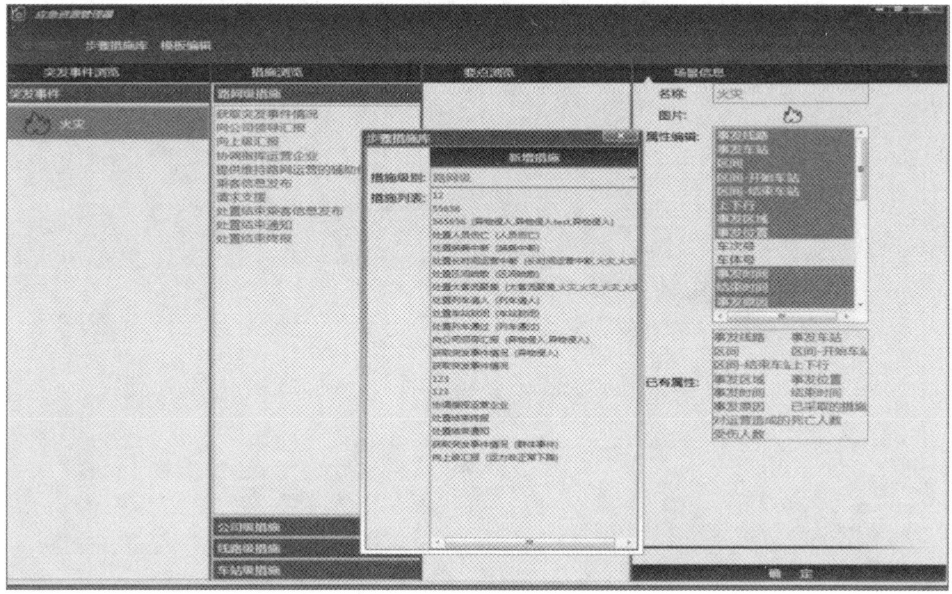

图 4-22　应急预案管理界面

3) 突发事件应急处置界面

突发事件应急处置界面如图 4-23 所示。

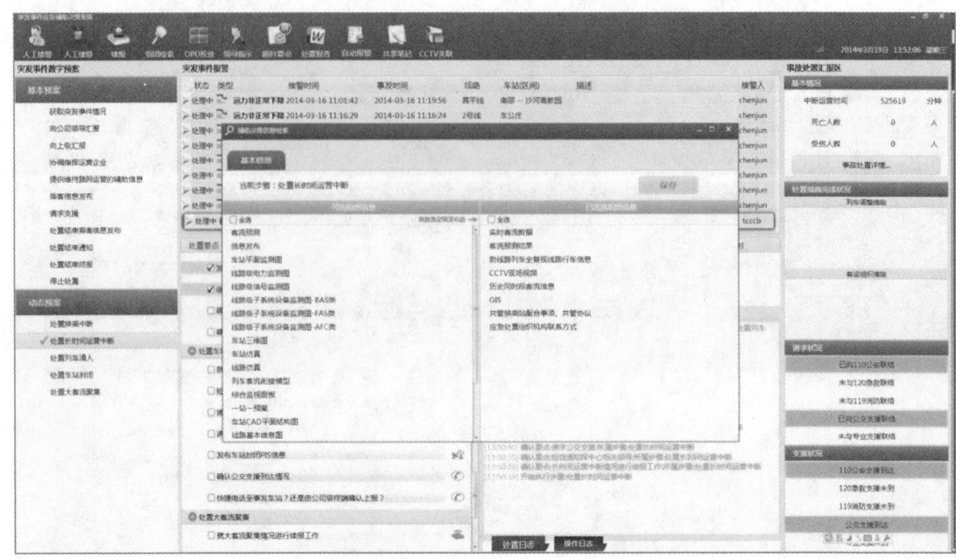

图 4-23　突发事件应急处置界面

4) 突发大客流影响分析界面

突发大客流影响分析界面如图 4-24 所示。

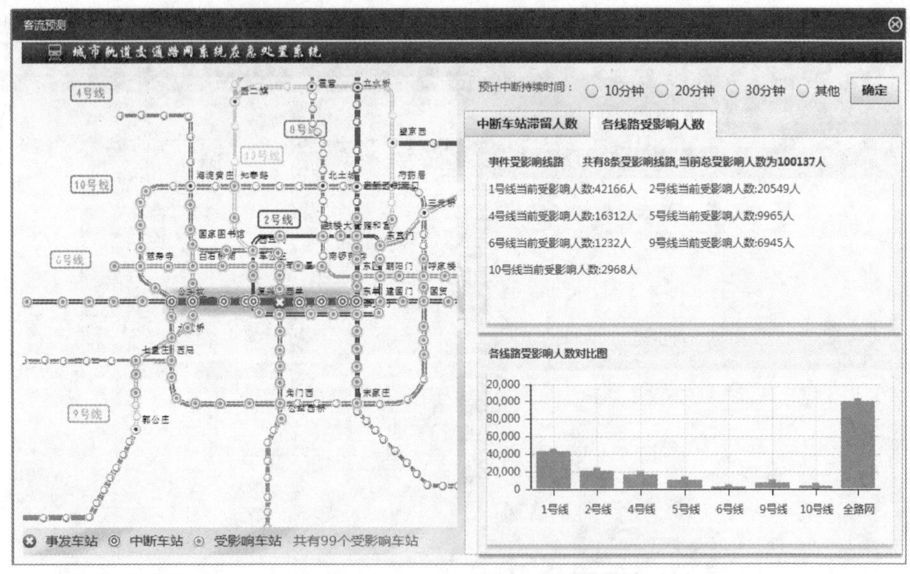

图 4-24　突发大客流影响分析界面

5) 客流诱导信息发布界面

客流诱导信息发布界面如图 4-25 所示。

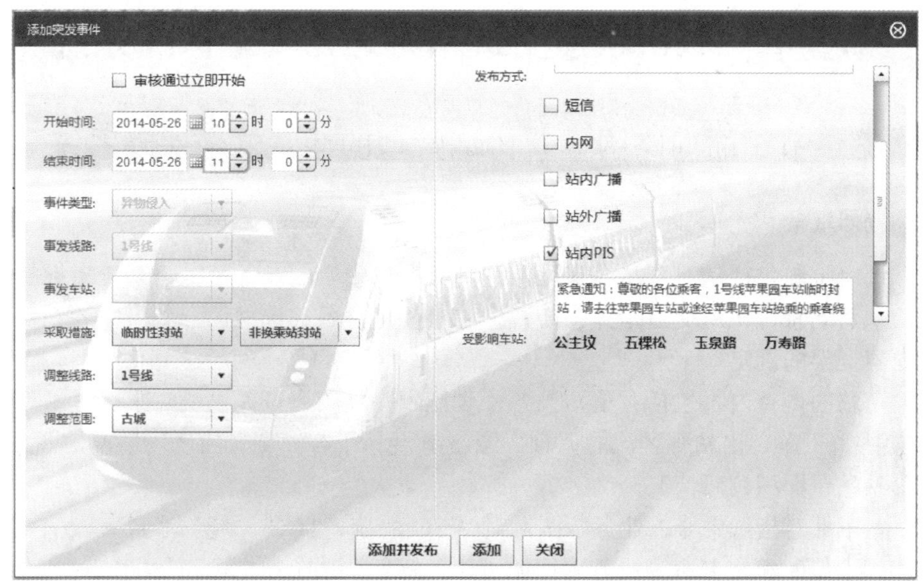

图 4-25　客流诱导信息发布界面

6) 乘客出行路径查询界面

乘客出行路径查询界面如图 4-26 所示。

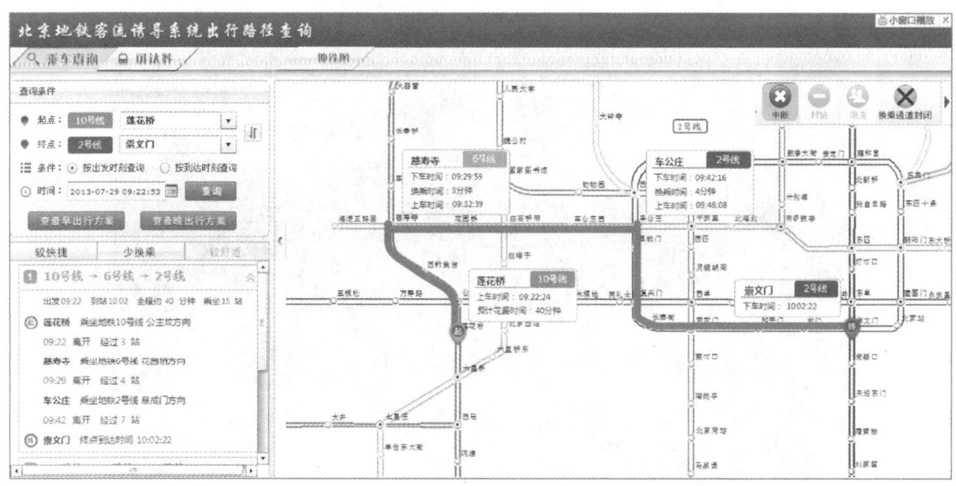

图 4-26　乘客出行路径查询界面

第五章　城市轨道交通路网运营安全保障系统

第一节　面向路网运营协调管理的运营安全保障系统

一、调研准备

调研阶段包括从对车站的客流调查到对指挥中心的业务范围、系统指标的调研，从对北京市轨道交通指挥中心数据中心硬件设备的选型调查到最终各系统研究内容框架的确定。

车站的调查内容包括对车站设备、设施和空间的调查，以及对乘客进站、乘车/换乘、下车、出站等客流的调查。图 5-1 展示了客流调查的现场情况，图 5-2 是车站站台面积调研情况。

本章针对指挥中心的业务范围，对 ACC 系统、TCC 系统、清算室、信息技术基础设施库和票卡室等业务进行调研，了解各个系统的指标和功能，对各个系统也进行了大量的业务数据调研，并根据调研结果进行设备的选型，在选型过程中与集成商和设备生产商进行了洽谈，针对相关重点设备的搭建进行检验。

图 5-1　现场客流调研

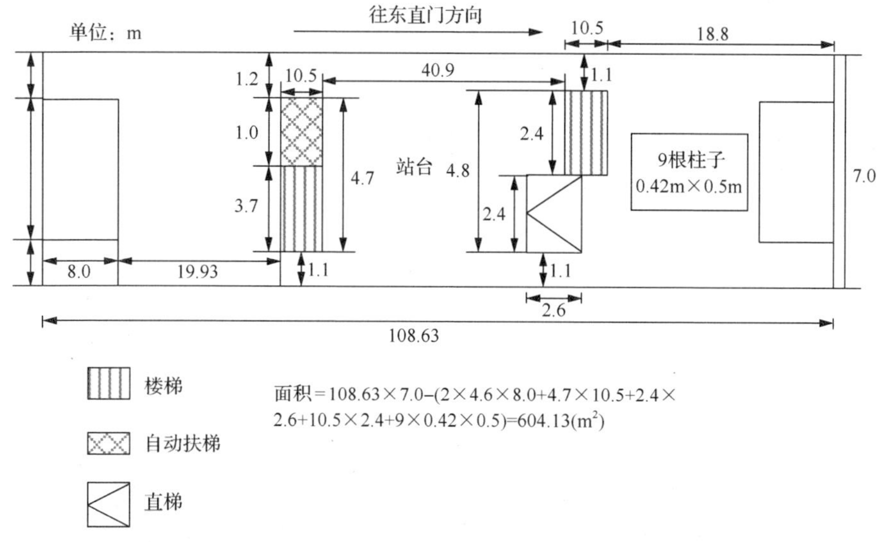

图 5-2　车站站台面积调研

二、方案设计

根据北京市轨道交通网络化运营安全保障需求，依托北京市轨道交通指挥中心数据中心建设，基于研究成果、研发的设备和系统，本书确定了示范工程的范围及内容，明确了在北京面向路网运营协调管理的运营安全保障系统示范工程中通过在换乘车站部署客流检测、突发事件等设备，并将车站的客流数据传回北京市轨道交通指挥中心数据中心，实现研究成果在北京的全面示范应用，从而有效地验证和推广研究成果。

1. 范围设计

本次示范工程将重点对三个不同地点进行示范应用，分别为小营、角门西、西直门，具体示范范围如图 5-3 所示。

以部署在小营的轨道交通路网数据中心为重点，将本次示范工程研发的应用系统、数据标准等研究内容通过数据中心进行示范，以充分验证并推广本次示范工程研究的各项内容。

以部署在角门西地铁站的客流状态检测为基础，实时获取角门西地铁站的客流状态，并将实时采集到的角门西地铁客流数据上传至轨道交通路网数据中心，使数据中心能够实时掌握角门西的客流状态。

以部署在西直门的城市轨道交通路网数据灾备中心为辅助，保证在城市轨道交通路网数据中心出现故障时，整个系统能够通过部署在西直门的数据灾备中心迅速恢复正常运营。

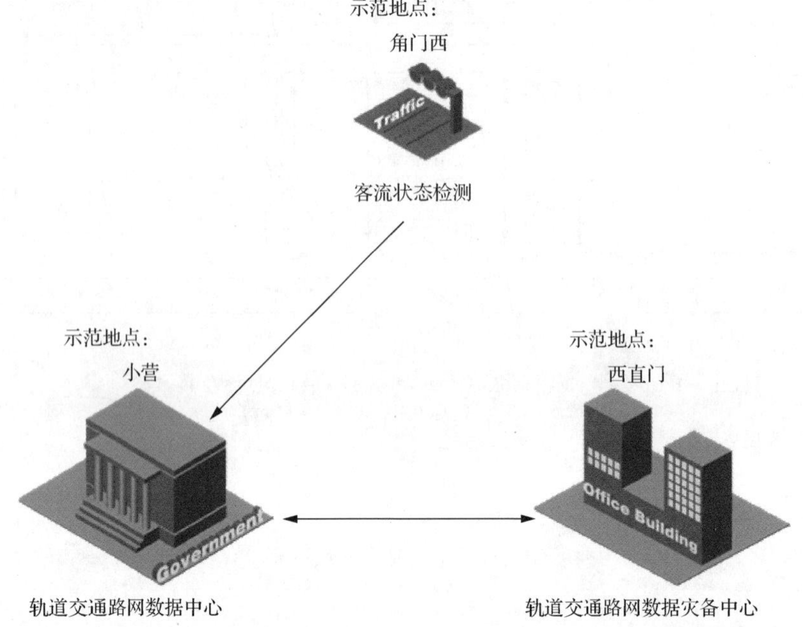

图 5-3　北京示范工程范围图

2. 内容设计

本次示范工程的具体示范内容包括在角门西的客流检测系统多元互操作平台，部署在小营轨道交通路网数据中心的多元互操作平台、路网运营安全综合监控与预警系统、路网突发事件应急处置系统、客流诱导系统、综合信息发布系统，以及适用于路网数据中心的两个数据标准规范，详细情况如图 5-4 所示。

角门西的示范主要包含通过对地铁内的突发事件、客流状态等的实时监控，实现对地铁站内客流的各种行为的监控、预警，并能够通过多元互操作平台将监控的数据实时上传至城市轨道交通路网数据中心。

小营轨道交通路网数据中心主要包含本次示范工程重点研发的路网运营安全综合监控与预警系统、路网突发事件应急处置系统、客流诱导系统、综合信息发布系统；并且能够通过本次示范工程研发的多元互操作平台实现对角门西等其他业务应用系统的数据的实时接入，从而实现为其他业务应用系统提供数据支撑的目的；同时通过本次示范工程编制的《城轨交通路网数据中心元数据标准》对接入的数据进行规范与统一，最终形成规范统一的城市轨道交通路网数据中心。

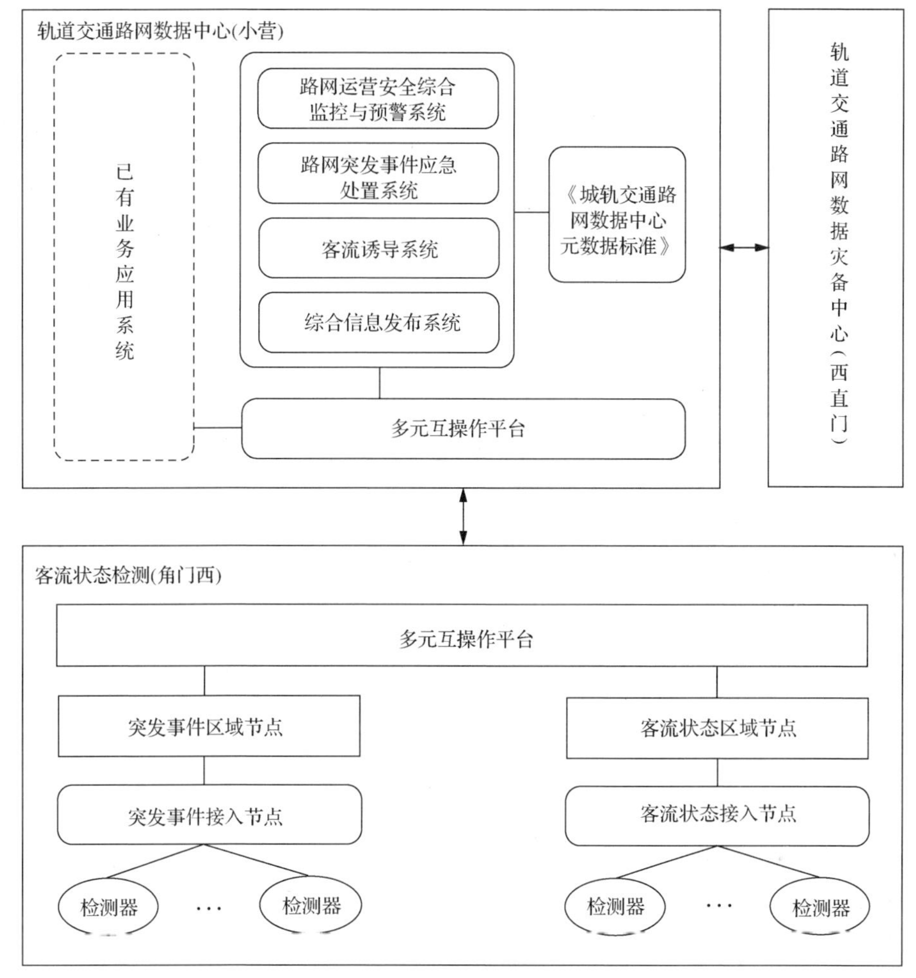

图 5-4　北京示范工程内容关系图

3. 整体设计

本书围绕各个系统的应用需要，从数据源头将大量数据发送给信息获取层，由信息获取层将数据状态分类传送给数据层，数据层主要负责数据的存储、实时传输，为应用层提供数据支撑，应用层负责指挥中心各个业务系统的展示。北京面向路网运营协调管理的运营安全保障系统示范工程采用如图 5-5 所示的总体构建方案。

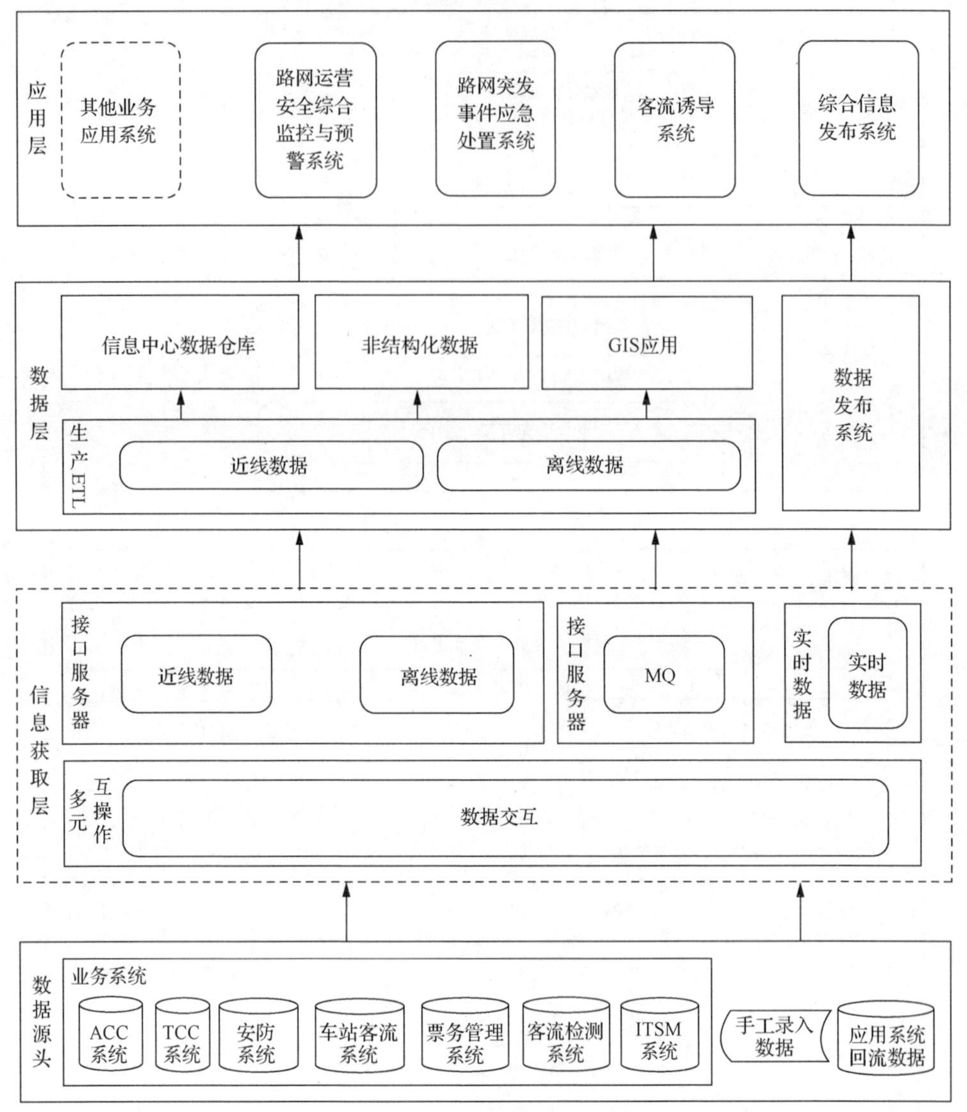

图 5-5　北京示范工程总体构建方案图

三、实施及部署

1. 示范工程设备安装及部署

为了验证研究成果，将研制的主要装备均部署在北京路网运营安全保障系统示范工程中，并实现示范运行。设备的具体部署如图 5-6 所示。

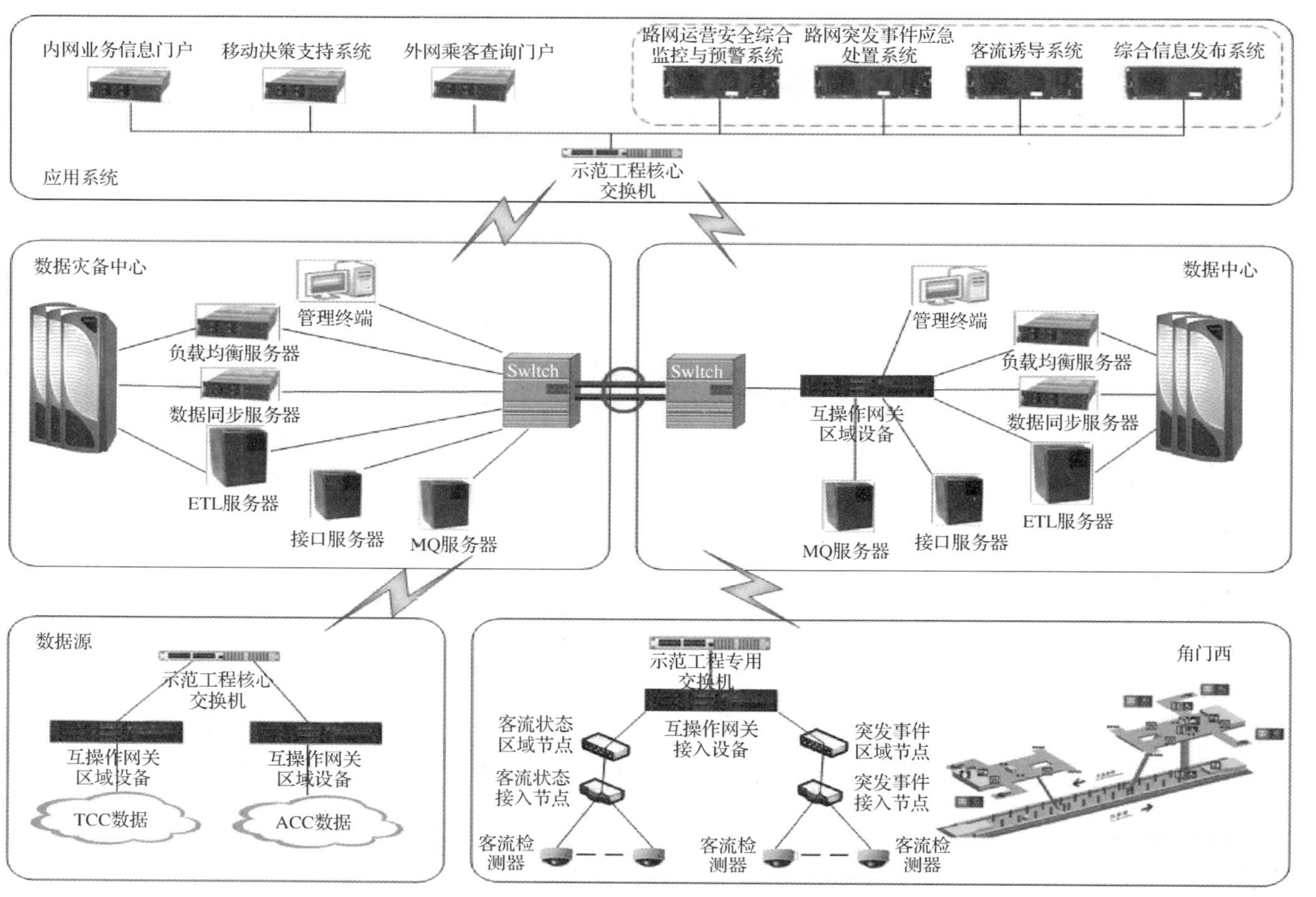

图 5-6　北京示范工程设备具体部署方案

下面在进行全面的北京轨道交通路网数据需求调研分析的基础上，研究完成北京市轨道交通指挥中心数据中心元数据标准与架构设计，结合路网多元信息集成与融合技术，研制完成多元运营安全信息互操作网关设备，实现路网客流、行车、设备设施等数据的实时获取。在主中心构建近线结构化数据仓库和非结构化数据仓库，同时为了数据安全构建数据灾备中心，获取的实时数据存储于北京市轨道交通指挥中心信息中心数据仓库系统中。

以下为现场部署的主要设备清单及照片。

1) 角门西设备清单

角门西设备清单如表 5-1 所示。

表 5-1　角门西设备清单

序号	部署位置	应用项目	设备名称	设备配置	数量/个
1	角门西地铁站	客流检测	客流检测器	外形：4.5in 半球 成像器件：1/3″SONY Super HAD CCD 镜头参数：2.1～36mm 超广角镜头 最低照度：0.5lx/F1.2 水平清晰度：520 线	18
2	角门西地铁站	客流检测	客流状态实时检测分析接入节点设备	外形结构：6U 机架式 处理器：双核，主频 2.8GHz 内存容量：4GB 硬盘容量：1TB	1
3	角门西地铁站	客流检测	客流状态实时检测分析区域节点设备	外形结构：2U 机架式 处理器：双核，主频 1.8GHz 内存容量：4GB 硬盘容量：1TB	1
4	角门西地铁站	客流检测	客流突发事件自动检测监控接入节点设备	外形结构：6U 机架式 处理器：双核，主频 2.8GHz 内存容量：4GB 硬盘容量：1TB	1
5	角门西地铁站	客流检测	客流突发事件自动检测监控区域节点设备	外形结构：2U 机架式 处理器：双核，主频 1.8GHz 内存容量：4GB 硬盘容量：1TB	1
6	角门西地铁站	客流检测	安全互操作接入节点设备	外形结构：2U 机架式 处理器：四核，主频 1.8GHz 内存容量：8GB 硬盘容量：600GB	1

注：1in=0.0254m。

2) 角门西现场照片

角门西现场照片如图 5-7～图 5-9 所示。

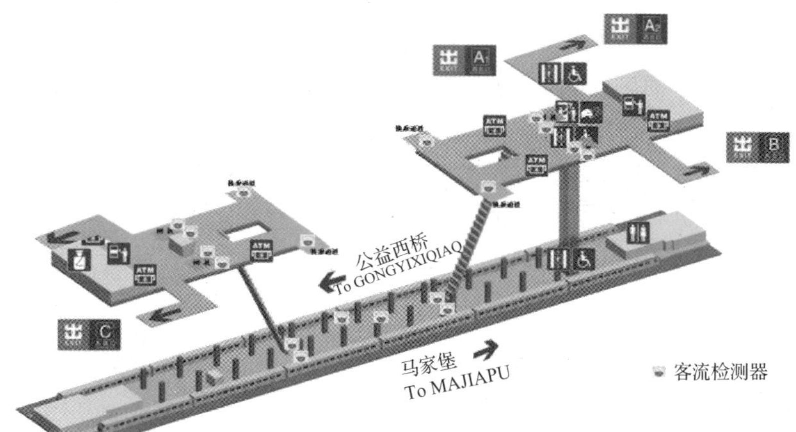

图 5-7　客流检测器点位图

图 5-8　现场安装施工照片

图 5-9　角门西机房设备照片

3) 数据中心设备清单

数据中心设备清单如表 5-2 所示。

表 5-2　数据中心设备清单

序号	部署位置	应用项目	设备名称	设备配置	数量/个
1	小营指挥中心	数据中心	客流状态实时检测分析设备	外形结构：6U 机架式 处理器：双核，主频 2.8GHz 内存容量：4GB 硬盘容量：1TB	1
2	小营指挥中心	数据中心	客流状态实时检测分析区域节点设备	外形结构：2U 机架式 处理器：双核，主频 1.8GHz 内存容量：4GB 硬盘容量：1TB	1
3	小营指挥中心	数据中心	车站客流突发事件自动检测监控设备	外形结构：6U 机架式 处理器：双核，主频 2.8GHz 内存容量：4GB 硬盘容量：1TB	1
4	小营指挥中心	数据中心	客流突发事件自动检测监控区域节点设备	外形结构：2U 机架式 处理器：双核，主频 1.8GHz 内存容量：4GB 硬盘容量：1TB	1
5	小营指挥中心	数据中心	安全互操作区域节点设备	外形结构：2U 机架式 处理器：四核，主频 1.8GHz 内存容量：8GB 硬盘容量：600 GB	2
6	小营指挥中心	数据中心	应用服务器	两个 Intel 四核 Xeon E7520 处理器(1.86GHz，18MB 缓存)，16GB(4×4GB) DDR3 内存，2 块 146GB 硬盘，标配 2 个热插拔电源，4U 机架式	4
7	小营指挥中心	数据中心	开发、测试服务器	IBM Power730 处理器：16 核 主频：3.55GHz 内存：128GB，300GB 10K RPM,6GB SAS 2.5in 热插拔硬盘×2	2
8	小营指挥中心	数据中心	开发、测试服务器	E7-4830　8 核心 处理器，8GB DDR3 1333 内存×32，300GB 10K RPM，6GB SAS 2.5in 热插拔硬盘×2	2
9	小营指挥中心	数据中心	非结构磁盘阵列	HDS HUS 150，600GB SAS 10K RPM 硬盘	1
10	小营指挥中心	数据中心	开发测试数据仓库	Teradata 560 单节点数据仓库一体机	1
11	小营指挥中心	数据中心	核心层以太网交换机	LS-12508-AC-2 H3C S12508 路由交换机，48 端口千兆以太网电接口	2
12	小营指挥中心	数据中心	汇聚层以太网交换机	LS-7510E H3C S7510E 以太网交换机主机，49 端口千兆以太网电接口	2

续表

序号	部署位置	应用项目	设备名称	设备配置	数量/个
13	小营指挥中心	数据中心	汇聚层以太网交换机	LS-7506E H3C S7506E 以太网交换机主机，50 端口千兆以太网电接口	4
14	小营指挥中心	数据中心	万兆防火墙	USG-10000E 硬件平台，2U 设备，1 个 100/1000Base-T 管理口，2 个 100/1000Base-T 千兆电接口，10 个千兆 Combo 接口	2
15	小营指挥中心	数据中心	数据仓库系统硬件	Teradata 1650 3 节点数据仓库一体机	1
16	小营指挥中心	数据中心	管理服务器	E7-4830　8 核心处理器，8GB DDR3 1333 内存×32，300GB 10K RPM，6GB SAS 2.5in 热插拔硬盘×2	2
17	小营指挥中心	数据中心	通信服务器	2×4 核 2.66GHz CPU，32GB 内存，2×300GB 硬盘；2×双口 8GB HBA 卡；2×双口千兆以太网卡	2
18	小营指挥中心	数据中心	在线服务器	8×4 核 2.66GHz CPU，64GB 内存，2×300GB 硬盘；2×双口 8GB HBA 卡；2×双口千兆以太网卡	2
19	小营指挥中心	数据中心	离线服务器	4×4 核 2.66GHz CPU，64GB 内存，2×300GB 硬盘；2×双口 8GB HBA 卡；2×双口千兆以太网卡	1
20	小营指挥中心	数据中心	存储交换机	Brocade5120（32 口）	2
21	小营指挥中心	数据中心	磁盘阵列	220 块 600GB SAS 磁盘，8 个 8GB 的 FC 主机接口，16GB 缓存，存储管理和多路径软件	1
22	小营指挥中心	数据中心	防火墙	ASA5540 8 个千兆网口	2

4）数据中心照片

数据中心机房照片如图 5-10 所示。

图 5-10　数据中心机房照片

5)数据灾备中心设备清单

数据灾备中心设备清单如表 5-3 所示。

表 5-3　数据灾备中心设备清单

序号	部署位置	应用项目	设备名称	设备配置	数量/个
1	西直门	数据灾备中心	通信服务器	2×4 核 2.66GHz CPU，32GB 内存，2×300GB 硬盘；2×双口 8GB HBA 卡；2×双口千兆以太网卡	1
2	西直门	数据灾备中心	在线服务器	8×4 核 2.66GHz CPU，64GB 内存，2×300GB 硬盘；2×双口 8GB HBA 卡；2×双口千兆以太网卡	1
3	西直门	数据灾备中心	防火墙	ASA5540 8 个千兆网口	2
4	西直门	数据灾备中心	App 服务器	DELL R910 服务器，4×英特尔®至强®处理器 E7-4820 2.00GHz，16×4GB DDR3 内存，2×300GB SAS 15000RPM 硬盘	3
5	西直门	数据灾备中心	前置处理器	1 颗 RISC 8 核×2.85GHz=22.8GHz，DDR3 内存 64GB，SAS 硬盘 2×300GB 10000RPM	3
6	西直门	数据灾备中心	应用服务器	2 颗 RISC 16 核×3.0GHz=48GHz，DDR3 内存 64GB，SAS 硬盘 2×300GB 10000RPM	2
7	西直门	数据灾备中心	数据库服务器	2 颗 RISC 16 核×3.0GHz=48GHz，DDR3 内存 64GB，SAS 硬盘 2×300GB 10000 RPM	2
8	西直门	数据灾备中心	主干交换机	H3C S7510E 以太网交换机主机，48 端口 100/1000 以太网电接口，12 端口千兆以太网光口	2
9	西直门	数据灾备中心	存储交换机	配置端口 24 口、8 口激活、传输速率为 8 Gbit/s	2
10	西直门	数据灾备中心	防火墙	包括 USG-FW-4200E 硬件平台(1U 上架设备，4 个 10/100/1000Base-Tx 电接口，4 个千兆模块，2 个 NIM-E 接口板插槽，双电源)	2
11	西直门	数据灾备中心	扩容磁盘阵列	HUS 130 Rack Mount System 两套，每套配置为 35 块 600GB SAS 磁盘，8 个 8GB 的 FC 主机接口，16GB 缓存，存储管理	2
12	西直门	数据灾备中心	信号前置处理器	4 颗 E7-2830 32 核×2.15GHz=73.6GHz，内存 256GB，SAS 硬盘 4×600GB 10000RPM	2
13	西直门	数据灾备中心	信号应用服务器	4 颗 E7-2830 32 核×2.15GHz=73.6GHz，内存 256GB，SAS 硬盘 4×600GB 10000RPM	2
14	西直门	数据灾备中心	应用服务器/历史数据库服务器	2 颗 RISC 16 核×3.0GHz=48GHz，DDR3 内存 64GB，SAS 硬盘 2×300GB 10000RPM	2
15	西直门	数据灾备中心	扩容测试平台应用服务器	2 颗 RISC 16 核×3.0GHz=48GHz，DDR3 内存 64GB，SAS 硬盘 2×300GB 10000RPM	1
16	西直门	数据灾备中心	测试平台前置处理器	1 颗 RISC 8 核×2.85GHz=22.8GHz，DDR3 内存 64GB，SAS 硬盘 2×300GB 10000RPM	1
17	西直门	数据灾备中心	防火墙	USG-FW-4610E 硬件平台，12 光口(多模块)，12×1000M 电口	2

续表

序号	部署位置	应用项目	设备名称	设备配置	数量/个
18	西直门	数据灾备中心	交互控制服务器	能够支持系统中的各种流媒体服务，满足系统高数据量的存储转发；提供 8GB 光纤通道、Combo FC/iSCSI、6GB SAS、1GB 连接阵列，支持混合 LFF 和 SFF 企业级 SAS 和档案级 SATA 硬盘	1
19	西直门	数据灾备中心	核心交换机	应用层级：三层 传输速率：10/100Mbit/s 交换方式：存储-转发 背板带宽：32Gbit/s 端口数量：26 个 端口描述：24 个以太网 10/100Mpps 端口，2 个基于 SFP 的千兆位以太网端口	1
20	西直门	数据灾备中心	存储服务器	EV202 系列使用 64 位多核 CPU 一体化存储平台；先进的 IP SAN 架构；支持实时视频的存储，支持多终端用户访问下载	1

注：Mpps 表示百万脉冲数/秒(million pulses per second)。

6)数据灾备中心照片

数据灾备中心机房照片如图 5-11 所示。

图 5-11　数据灾备中心机房照片

2. 数据获取与加工

为了保证示范工程中系统的可用性和实时性，本书通过在整个系统运行过程中接入数据中心的海量实际数据对系统进行验证。主要接入的数据如表 5-4 所示。

表 5-4　北京示范工程主要接入的数据

数据项	内容	说明	数据形式
路网拓扑数据	路网内的线路与车站的构成、连接关系以及线路、车站与区间的基本属性	按目前最新的路网提供全网数据，并按照既有路网和新线路网抽取出其中的两套数据	以数据表的形式提供，主要包括路网车站信息表、线路信息表、区间信息表
换乘站走行时间数据	换乘站走行时间信息	按车站存储包括平峰和高峰时期的测量数据	以数据表的形式提供
车站站房数据	车站内部设施配置与布局信息	按车站存储，至少需提供 4 号线、6 号线所有车站的真实数据	以 CAD 图纸形式提供，并形成电子文件存储
历史客流 *OD* 对	实际客流 *OD* 对分时段统计数据	面向全网共三天的数据，至少覆盖新线开通前和开通后两个阶段，且满足正常工作日、特殊事件和客流大的节假日的数据需求	以数据表的形式提供，主要包括 *OD* 对数据说明信息和数据表
历史客流量分配	实际客流分时段的断面客流和车站换乘量统计数据	面向全网共三天的数据，至少覆盖新线开通前和开通后两个阶段，且满足正常工作日、特殊事件和客流大的节假日的数据需求，并与历史客流 *OD* 对同日	以数据表的形式提供客流数据分配统计表
历史客流清分数据	实际客流分时段的乘客路径选择统计数据	面向全网共三天的数据，至少覆盖新线开通前和开通后两个阶段，且满足正常工作日、特殊事件和客流大的节假日的数据需求，并与历史客流 *OD* 对同日	以数据表的形式提供，主要包括有效路径集和乘客路径选择统计数据表
历史客流进出站刷卡数据	实际客流实时刷卡进出站数据	面向全网，至少提供新线开通前和开通后两个阶段各两份历史客流进出站数据，并与历史客流 *OD* 对同日	以数据表的形式提供乘客进出站刷卡数据表
历史运行图数据	实际列车运行数据和计划数据	面向全网共三天的数据，至少覆盖新线开通前和开通后两个阶段，且满足正常工作日、特殊事件和客流大的节假日的数据需求，并与历史客流 *OD* 对同日	以数据表的形式提供列车时刻表
历史客流进出站量统计数据	实际客流进出站统计数据	面向全网共三天的数据，至少覆盖新线开通前和开通后两个阶段，且满足正常工作日、特殊事件和客流大的节假日的数据需求，并与历史客流 *OD* 对同日	以数据表的形式提供乘客进出站统计数据表
历史客流换乘量数据	实际客流换乘统计数据	面向全网共三天的数据，至少覆盖新线开通前和开通后两个阶段，且满足正常工作日、特殊事件和客流大的节假日的数据需求，并与历史客流 *OD* 对同日	以数据表的形式提供乘客换乘数据表
历史设备状态数据	实时点表设备状态数据	面向全网共三天的数据，至少覆盖正常工作日、特殊事件和客流大的节假日的数据，并与历史客流 *OD* 对同日	以数据表的形式提供实时点表设备状态数据表
突发事件数据	突发事件信息	提供特殊事件的数据信息	以数据表的形式提供突发事件信息数据表

数据层建立了基础数据管理功能，根据系统的需求对全路网数据进行筛选，并详细编制了 16 个数据表，对表中的各字段都进行了详细的描述，具体内容如

表 5-5～表 5-20 所示。

表 5-5　线路表 LINE

字段	名称	类型	是否为空	说明
Code	线路编号	Char(2)	否	主键
Name	线路名称	Char(20)	否	
LineUnit	归属单位	Char(20)	否	
UpLength	上行运营长度	Number (6,2)	是	
DownLength	下行运营长度	Number (6,2)	是	

表 5-6　车站表 STATION

字段	名称	类型	是否为空	说明
LineCode	线路编号	Char(2)	否	车站所属线路编码
Code	车站编码	Char(4)	否	唯一业务编码
Name	名称	Char(20)	否	
IsTrans	是否换乘站	Char(1)	否	0 否，1 是
IsEnd	是否始末站	Char(1)	否	0 否，1 是
IsRet	是否折返	Number(1,0)	否	0 否，1 是
IsDepot	是否车辆段	Number(1,0)	否	0 否，1 是

表 5-7　区间表 INTER_ZONE

字段	名称	类型	是否为空	说明
LineCode	线路编号	Char(2)	否	车站所属线路编码
Code	区间号	Char(8)	否	
Flag	上下行标志	Char(2)	否	01，02
Length	区间长度	Number(6,4)	否	4 位小数
PrvStaCode	断面起站编号	Char(4)	否	
NxtStaCode	断面到站编号	Char(4)	否	

表 5-8　线路换乘量表 LINE_INTERCHANGE_DATA

字段	名称	类型	是否为空	说明
StatDate	统计日期	Char(8)	否	YYYYMMDD
StatIdxCode	统计索引代码	Char(8)	否	
LineCode	换入线路编号	Char(2)	否	
InterchangeData	换乘量	Number(6)	否	

表 5-9　进出站量表 LINE_INOUT_DATA

字段	名称	类型	是否为空	说明
StatDate	统计日期	Char(8)	否	YYYYMMDD，数据为“YYYY-MM-DD”
StatIdxCode	统计索引代码	Char(8)	否	
LineCode	线路编号	Char(2)	否	
InData	进站量	Number(6)	否	
OutData	出站量	Number(6)	否	

表 5-10　车站换乘客流数据表 STATION_INTERCHANGE_DATA

字段	名称	类型	是否为空	说明
StatDate	统计日期	Char(8)	否	YYYYMMDD
StatIdxCode	统计索引代码	Char(8)	否	
StaCode	车站编码	Char(4)	否	
StaName	车站名称	Char(20)	否	
OutDirCode	换出线路行车方向代码	Char(2)	否	01,02
InDirCode	换入线路行车方向代码	Char(2)	否	01,02
InterchangeData	换乘量	Number(6)	否	

表 5-11　车站进出客流数据表 STATION_INOUT_DATA

字段	名称	类型	是否为空	说明
StatDate	统计日期	Char(8)	否	YYYYMMDD 数据为“YYYY-MM-DD”
StatIdxCode	统计索引代码	Char(8)	否	
StaCode	车站编码	Char(4)	否	
StaName	车站名称	Char(20)	否	
InData	进站量	Number(6)	否	
OutData	出站量	Number(6)	否	

表 5-12　断面客流量表 SECTION_DATA

字段	名称	类型	是否为空	说明
StatDate	统计日期	Char(8)	否	YYYYMMDD 数据为“YYYY-MM-DD”
StatIdxCode	统计索引代码	Char(8)	否	
SectionCode	断面编号	Char(8)	否	
SectionData	断面客流量	Number(6)	否	

表 5-13　ACC 清分数据表 ACC_CLEARING_DATA

字段	名称	类型	是否为空	说明
DataDate	数据日期	Char(8)	否	YYYYMMDD 数据为“YYYY/MM/DD”
PathCode	路径编号	Char(10)	否	
InStaCode	进站车站编码	Char(4)	否	
OutStaCode	出站车站编码	Char(4)	否	
PassengerData	客流量	Number(6)	否	

表 5-14　*OD* 对客流量表 OD_PASSENGER_DATA

字段	名称	类型	是否为空	说明
StatDate	统计日期	Char(8)	否	YYYYMMDD 数据为“YYYY-MM-DD”
StatIdxCode	统计索引代码	Char(8)	否	
InStaCode	进站车站编码	Char(4)	否	
OutStaCode	出站车站编码	Char(4)	否	
PassengerData	客流量	Number(6)	否	

表 5-15　旅客刷卡明细表 PASSENGER_CARD_DATA

字段	名称	类型	是否为空	说明
CardDate	数据日期	Char(8)	否	YYYYMMDD
ProductCode	产品编号	Char(6)	否	
CardID	票卡编号	Varchar(30)	否	
CardType	票卡种类	Varchar(10)	否	
InStaCode	进站车站编码	Char(4)	否	
InStaTime	进站时间戳	Char(19)	否	例：2012-10-31 15:09:00
InLineCode	进站线路编号	Char(2)	否	
OutStaCode	出站车站编码	Char(4)	否	
OutStaTime	出站时间戳	Char(19)	否	例：2012-10-31 15:09:00
OutLineCode	出站线路编号	Char(2)	否	

表 5-16　计划行车表 TRAIN_SCH

字段	名称	类型	是否为空	说明
RunDate	行车日期	Char(8)	否	YYYYMMDD
LineCode	线路编号	Char(2)	否	车站所属线路编码
TrainNo	车次号	VARCHAR2(20)	否	
StationNo	途经车站序号	VARCHAR2(20)		
StationCode	车站编码	Char(4)	否	
ArriveTime	到站时间	Char(19)	否	例：2012-10-31 15:09:00
LeaveTime	离站时间	Char(19)	否	例：2012-10-31 15:09:00
RunFlag	行车方向代码	Char(2)	否	01，02
EndStationCode	终点站编号	Char(4)	否	
TrainCode	列车号	VARCHAR2(20)	否	
SchCode	时刻表号	VARCHAR2(20)	否	
RunCode	行车记录编号	VARCHAR2(20)	否	
DataTime	数据日期	Char(8)	否	YYYYMMDD

表 5-17　实际行车表 TRAIN_TIME

字段	名称	类型	是否为空	说明
RunDate	行车日期	Char(8)	否	YYYYMMDD
LineCode	线路编号	Char(2)	否	车站所属线路编码
TrainNo	车次号	VARCHAR2(20)	否	
StationNo	途经车站序号	VARCHAR2(20)		
StationCode	车站编码	Char(4)	否	
ArriveTime	到站时间	Char(19)	否	例：2012-10-31 15:09:00
LeaveTime	离站时间	Char(19)	否	例：2012-10-31 15:09:00
RunFlag	行车方向代码	Char(2)	否	01，02
EndStationCode	终点站编号	Char(4)	否	
TrainCode	列车号	VARCHAR2(20)	否	
SchCode	时刻表号	VARCHAR2(20)	否	
RunCode	行车记录编号	VARCHAR2(20)	否	
DataTime	数据日期	Char(8)	否	YYYYMMDD

表 5-18　路径集历史 ROUTE_HIS

字段	名称	类型	是否为空	说明
RouteCode	路径编号	Char(10)	否	YYYYMMDD
StartTime	开始时间	Char(19)	否	例：2012-10-31 15:09:00
ODID	*OD* 对关键字	Char(8)	否	
RouteNo	路径序号	VARCHAR2(4)	否	
InStaCode	进站源车站代码	Char(4)	否	
OutStaCode	出站源车站代码	Char(4)	否	
ODTime	*OD* 对间列车理论运行时长	VARCHAR2(6)	否	
ODStaNum	*OD* 对途经车站数量	VARCHAR2(4)	否	
RouteLineLen	路径所经线路对应里程	VARCHAR2(6)	否	
RouteLen	全程距离	VARCHAR2(6)	否	
RouteTime	全程理论运行时长	VARCHAR2(6)	否	
RouteRate	路径所占比例	VARCHAR2(6)	否	
NodeNum	路径节点数	VARCHAR2(20)	否	
InStaNo	进站车站编号	VARCHAR2(4)	否	
OutStaNo	出站车站编号	VARCHAR2(4)		
InLineNo	进线线路编号	VARCHAR2(6)		
OutLineNo	出线线路编号	VARCHAR2(6)		
EndTime	结束时间	Char(19)	否	例：2012-10-31 15:09:00

表 5-19　路径集途经车站历史 ROUTE_STATION_HIS

字段	名称	类型	是否为空	说明
RouteCode	路径编号	Char(10)	否	YYYYMMDD
StaSeq	车站顺序号	VARCHAR2(4)	否	
StartTime	开始时间	Char(19)	否	例：2012-10-31 15:09:00
StaNo	车站编号	VARCHAR2(4)	否	
StaCode	源车站代码	Char(4)	否	
RunFlag	行车方向代码	Char(2)	否	01，02
EndTime	结束时间	Char(19)	否	例：2012-10-31 15:09:00

表 5-20　换乘车站走行时间 TB_TRANSFER

字段	名称	类型	是否为空	说明
StaCode	换乘站名称	VARCHAR2(20)	否	
PrevLine	前方线路名称	VARCHAR2(20)	否	
NextLine	后续线路名称	VARCHAR2(20)	否	
TransferLen	换乘距离	NUMBER	否	
PTrnTime	平峰换乘时间	NUMBER	否	
GTrnTime	高峰换乘时间	NUMBER	否	

本书通过调试数据对客流信息、关键设备设施信息、综合环境信息及其他相关信息进行深入的分析，提出基于车站、线路和路网的多层次运营安全综合评估指标体系，构建城市轨道交通路网运营安全多层次评估和预警模型。系统从运营安全角度出发，实现在不同空间粒度(车站、线路、路网)、不同时间粒度(时刻、时段)下，对路网运营全过程的安全态势评估，使管理者能方便、快捷地了解当前城市轨道交通运行的安全状态，为城市轨道交通安全运营提供可靠的管理依据。

3. 系统部署

北京市轨道交通指挥中心信息中心主要将业务系统各类数据进行有效的集成，满足海量数据管理需求，同时通过数据接口提供给数据分析、挖掘、应用系统，让系统的各层决策、分析人员使用。

北京市轨道交通指挥中心信息中心系统包括了从 TCC 系统、ACC 系统、信息技术基础设施库、资产管理系统、安防系统等系统采集的全面和完善的北京市轨道交通运营相关信息，用于支持全局的分析型应用。其主要涵盖客流数据、清算数据、票务数据、应急处理、行车数据、车辆设备、服务数据、资产数据、安防数据、基础数据等内容。数据模型是采用“自顶而下”的模式，从轨道交通指挥中心企业业务模型得到的，即通过对轨道交通业务领域分析，能够应对未来业务发展和变换的关系数据模型。

北京市轨道交通指挥中心信息中心系统内的所有源数据表、报表、报告等资源情况如表 5-21 所示。

从北京市轨道交通指挥中心信息中心系统的业务角度来看，数据资源主要包含六大类数据，资源统计情况如表 5-22 所示。

表 5-21　信息中心系统资源表

系统	类别	报表文件	数据表数量/张
ACC	清分清算类数据表	11 类	20075
TCC	行车设备类数据表	44 类	9240
ODS	ODS 系统全部数据表	ODS 系统全部数据表	—
清算室	财务结算一卡通	票务清算日报.xls	486
清算室	财务结算一票通	票务清算日报.xls	486
信息技术基础设施库	综合服务信息	技术工程部生产系统运维情况日报.doc	510
信息技术基础设施库	当日系统事故情况	技术工程部生产系统运维情况日报.doc	510
信息技术基础设施库	技术工程部生产系统运维情况	技术工程部生产系统运维情况日报.xls	510
信息技术基础设施库	日常运维情况	技术工程部生产系统运维情况日报.doc	510
信息技术基础设施库	生产系统变更情况	技术工程部生产系统运维情况日报.doc	510
信息技术基础设施库	系统告警/处置情况	技术工程部生产系统运维情况日报.doc	510
信息技术基础设施库	路网设备基础数据	路网设备基础数据台账(奔讯、亿雅捷、上海贝尔、中科金财)	6
票卡室	票卡运营情况	票卡信息周报.xls	58
票卡室	票卡流失情况	票卡信息周报.xls	58
票卡室	运营公司库存每周情况	运营公司票卡库存周报	70
票卡室	运营公司库存每月情况	运营公司票卡库存月报	17
票卡室	京港地铁公司库存每周情况	京港地铁公司票卡库存周报	122
票卡室	京港地铁公司库存每月情况	京港地铁公司票卡库存月报	29

注：ODS 表示操作数据存储(operational data store)。

表 5-22　资源统计表

主题	数据表/张	数据量
客流	3137	34.3TB
票务	1344	5.5TB
行车	768	90.3TB
设备	1056	983.2MB
路网	5568	22.9MB
运营	3648	26.2MB

北京市轨道交通指挥中心信息中心系统为上层应用系统提供可复用的应用功能点，可为各个上层应用系统的用户提供本系统内部指标的查询，以及一定范围内的跨系统平台的指标查询展现功能，真正实现了各个系统的数据大集中和统一数据管理、统一数据展现的目标。

2013 年 10 月北京市城市轨道交通路网运营数据中心部署了轨道交通路网运营安全综合监控与预警系统和城市轨道交通路网突发事件应急处置系统两大系统，实现了北京市城市轨道交通路网运营数据中心对全路网不同层次(宏观、中观、微观)信息的综合管理与应用，构建了完整的示范工程。

轨道交通路网运营安全综合监控与预警系统包括综合安全评估、客流检测与预警两大功能模块，具备下述功能点(图 5-12、图 5-13)：①具备显示路网、各线路以及各个车站的安全等级或状态值的功能，如果状态值超过临界状态，则系统会自动预报警；②具备对车站的客流检测与报警的功能。

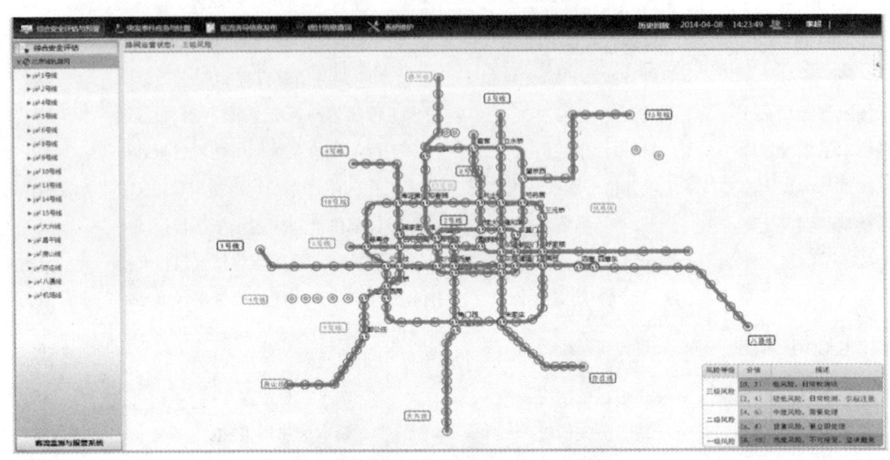

图 5-12　路网运营安全综合监控与预警系统界面

路网评价指标名称	风险值	等级
安全管理风险值	5.7	二级风险
信号影响运营风险指数	2.9	三级风险
其他因素影响运营风险指数	2.5	三级风险
屏蔽门影响运营风险指数	0.2	三级风险
AFC影响运营风险指数	0	三级风险
线路影响运营风险指数	0	三级风险
土建影响运营风险指数	0	三级风险
车辆影响运营风险指数	0	三级风险
通信影响运营风险指数	0	三级风险
供电影响运营风险指数	0	三级风险
安检影响运营风险指数	0	三级风险
机电影响运营风险指数	0	三级风险
换乘站换乘能力匹配度		
西二旗	7.2	二级风险
西单	5.6	二级风险
四惠	5.2	二级风险
鼓楼大街	5	二级风险
角门西	4.7	二级风险
平安里	4.3	二级风险
东直门	4.3	二级风险
霍营	4.2	二级风险
宣武门	3.9	三级风险
三元桥	3.9	三级风险
望京西	3.8	三级风险
北土城	3.8	三级风险
立水桥	3.8	三级风险
慈寿寺	3.6	三级风险
公主坟	3.6	三级风险

图 5-13　路网评价指标

城市轨道交通路网突发事件应急处置系统提供针对突发事件的应急处置和客流预测影响分析的数字化解决途径。突发事件应急处置系统包含以下功能(图 5-14～图 5-16)：①具备在突发事件发生后，对接警信息的快速填报功能；②分析突发事件对整个路网其他车站以及客流滞留问题的影响。

综合安全评估与预警　突发事件应急与处置　客流诱导信息发布　统计信息查询　系统维护　历史回放　2014-04-08　15:43:58

2013-10-01 至 2014-04-08　事件类型：全部　查询　接警

序号	事发线路	事发车站	接警时间	事件类型	预计持续时间/分钟	中断区间	操作
1	1号线	苹果园	[illegible]	火灾事故	[illegible]	[illegible]	
2	1号线	苹果园	2014-03-26 14:44	火灾事故	30	五棵松-玉泉路,公主坟-万寿路,万寿路-五棵松,军事博物馆-公主坟,南礼士路-木樨地,复兴门-南礼士路...	
3	4号线	圆明园	2014-03-25 17:58	紧急事故	30	北京大学东门-圆明园,中关村-北京大学东门,人民大学-海淀黄庄,海淀黄庄-中关村,西苑-北宫门,北宫门...	
4	1号线	西单	2014-03-15 11:29	突发事故	50	王府井-东单,公主坟-军事博物馆,军事博物馆-木樨地,军事博物馆-公主坟,南礼士路-木樨地,复兴门-南...	
5	1号线	苹果园	2014-03-13 18:01	火灾事故	30	木樨地-军事博物馆,公主坟-万寿路,军事博物馆-公主坟,南礼士路-木樨地,复兴门-南礼士路	
6	1号线	苹果园	2014-03-11 12:07	火灾事故	50	王府井-东单,公主坟-军事博物馆,军事博物馆-木樨地,军事博物馆-公主坟,南礼士路-木樨地,复兴门-南...	
7	1号线	苹果园	2014-03-10 09:20	突发事故	50	王府井-东单,公主坟-军事博物馆,军事博物馆-木樨地,公主坟-万寿路,军事博物馆-公主坟,南礼士路-木...	
8	13号线	西直门	2014-03-10 11:10	火灾事故	50	西直门-大钟寺,上地-西二旗,大钟寺-知春路	
9	1号线	苹果园	2014-03-07 15:00	火灾事故	30	古城路-苹果园,公主坟-万寿路,军事博物馆-公主坟	
10	9号线	国家图书馆	2014-03-04 19:10	爆炸事故	50	七里庄-六里桥,六里桥东-北京西站,军事博物馆-白堆子,六里桥-六里桥东	
11	5号线	天通苑北	2014-03-03 19:57	火灾事故	30	立水桥-天通苑南,惠新西街南口-惠新西街北口	
12	10号线	巴沟	2014-03-03 19:05	火灾事故	20	海淀黄庄-苏州街,巴沟-火器营,知春里-海淀黄庄	
13	10号线	巴沟	2014-03-03 16:30	突发事故	50	巴沟-苏州街,海淀黄庄-知春里,知春路-西土城	
14	2号线	西直门	2014-03-03 15:55	火灾事故	30	复兴门-长椿街,宣武门-和平门,西直门-车公庄,长椿街-宣武门,车公庄-阜成门,阜成门-复兴门	
15	6号线	花园桥	2014-02-28 11:36	火灾事故	50	白石桥南-花园桥,花园桥-慈寿寺,慈寿寺-五路居,车公庄西-白石桥南	
16	2号线	西直门	2014-02-27 21:16	突发事故	30	阜成门-车公庄,车公庄-西直门,西直门-积水潭,复兴门-阜成门	
17	5号线	天通苑北	2014-02-27 19:24	火灾事故	30	立水桥南-北苑路北,惠新西街北口-惠新西街南口,立水桥-立水桥南,惠新西街南口-和平西桥,大屯路东-...	

页数 1/1 总记录数 17

图 5-14　城市轨道交通路网突发事件应急处置系统界面

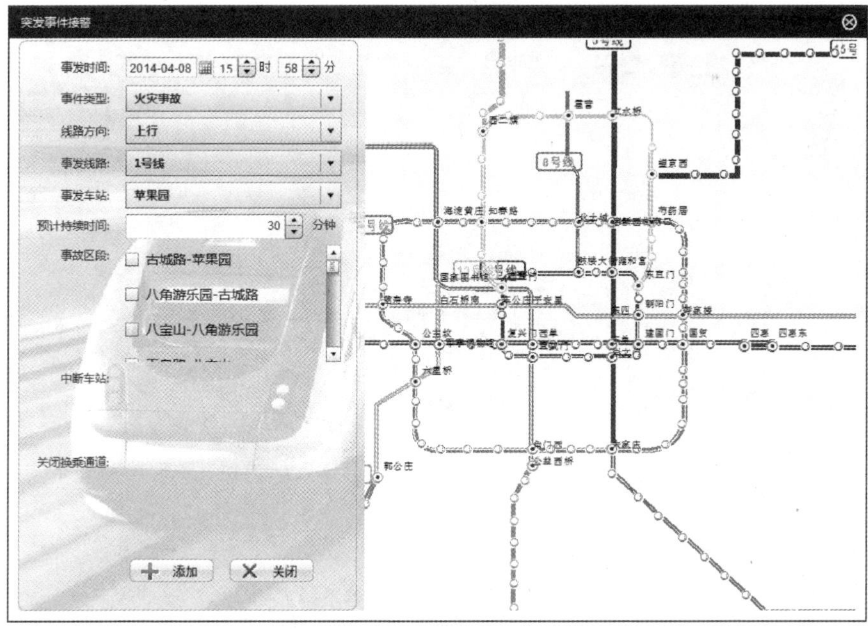

图 5-15　突发事件接警界面

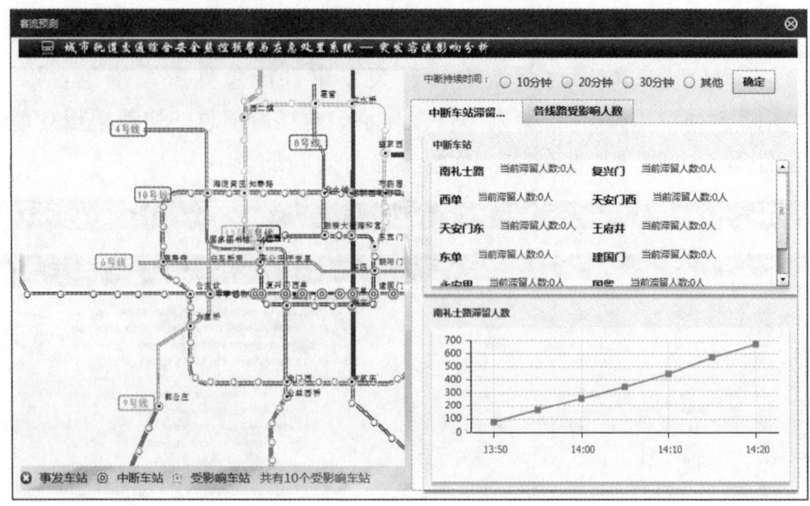

图 5-16　突发事件影响分析界面

客流诱导信息发布系统旨在建立一套完整的首末车、高峰、突发事件、计划调整条件下的客流诱导综合方案，提高城市轨道交通运营安全和服务水平。该系统主要面向城市轨道交通管理人员，系统向管理人员提供线网联合客流控制方案，以及定量分析后形成的行车调整方案和公交接驳方案；向乘客提供高峰期和突发事件下的路网状态信息，以及能够满足个性和共性需求的末班车可达性信息，如图 5-17～图 5-20 所示。

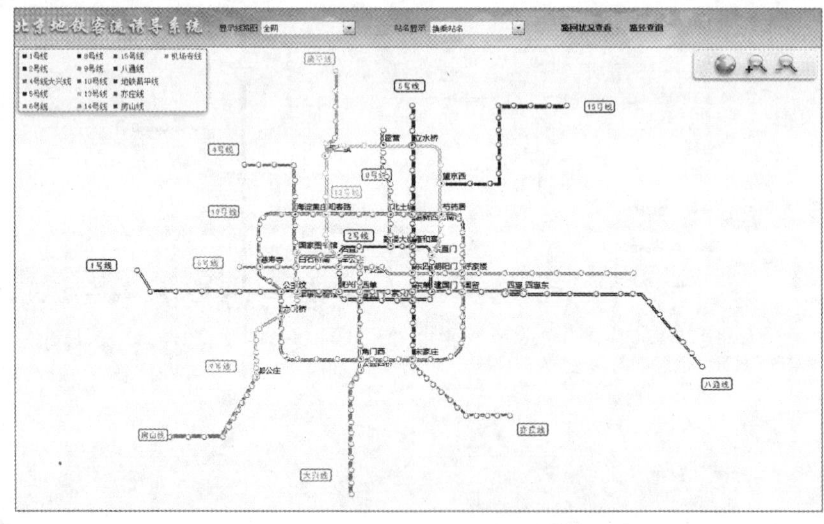

图 5-17　客流诱导信息发布系统界面

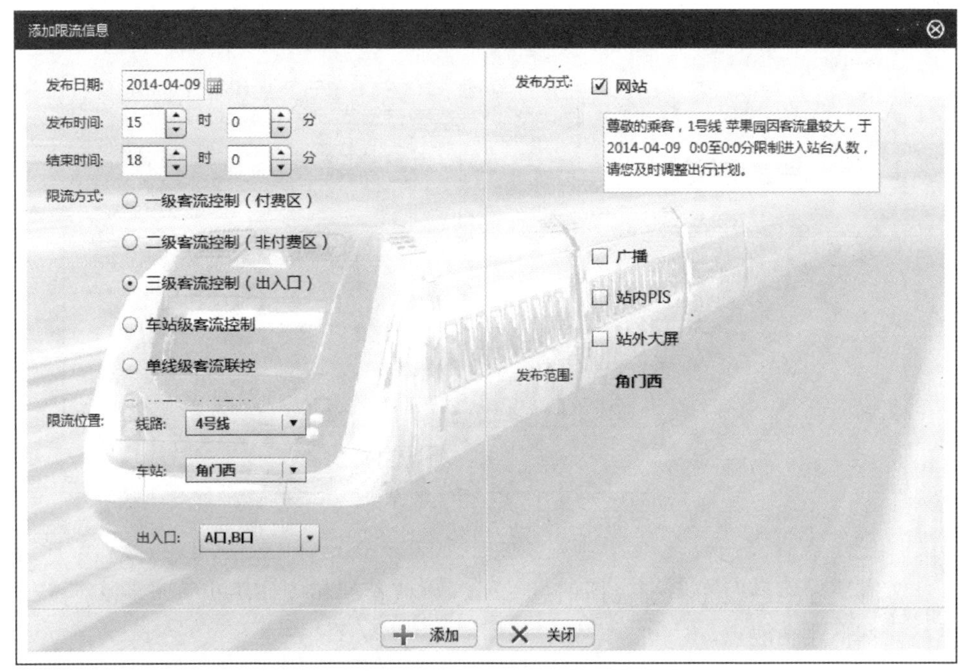

图 5-18 车站信息发布界面

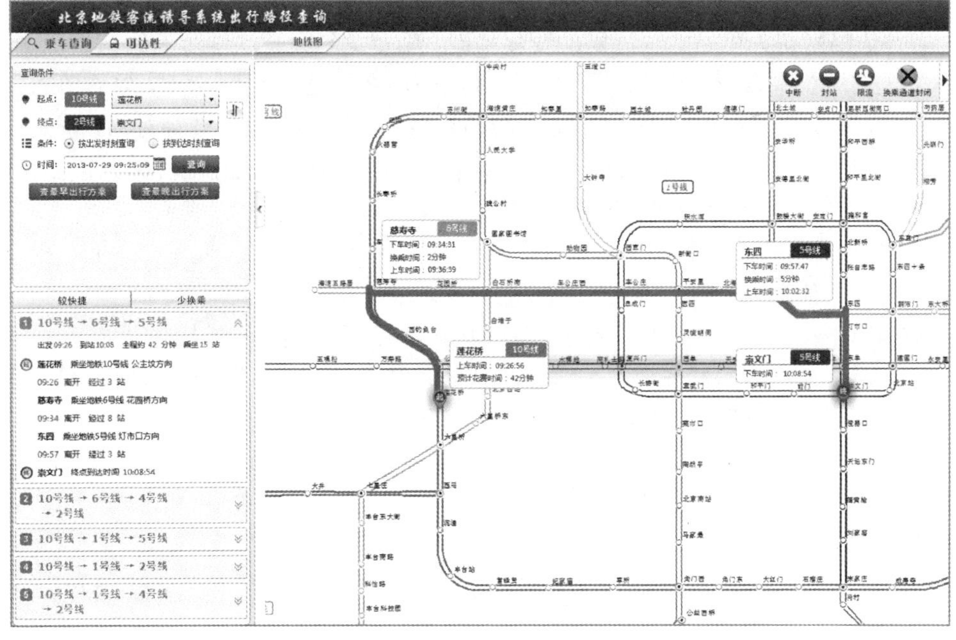

图 5-19 客流诱导界面

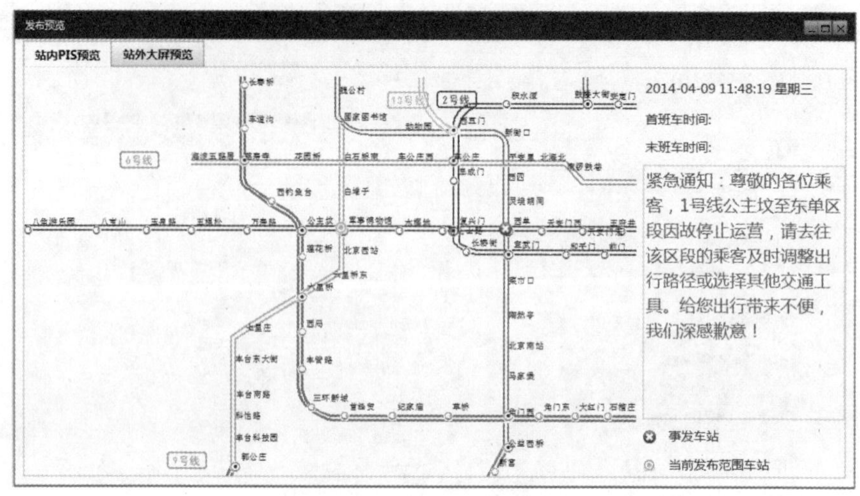

图 5-20　站内 PIS 发布界面

客流诱导信息发布系统包括信息编辑、审核管理和操作历史管理三大功能模块，具备下述功能点。

(1)具备基于历史客流数据、路网基础数据、运行基础数据和突发事件基础信息，根据对突发事件情况下乘客乘车路线的计算，获取任意 *OD* 对的时间空间对应关系，以及受突发事件影响的 *OD* 对数据，并结合现场采取的客流控制措施信息，预估路网相关车站的客流量的变化情况，确定受到突发事件影响的车站范围，确定车站滞留乘客数、进出站乘客量、线路断面客流量、受影响车站数的功能。

(2)具备根据乘客对信息的需求，分析乘客基于不同信息的选择行为，确定不同线网状态下乘客诱导信息的发布内容以及内容的展示方式的功能。

(3)具备对限流信息进行查看、添加、修改、删除、保存、展示的功能。

(4)具备对计划调整、重大事件信息的添加、查看、修改、删除、发布、提交以及已发布信息的查看、推迟和解除的功能。

(5)具备查看对主要事件类别与审核状态进行查询的操作历史的功能。

轨道交通路网运营安全综合监控与预警系统还包含信息监察与报警、综合安全评估、运营安全风险预测、运营风险日报四大功能。

城市轨道交通路网突发事件应急处置系统还包含应急预案全生命周期管理、应急处置、突发情况下客流传播影响分析三大功能。

第二节　面向运营集中管理的过程级运营安全保障系统

一、调研准备

作者对广州面向运营集中管理的过程级运营安全保障系统示范工程进行了深

入的调研，先后走访了安全监察部、AFC 清分中心、鱼珠 OCC、大石 OCC、维修中心、机电部门、工建部、车辆部门、供电部、安全技术部、设计院、生产调控部、通号中心技术研发部、车务中心质量安全部、车陂南站、员村站、杨箕站、窖口站、动物园站、客村站、体育西路站、广州火车站站、大沙地站等部门和车站。围绕研究内容，在对各部门职责和业务功能充分调研的基础上，作者深入了解了各个部门对系统的功能需求、现有业务系统数据信息应用情况以及提供的业务信息。

二、方案设计

广州地铁的主要特点是运营集中，这就要求在运营管理的过程中各条线路形成从上至下的统一标准规范、对信息的全面掌握、安全管理的一体化和预防性、应急处置的快速化和有效性。因此，其数据中心的建设必须满足运营管理高度集中一致性的要求，路网运营安全保障系统应侧重于及时发现可能造成大范围影响的故障和安全隐患，深入分析不同线路、区域、设备的安全影响关系，预测其安全态势和变化，直接快速指挥现场消除安全隐患，调配全局资源处置，减弱突发事件的影响后果。广州示范工程位置图如图 5-21 所示。

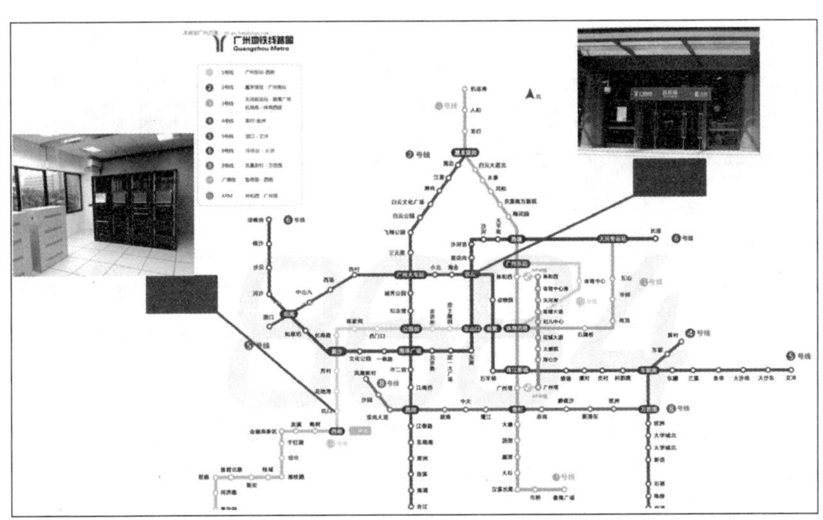

图 5-21　广州示范工程位置图

1. 系统需求

城市轨道交通路网运营安全综合监控与预警系统和路网运营突发事件应急处置系统的需求可以分为四个层次。需求层次图如图 5-22 所示。

1) 采集层需求

此层涉及城市轨道交通列车、设备设施、客流状态等数据采集与传输，为设备提供相互交互的硬件及网络，保证安全综合检测数据的采集与安全、实时传输，为整个系统的实现提供物理交互的媒介。

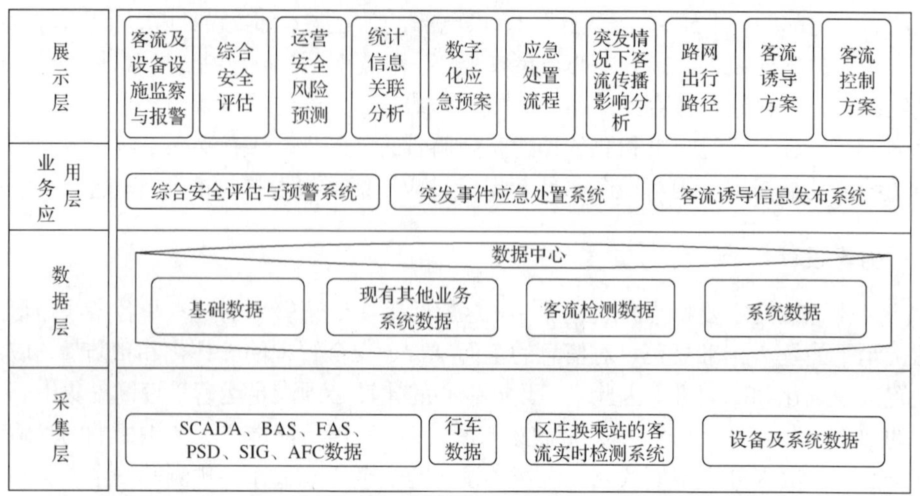

图 5-22 广州示范工程系统需求层次图

2) 数据层需求

此层涉及城市轨道交通列车、设备设施、客流状态等运行状态的检测数据，如基础数据(SCADA 系统、BAS、FAS、PSD 系统、SIG 系统、AFC 系统等数据)、现有其他业务系统数据(行车数据)、客流检测数据(区庄换乘站的实时客流检测数据)、系统数据(安全综合监控与预警系统和路网突发事件应急处置系统自身数据)。

3) 业务应用层需求

此层涉及综合安全评估与预警系统、路网突发事件应急处置系统、客流诱导信息发布系统，在车辆、车站、客流、线路关键数据识别的基础上，提供运维支撑。

4) 展示层需求

此层涉及客流及设备设施监察与报警、综合安全评估、运营安全风险预测、统计信息关联分析、数字化应急预案、应急处置流程、突发情况下客流传播影响分析、路网出行路径、客流诱导方案、客流控制方案。

这四个需求层次缺一不可，它们之间的关系如图 5-22 所示。数据采集、传输与实时计算能力的需求作为底层的需求，是其他需求的基础。数据融合处理的需求起到承前启下的作用，为运维决策提供支持。从下往上，各需求层次逐层推进，同时数据精度的要求逐渐放宽。

2. 数据采集

1) 客流数据

客流数据主要以历史客流统计数据和实时客流统计数据为依据，对车站、线路、路网的客流进行采集。

(1) 进出站客流，包括车站 AFC 每 15min 的统计客流数据、各个检测点的实时检测数据。

(2) 换乘站客流，包括换乘站 AFC 每 15min 的统计客流数据、各个检测点的实时检测数据。

(3) 路网客流，包括实时客流统计数据。

2) 设备

实时检测的设备状态数据包括以下五类。

(1) BAS (building automation system) 环控系统设备，包括实时采集到的 BAS 各设备数据，主要有排风机、排烟风机、隧道风机、应急照明、不间断电源、废水泵等设备的相关信息。

(2) 火灾报警系统 (fire alarm system，FAS) 设备，包括实时采集到的火灾报警设备数据，主要有感温电缆、消防泵等设备的相关信息。

(3) 数据采集与监控 (supervisory control and data acquisition，SCADA) 系统设备，包括实时采集到的 PSCADA 系统各设备数据，主要有 110kV 进线集控柜、主变压器保护柜等设备的相关信息。

(4) 屏蔽门 (platform screen door，PSD) 系统设备，包括实时采集到的 PSD 系统各设备数据，主要有站台端门、屏蔽门等设备的相关信息。

(5) SIG (signal) 信号系统设备，包括实时采集到的信号系统各设备数据。

3) 列车

列车运行的实时数据包括列车的运行指标、各关键系 (动力系、制动系、走行系、车门系、辅助系) 的关键数据，如常用制动指令、快速制动指令、紧急制动指令、VVVF (variable voltage and variable frequency) 电网电压、VVVF 模块管故障、VVVF 逆变电流、VVVF 状态、括制动缸压力值、保持制动缓解状态、总风压力值、轮缘高度、轮缘厚度、轮缘直径、振动信号方差、轴箱温度、列车各个车门状态、充电机状态、辅助逆变器状态等。

3. 系统功能

系统功能包括综合安全评估与预警系统、突发事件应急处置系统、客流诱导系统、统计信息查询系统和管理系统五个模块。

综合安全评估与预警系统主要由综合安全评估模块、列车信息监察模块、客流信息监察模块以及设备信息监察模块组成，如图 5-23 所示。

突发事件应急处置系统处理突发事件，将突发的事件进行接警录入并进行处理，分析突发事件带来的影响，其功能结构如图 5-24 所示。

客流诱导信息发布系统是对日常发布、计划调整、突发事件三种类型信息进行录入、审核、发布的操作流程，并可进行历史信息记录的查询，客流诱导信息发布系统功能结构如图 5-25 所示。

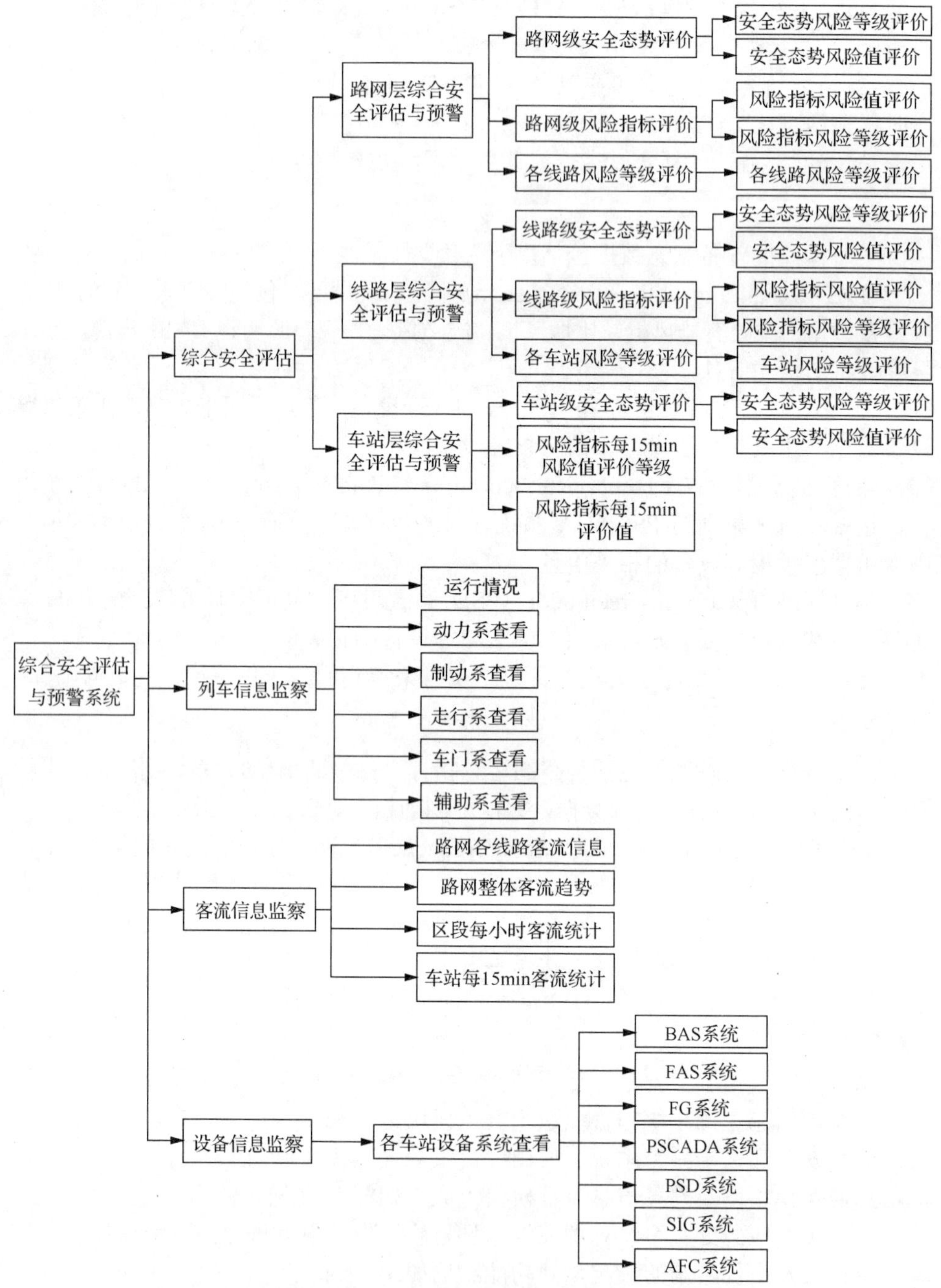

图 5-23　广州示范工程综合安全评估与预警系统功能结构

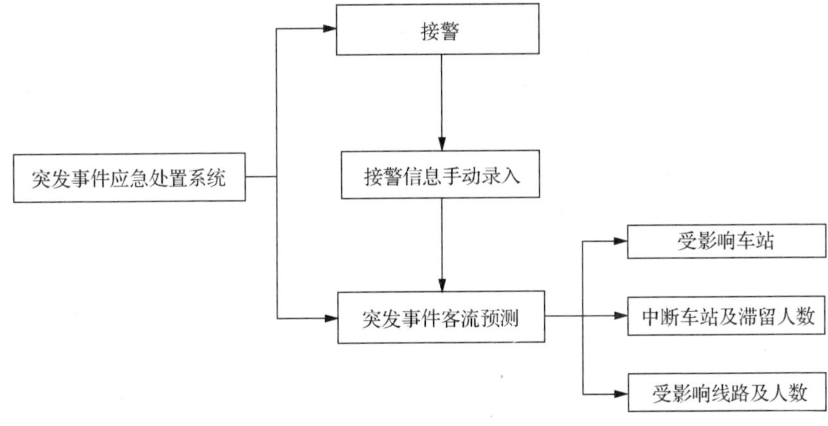

图 5-24　广州示范工程突发事件应急处置系统功能结构

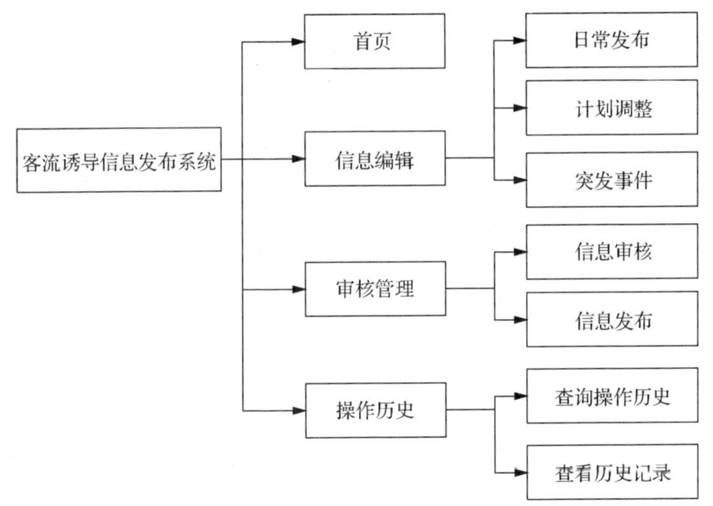

图 5-25　广州示范工程客流诱导信息发布系统功能结构

统计信息查询系统主要由行车数据统计模块、列车故障录入模块、设备报警统计模块、车站信息统计分析模块、线路信息统计分析模块以及路网信息统计分析模块组成，其功能结构如图 5-26 所示。

管理系统主要由评价指标维护模块、操作日志查看模块及用户管理模块等组成，其功能结构如图 5-27 所示。

三、实施及部署

城市轨道交通路网运营安全综合评估预警及应急平台广州示范工程的物理结构如图 5-28 所示。按功能分主要是数据采集设备、数据处理设备和数据展示设备三类；按地点分为坑口、区庄两部分。

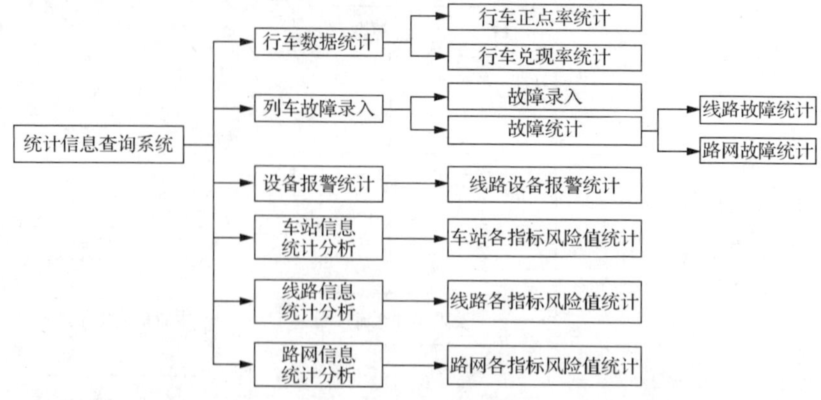

图 5-26　广州示范工程统计信息查询系统功能结构

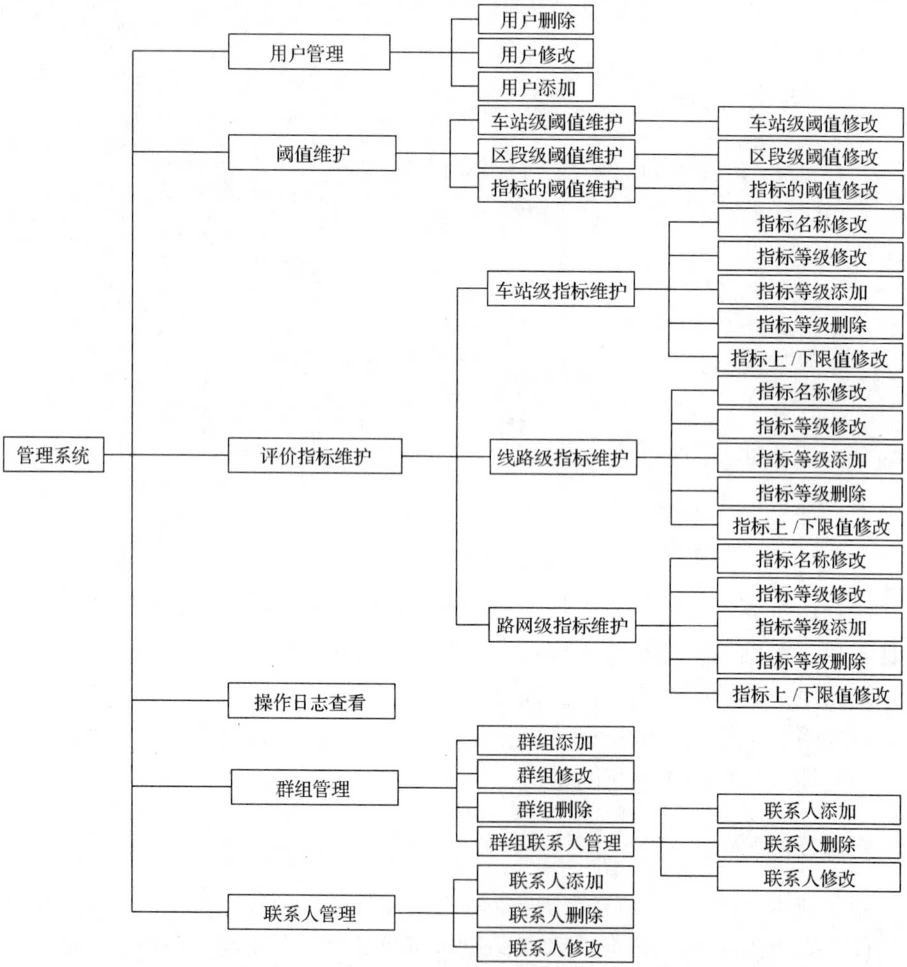

- 管理系统
  - 用户管理
    - 用户删除
    - 用户修改
    - 用户添加
  - 阈值维护
    - 车站级阈值维护 — 车站级阈值修改
    - 区段级阈值维护 — 区段级阈值修改
    - 指标的阈值维护 — 指标的阈值修改
  - 评价指标维护
    - 车站级指标维护
      - 指标名称修改
      - 指标等级修改
      - 指标等级添加
      - 指标等级删除
      - 指标上 /下限值修改
    - 线路级指标维护
      - 指标名称修改
      - 指标等级修改
      - 指标等级添加
      - 指标等级删除
      - 指标上 /下限值修改
    - 路网级指标维护
      - 指标名称修改
      - 指标等级修改
      - 指标等级添加
      - 指标等级删除
      - 指标上 /下限值修改
  - 操作日志查看
  - 群组管理
    - 群组添加
    - 群组修改
    - 群组删除
    - 群组联系人管理
      - 联系人添加
      - 联系人删除
      - 联系人修改
  - 联系人管理
    - 联系人添加
    - 联系人删除
    - 联系人修改

图 5-27　广州示范工程管理系统功能结构

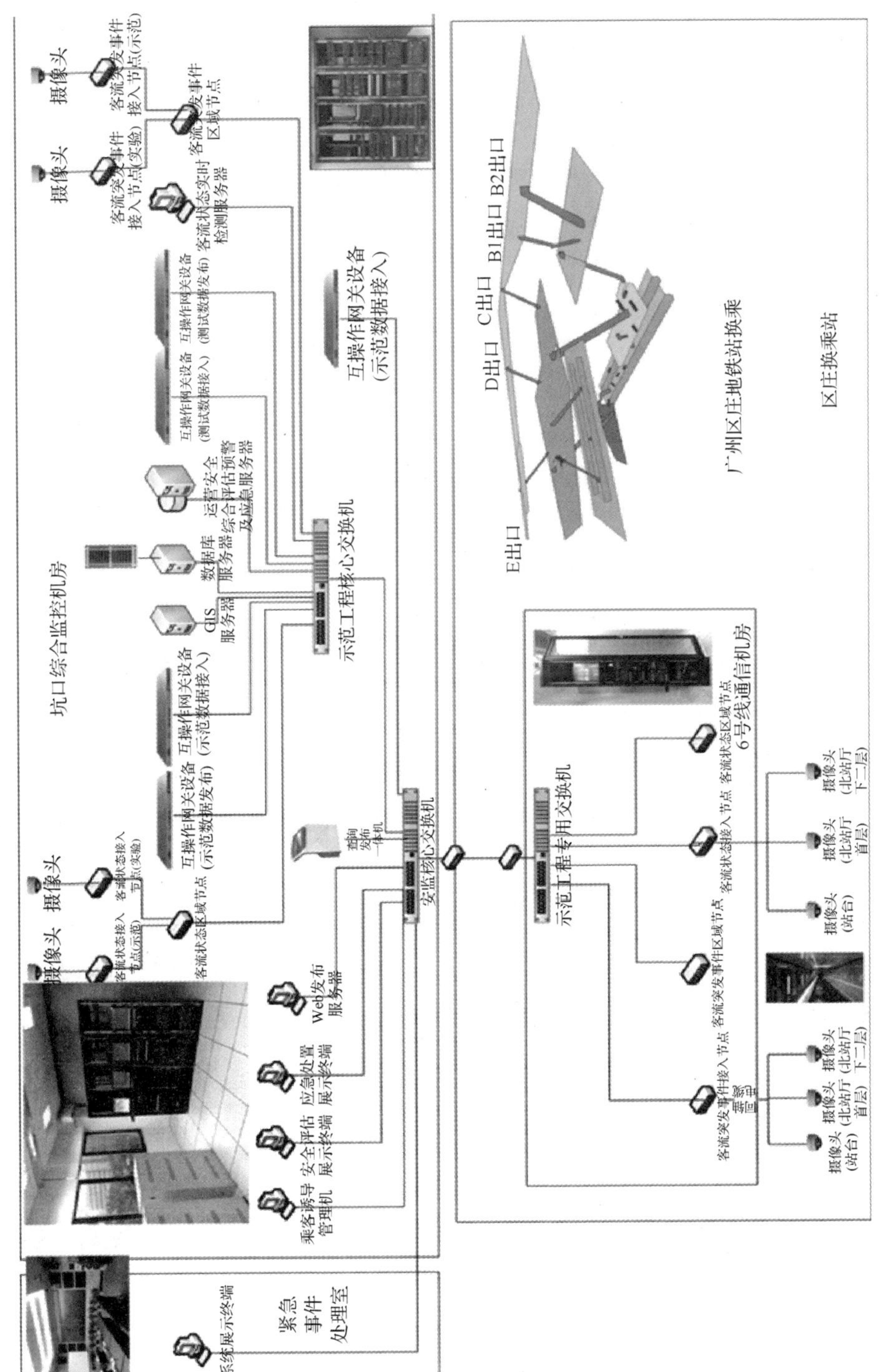

图 5-28　广州示范工程物理结构图

1. 区庄

区庄换乘车站示范点如图 5-29 所示。

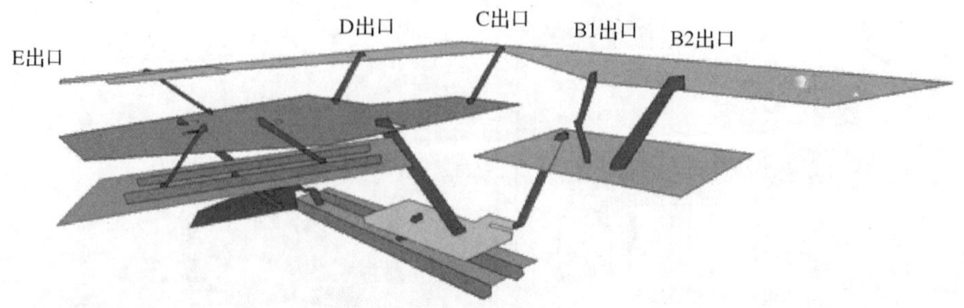

图 5-29 区庄换乘车站示范点

区庄换乘车站机房位于 6 号线通信设备机房内，如图 5-30 所示，设有一个 600mm×600mm 标准通信机柜，位于站厅、站台层的客流检测前端采集器，其机柜设备均由位于设备供电房的配电机柜统一供电。

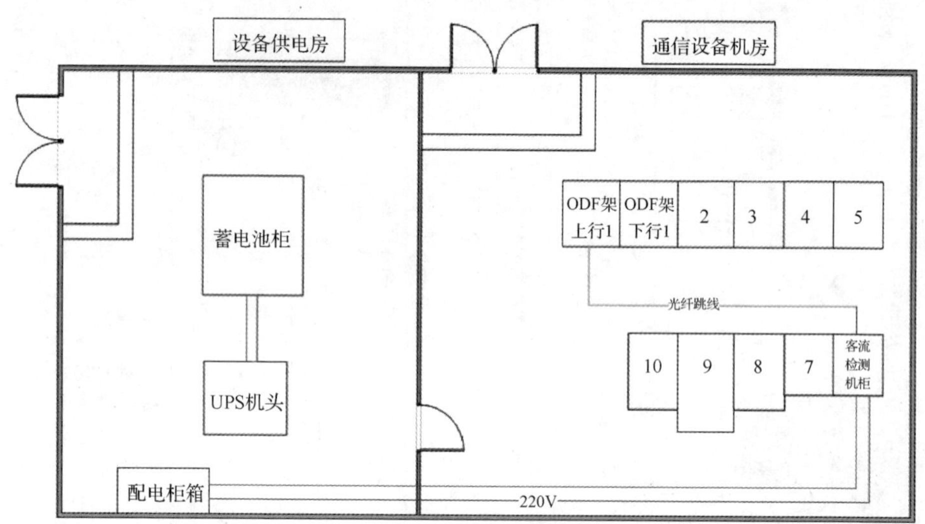

图 5-30 区庄换乘车站机房

UPS 表示不间断电源(uninterruptible power supply)；ODF 表示光纤配线架(optical distribution frame)

客流状态视频采集点和客流事件视频采集点共有摄像头 20 个，主要实现现场视频的采集，并传送给接入节点。具体安装情况如下。

(1)6 号线南站厅闸机出口、闸机入口、扶梯处及 2 号出入口处共计 10 个摄像头(图 5-31)，主要负责采集客流事件及客流数量视频数据。

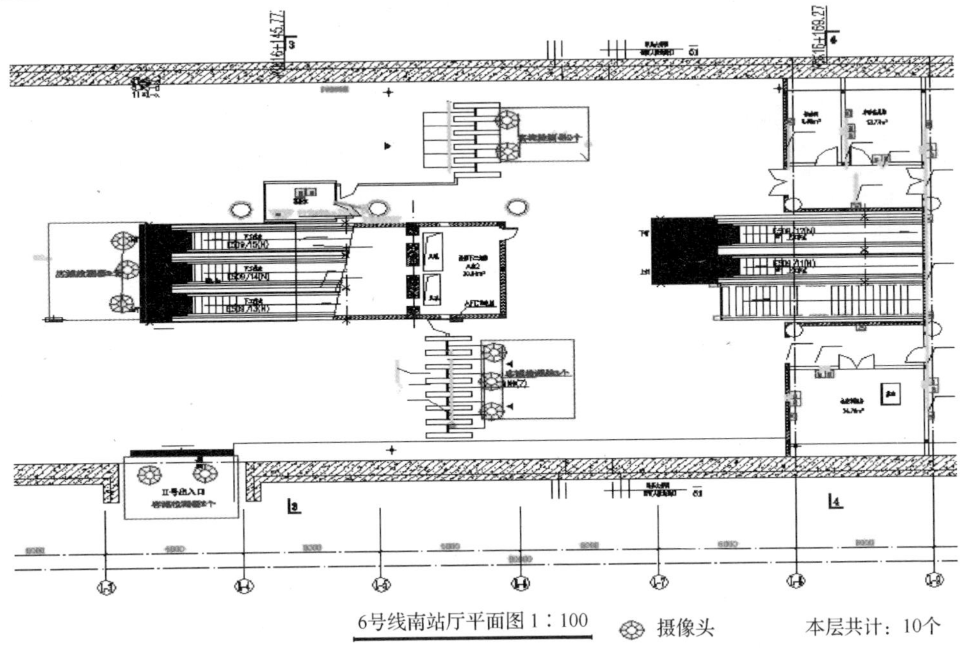

图 5-31　6 号线南站厅

(2) 站台两侧出入口以及站台上共计 5 个摄像头(图 5-32)，6 号线站台通道 2 个摄像头负责采集客流密度视频数据，站台两侧出入口和面向屏蔽门的摄像头负责采集客流事件及客流数量视频数据。

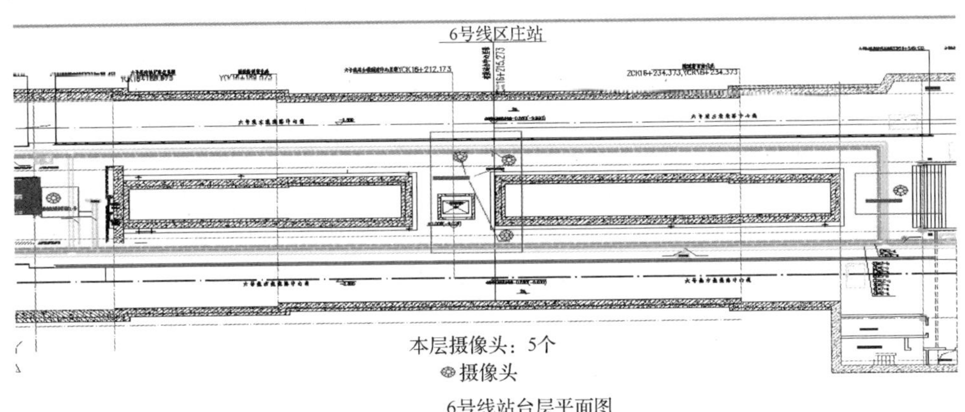

图 5-32　6 号线站台

(3) 6 号线北站厅地下四层通道口及扶梯处共有 5 个摄像头(图 5-33)，主要负责采集客流事件及客流数量视频数据。

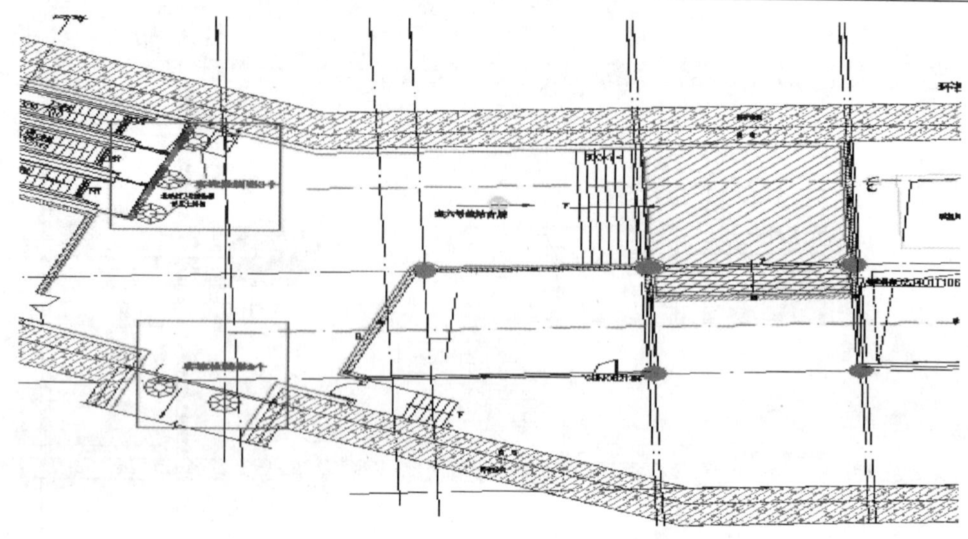

图 5-33　6 号线北站厅地下四层通道

区庄部署设备如表 5-23 所示。

表 5-23　区庄部署设备

设备名称	设备配置	数量/个
客流检测器	4.5in 半球，1/3″SONY Super HAD CCD，2.1～36mm 超广角镜头，最低照度为 0.5lx/F1.2，水平清晰度为 520 线	20
客流状态实时检测分析接入节点	6U 机架式，双核 2.8GHz CPU，4GB 内存，1TB 硬盘	1
客流突发事件自动检测监控接入节点	6U 机架式，双核 2.8GHz CPU，4GB 内存，1TB 硬盘	1

本系统接入网络后，应保证网络的连通。该网络应为本系统每个客流状态采集器分配一个 IP 地址，把客流状态采集器的专用摄像头部署到站厅、站台、换乘通道、出入口的顶部，通过视频线及网线连接到区庄机房的接入节点就可以正常运行了。

出入口、换乘通道客流人数统计：客流状态前端采集器的专用摄像头需要垂直安装，高度在 2.5m 以上，吸顶或做吊杆均可，电源可就近取 220V 市电或集中供电，视频线采用 75-7 同轴电缆，连接到值班室的接入节点，网络超过 200m、视频超过 300m 时需要增加中继器，延长传输距离。

上下车客流人数统计：将客流状态前端采集器的专用摄像头安装在屏蔽门站台一侧，离屏蔽门水平 5～10cm，下端向屏蔽门方向倾斜 10°～15°，采用吊杆方式安装，高度在 2.5m 以上。

站台密度统计：将客流状态前端采集器的专用摄像头安装在站台上下台阶的地方，覆盖站台内 2m、站台边缘安全线向内 1m、垂直距站台边缘 4m 处等区域，取景 $2m^2$，当三个区域密度达到一定值时，就可估算出站厅客流密度，采用吊杆方式安装。

把接入节点安装到区庄机房，配置好连接入网就可以正常运行了。

如图 5-34 所示，区庄客流检测设备系统由三部分构成，分别是客流状态前端采集器、客流状态实时检测与预警分析接入节点和区域节点。客流状态实时检测与预警分析接入节点由三部分构成，分别是客流检测模块、客流实时数据采集模块、媒体服务模块；区域节点由 Web 应用系统、服务器、媒体处理构成。

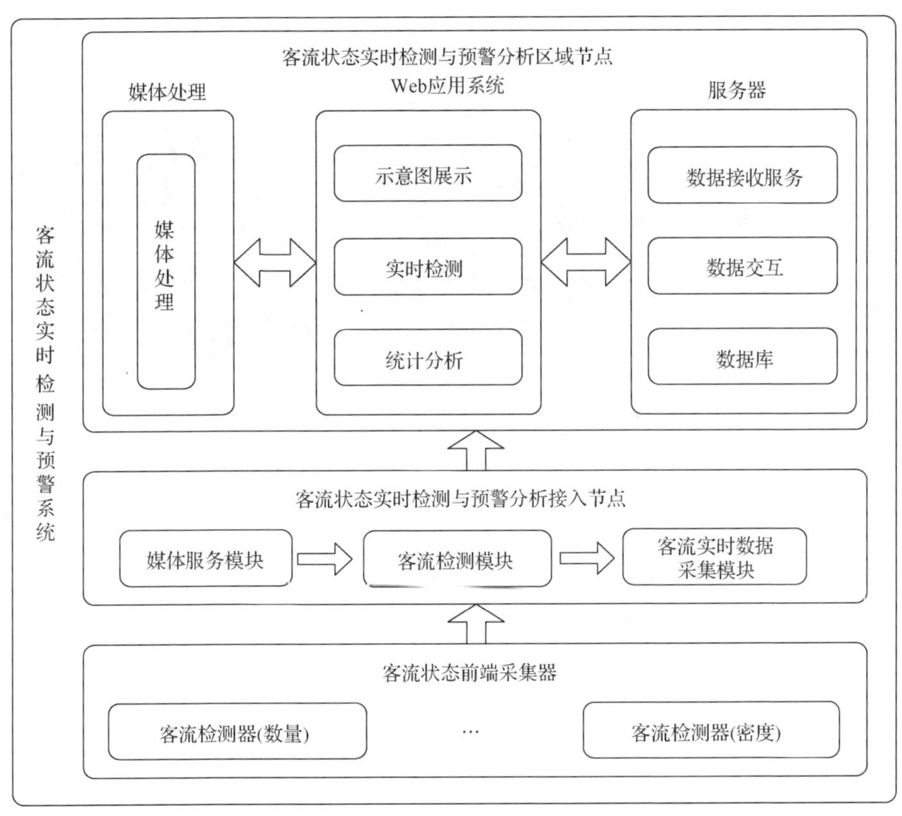

图 5-34　区庄客流检测设备系统逻辑结构

客流检测器检测的视频数据上传至客流状态实时检测与预警分析接入节点中的媒体服务模块，并经检测器厂家的客流检测模块处理后，进入客流实时数据采集模块交互，最后上传至区域节点的媒体处理模块进行处理，最终在 Web 应用系统中进行视频的展示。

客流检测器检测的客流数量、密度数据经客流状态实时检测与预警分析接入节点中的客流检测模块进行处理后，进入客流实时数据采集模块中交互，然后上传至客流状态实时检测与预警分析区域节点，经客流状态实时检测与预警分析区域节点的服务器模块中的数据接收服务进入数据库，经数据交互模块处理后，在Web应用系统中进行展示。

2. 坑口

坑口综合楼示范点设立了一个专用机房(图 5-35)，摆放了广州示范工程的所有服务器、综合通信平台及其他网络设备，能够实现示范工程综合展示。通过广州地铁主干光缆，实现与 5、6 号线区庄换乘站示范点的数据互联互通。

图 5-35　坑口机房

坑口设备部署清单如表 5-24 所示。

表 5-24　坑口设备部署清单

设备名称	设备配置	数量/个
客流状态实时检测分析接入节点	6U 机架式，双核 2.8GHz CPU，4GB 内存，1TB 硬盘	2
客流状态实时检测分析区域节点	2U 机架式，双核 1.8GHz CPU，4GB 内存，1TB 硬盘	2
客流突发事件自动检测监控接入节点	6U 机架式，双核 2.8GHz CPU，4GB 内存，1TB 硬盘	2
客流突发事件自动检测监控区域节点	2U 机架式，双核 1.8GHz CPU，4GB 内存，1TB 硬盘	2
安全互操作接入节点	2U 机架式，双核 1.8GHz CPU，8GB 内存，600GB 硬盘	1
安全互操作区域节点	2U 机架式，双核 1.8GHz CPU，8GB 内存，600GB 硬盘	5
客流检测器	4.5in 半球，1/3″SONY Super HAD CCD，2.1～36mm 超广角镜头，最低照度为 0.5lx/F1.2，水平清晰度为 520 线	4
应急处置服务器	HP DL388p G8 E5-2609　Entry Server，32GB 内存，1TB 硬盘	1
安全评估服务器	HP DL388p G8 E5-2609　Entry Server，32GB 内存，1TB 硬盘	1
GIS 服务器	HP DL388p G8 E5-2609　Entry Server，16GB 内存，1TB 硬盘	1
客流状态实时检测服务器	HP DL388p G8 E5-2609　Entry Server，16GB 内存，1TB 硬盘	1
磁盘阵列	HP StorageWorks P2000 G3，10TB 存储容量	1

整个机房分为机房设备区和客户端设备操作区，机房设备区部署了四个机柜、服务器、综合应急通信系统、客流检测设备及网络设备、广州示范工程应用平台、数据库及地理信息库。客户端设备操作区有七台客户端设备，具体布置见图 5-36。

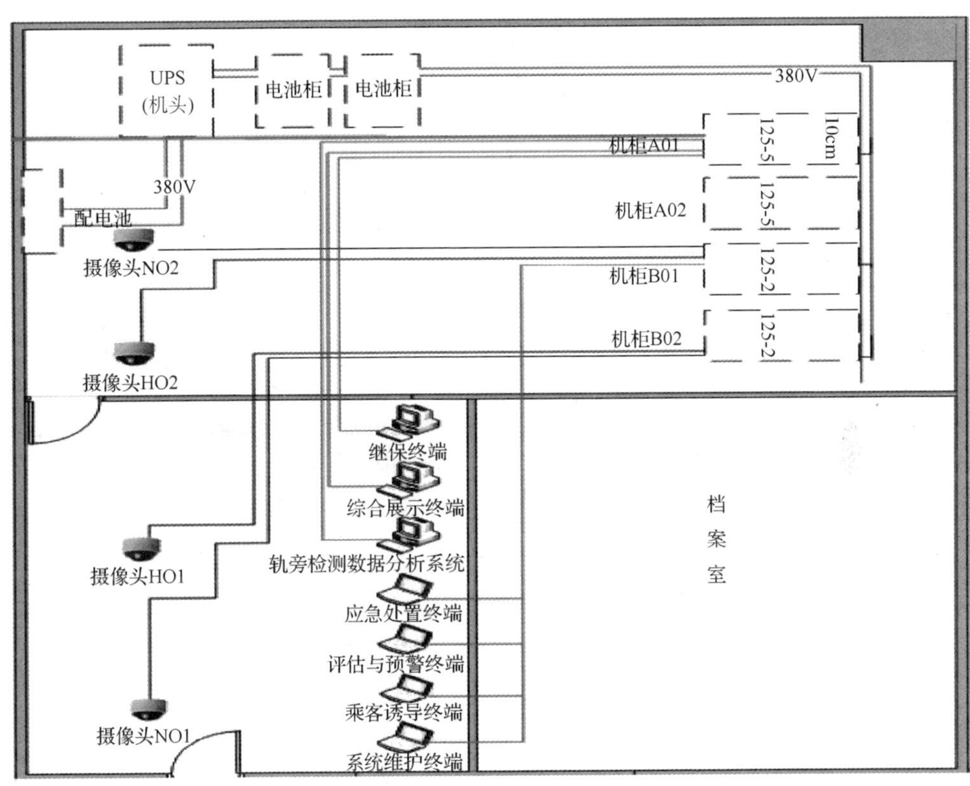

图 5-36　坑口综合楼机房平面布置图

参考文献

[1] 苏娟, 王百合, 刘代志. 一种基于拓扑约束的多核跟踪算法[J]. 电子学报, 2015, 43(2): 353-357.

[2] 李昱辰. 基于粒子滤波的视频目标跟踪方法研究[D]. 兰州: 兰州理工大学, 2013.

[3] 张铮. 大规模复杂数据关联规则挖掘方法研究及其应用[M]. 兰州: 兰州大学出版社, 2009.

[4] 潘科, 石剑云. 变权和相对差异函数在地铁运营安全评价中的应用[J]. 铁道学报, 2009, 31(3): 20-25.

[5] 朱松岭, 周平, 韩毅, 等. 基于模糊层次分析法的风险量化研究[J]. 计算机集成制造系统, 2004(8): 980-984.

[6] 张亚东, 郭进, 戴贤春, 等. 基于多级可拓评价法的列车运行控制系统运营安全风险评价[J]. 中国铁道科学, 2013, 34(5): 114-119.

[7] 乔建刚, 梁晓琳, 陈培. 基于元胞自动机高速公路路段安全评估的研究[J]. 武汉理工大学学报, 2012, 34(10): 63-67.

[8] 王艳辉, 李曼, 冯欢. 增益型加权综合法在城轨交通运营安全评价中的应用[J]. 铁道学报, 2013, 35(3): 9-17.

[9] 张媛. 基于安全域的列车关键设备服役状态辨识与预测方法研究[D]. 北京: 北京交通大学, 2014.

[10] 秦勇, 史婧轩, 张媛, 等. 基于安全域估计的轨道车辆服役状态安全评估方法[J]. 中南大学学报(自然科学版), 2013, 44(A1): 195-200.

[11] 赵建印. 基于性能退化数据的可靠性建模与应用研究[D]. 长沙: 国防科学技术大学, 2005.

[12] 洪东跑, 马小兵, 赵宇. 基于比例风险模型的可靠性综合评估[J]. 系统工程与电子技术, 2010, 32(10): 2132-2135.

[13] 代宝乾, 汪彤, 蒋玉琨, 等. 地铁运营系统安全综合评价指标体系研究[J]. 中国安全科学学报, 2006, 16(12): 9-14, 171.

[14] 慕春棣, 戴剑彬, 叶俊. 用于数据挖掘的贝叶斯网络[J]. 软件学报, 2000(5): 660-666.

[15] 卜全民, 王涌涛, 汪德爟. 事故树分析法的应用研究[J]. 西南石油大学学报, 2007(4): 141-144, 200.

[16] 陈全. 事故致因因素和危险源理论分析[J]. 中国安全科学学报, 2009, 19(10): 67-71.

[17] 刘敬禹. 基于视频的客流检测与分析算法研究及其在交通枢纽站中的应用[D]. 北京: 北京交通大学, 2014.

[18] 张璐. 基于本体的城市轨道应急预案数字化方法及应用[D]. 北京: 北京交通大学, 2012.

[19] 秦勇, 贾利民, 王子洋, 等. 轨道交通路网动态应急处置方案生成方法: CN104268710A[P]. 2015-01-07.

[20] 王一波. 基于情景的应急案例关键技术研究[D]. 天津: 天津大学, 2014.

[21] 钟玲玲. 基于情景和数字化预案的城轨应急决策方法研究[D]. 北京: 北京交通大学, 2014.

[22] 李德毅, 杜鹢. 不确定性人工智能[M]. 第 2 版. 北京: 国防工业出版社, 2014.

[23] 郇文帅, 寇纲, 彭怡, 等. 面向突发事件的模糊多目标应急决策方法[J]. 系统工程理论与实践, 2012, 32(6): 1298-1304.

[24] 刘奇, 徐新玉. 城市轨道交通应急处理[M]. 北京: 人民交通出版社, 2015.

[25] 于福权. 城市轨道交通运营安全与应急处理[M]. 北京: 北京理工大学出版社, 2015.

[26] 李宇辉. 城市轨道交通应急处理[M]. 北京: 人民交通出版社, 2011.

[27] 毛保华. 城市轨道交通网络管理及收入分配理论与方法[M]. 北京: 科学出版社, 2007.

[28] 黄一华. 城市轨道交通客流分配模型与算法的研究[D]. 北京: 北京交通大学, 2010.

[29] 孔繁钰. 网络化条件下轨道交通客流量分布问题研究[D]. 上海: 同济大学, 2007.

[30] 吴祥云, 刘灿齐. 轨道交通客流量均衡分配模型与算法[J]. 同济大学学报(自然科学版), 2004, 32(9): 1158-1162.

[31] 翟长旭, 张和平, 潘艳荣. 遗传算法在均衡交通分配模型中的应用[J]. 重庆交通学院学报, 2006, 25(1): 107-109.

[32] 陈彦如, 蒲云. 用遗传算法解决固定需求交通平衡分配问题[J]. 西南交通大学学报, 2000, 35(1): 44-47.

[33] Trahan M. Probabilistic assignment: An algorithm[J]. Transportation Science, 1974, 8(4): 311-320.

[34] Daganzo C F, Sheffi Y. On stochastic models of traffic assignment[J]. Transportation Science, 1977, 11(3): 253-274.

[35] 四兵锋, 毛保华, 刘智丽. 无缝换乘条件下城市轨道交通网络客流分配模型及算法[J]. 铁道学报, 2008, 29(6): 12-18.

[36] Dial R B. A probabilistic multipath traffic assignment model which obviates path enumeration[J]. Transportation Research, 1971, 5(2): 83-111.

[37] 刘剑锋, 孙福亮, 柏赟, 等. 城市轨道交通乘客路径选择模型及算法[J]. 交通运输系统工程与信息, 2009, 9(2): 81-86.

[38] 牛学勤, 王炜. 基于最短路搜索的多路径公交客流分配模型研究[J]. 东南大学学报(自然科学版), 2002, 32(6): 917-919.

[39] 徐瑞华, 罗钦, 高鹏. 基于多路径的城市轨道交通网络客流量分布模型及算法研究[J]. 铁道学报, 2009, 31(2): 110-114.

[40] 周刚, 王炜. 地铁线路客流分配方法与算法研究[J]. 广东公路交通, 2004(4): 32-35.

[41] 林湛, 蒋明青, 刘剑锋, 等. 城市轨道交通客流分配的改进 Logit 模型及方法[J]. 交通运输系统工程与信息, 2012, 12(6): 145-151.

[42] 秦志鹏. 成网条件下城市轨道交通乘客出行路径选择问题研究[D]. 北京: 北京交通大学, 2011.

[43] 张知青, 吴强, 徐瑞华. 城市轨道交通系统故障时的客流动态分布仿真研究[J]. 城市轨道交通研究, 2006, 9(4): 52-55.

[44] 波涛. 城市轨道交通网络客流推演仿真及协同疏散方法研究[D]. 北京: 北京交通大学, 2011.

[45] 王志强. 城市轨道交通应急决策辅助技术研究[D]. 上海: 同济大学, 2008.

[46] 张雅琴. 突发事件下铁路网性能及传播影响分析的研究[D]. 北京: 北京交通大学, 2010.

[47] 刘小霞. 城市轨道交通网络突发客流传播影响分析[D]. 北京: 北京交通大学, 2011.

[48] 罗钦, 徐瑞华, 江志彬, 等. 基于运行图的轨道交通网络动态可达性研究[J]. 同济大学学报(自然科学版), 2010, 38(1): 72-75.

[49] 杜婷婷. 城市轨道交通末班车条件下可达路径问题研究[D]. 北京: 北京交通大学, 2012.

[50] 张新. 城市轨道交通末班车的动态最优可达路径研究[D]. 北京: 北京交通大学, 2014.

[51] 周世杰, 刘锦德, 秦志光. 消息队列技术研究: 综述与一个实例[J]. 计算机科学, 2002, 29(2): 84-86.

[52] 唐雪飞, 汪文勇. 分布式计算环境中典型 RPC 的比较研究[J]. 计算机科学, 1994, 21(3): 22-25.

[53] 王新民, 崔文孝. 分布式计算——DCE[J]. 黑龙江大学自然科学学报, 1999(1): 79-83.

[54] 刘艳春, 贾焰. 基于 CORBA 的 OTM 技术[J]. 西安邮电大学学报, 1999(3): 32-36.

[55] 梅雪峰, 赵文静. 基于消息队列和 Web 服务的分布式系统异步交互方式体系架构[J]. 西北大学学报(自然科学版), 2004, 34(6): 655-658.

[56] 冯家宏. 分布式存储共享系统的统一访问技术研究与实现[D]. 北京: 中国科学院计算机网络信息中心, 2004.

[57] 胡永宏, 贺思辉. 综合评价方法[M]. 北京: 科学出版社, 2000.

[58] 高新波. 模糊聚类分析及其应用[M]. 西安: 西安电子科技大学出版社, 2004.

[59] Larose D T. 数据挖掘方法与模型[M]. 刘燕权, 胡赛全, 冯新平, 等译. 北京: 高等教育出版社, 2011.

[60] 陈传彬, 陆锋, 励惠国, 等. 城市路网信息融合的关键技术[J]. 地球信息科学学报, 2009, 11(4): 520-525.

[61] 李强. 多种网络互连互通互操作网关设备的研究与实现[D]. 成都: 四川大学, 2007.

[62] 李瑞祥, 傅惠, 叶汉京, 等. 一种基于热成像的机器视觉客流统计装置: CN107016380A[P]. 2017-08-04.

[63] 毕胜, 梁德群. 基于主动红外成像的客流量统计系统[J]. 小型微型计算机系统, 2007(4): 697-701.

[64] 王龙. 基于视频分析的客流检测子系统的设计与实现[D]. 北京: 北京交通大学, 2012.

[65] 李林, 张丽红. 基于改进梯度方向直方图的多尺度的行人检测[J]. 计算机应用, 2012, 32(S2): 168-170, 202.

[66] Vapnik V. SVM method of estimating density, conditional probability, and conditional density[J]. IEEE International Symposium on Circuits & Systems, 2000, 2: 749-752.

[67] Dalal N, Triggs B. Histograms of oriented gradients for human detection[J]. IEEE Computer Society Conference on Computer Vision & Pattern Recognition, 2005, 1(12): 886-893.

[68] 彭国福, 林正浩. 图像处理中 GAMMA 校正的研究和实现[J]. 电子工程师, 2006(2): 30-32, 36.

[69] 王森, 杨克俭. 基于双线性插值的图像缩放算法的研究与实现[J]. 自动化技术与应用, 2008(7): 44-45, 35.

[70] Comaniciu D, Ramesh V, Meer P. Kernel-based object tracking[J]. IEEE Transactions on Pattern Analysis & Machine Intelligence, 2003, 25(5): 564-575.

[71] 肖璐. 基于视频的运动目标检测与跟踪算法的研究[D]. 南昌: 南昌航空大学, 2017.

[72] 刘献如. 视频图像序列目标跟踪算法及其应用研究[D]. 长沙: 中南大学, 2011.

[73] 汪颖进, 张桂林. 新的基于 Kalman 滤波的跟踪方法[J]. 红外与激光工程, 2004(5): 505-508.

[74] 丁湛, 黄双华. 基于威布尔分布的可靠性寿命分布模型的建立[J]. 电子测量技术, 2007(3): 34-36.

[75] Scholz F W, Stephens M A. K-sample Anderson-Darling tests[J]. Journal of the American Statistical Association, 1987, 82(399): 918-924.

[76] 甘庭聪. 三角模糊数的排序公式及应用[D]. 南昌: 南昌大学, 2017.

[77] 杨晓明. 基于计算机视觉的地铁线网客流实时监控系统研究[D]. 北京: 北京交通大学, 2010.

[78] 赵振华, 廉东本. 基于 Flex 的 WebGIS 框架的研究与应用[J]. 计算机系统应用, 2011, 20(11): 134, 146-149.

[79] 李倩. 城市轨道交通大型活动客流网络传播规律研究[D]. 北京: 北京交通大学, 2016.

[80] 徐瑞华, 邹晓磊. 北京市轨道交通自动售检票系统清算管理中心(ACC)清分方法研究[R]. 上海: 同济大学, 2007.

[81] 谭杉. 城市轨道交通可达性研究[D]. 兰州: 兰州交通大学, 2013.

[82] Kwan M P. Space-time and integral measures of individual accessibility: A comparative analysis using a point-based framework[J]. Geographical Analysis, 1998, 30(3): 191-216.

[83] Miller H J. Measuring space-time accessibility benefits within transportation networks: Basic theory and computational procedures[J]. Geographical Analysis, 1999, 31(1): 1-26.

[84] 于鸿飞, 秦勇, 王子洋, 等. 城市轨道交通应急处置辅助决策系统的研究[J]. 交通信息与安全, 2013, 31(5): 163-168.